——江苏公安文学作品集萃

江苏省公安文学艺术联合会 编

群众出版社

图书在版编目（CIP）数据

情怀——江苏公安文学作品集萃／江苏省公安文学艺术联合会编．—北京：群众出版社，2022.11

ISBN 978-7-5014-6254-4

Ⅰ.①情…　Ⅱ.①江…　Ⅲ.①中国文学—当代文学—作品综合集

Ⅳ.①I217.1

中国版本图书馆 CIP 数据核字（2022）第 174219 号

情怀

——江苏公安文学作品集萃

江苏省公安文学艺术联合会　编

出版发行：群众出版社
地　　址：北京市丰台区方庄芳星园三区 15 号楼
邮政编码：100078
经　　销：新华书店
印　　刷：天津盛辉印刷有限公司

版　　次：2022 年 11 月第 1 版
印　　次：2022 年 11 月第 1 次
印　　张：11.625
开　　本：880 毫米×1230 毫米　1/32
字　　数：258 千字

书　　号：ISBN 978-7-5014-6254-4
定　　价：49.00 元

网　　址：www.qzcbs.com
电子邮箱：qzcbs@sohu.com

营销中心电话：010-83903254
读者服务部电话（门市）：010-83903257
警官读者俱乐部电话（网购、邮购）：010-83901775
文艺分社电话：010-83901330　　010-83903973

主　编：许丽晴
副主编：赵长国

目录

报告文学篇

散文篇

诗歌篇

报告文学篇

老马在途

许丽晴

今年的雪，特别少。

这天夜里，雪越下越大，很快便漫天飞舞，随即凝成细小的冰凌，覆盖了静谧、清旷的街道和广袤、苍凉的田野。严寒也有了锐利之气，“嗖嗖”地乱蹿，四处嚣张着。

整个世界似乎都在沉睡。

然而，却总有一双双警惕的眼睛在这暗夜中闪烁。

此刻，兴化交警大队的微信工作群沸腾了。不，是炸锅了。

“真的啊，老马!”老陈连“竖”了三个“大拇指”。

“老同志，不简单!”小李连“竖”了三个“大拇指”。

“带病坚持工作!”老潘又“竖”了三个“大拇指”!

“别把身体弄垮了啊!”不知是谁发出了一声惊叹。

内勤干脆直接“端”上“茶水”，一杯、两杯……一连五杯。

“你看你，惹事啊!”马红来搓着红肿的双手，责怪着身旁的辅警刘健。

十分钟前，刘健拍了一张马红来的工作照。暴雪中，白色的物流车，开着车灯。马红来头戴单帽，拦车检查。随后，刘健把照片发到了大队的工作群里。

一、请战

疫情说来就来了。

老百姓们欢天喜地地备好年货，有的喜滋滋地盘算好过年的具体安排，有的风尘仆仆地携妻儿返乡团聚，有的望眼欲穿地盼望着与远方的亲人团聚。民警们则更关心那张值班表，只念叨别出什么大事，好忙里偷闲，与家人小小地团聚一下……

一年忙到头，谁不想好好地歇一歇呢？不容易啊！

“你这头发，快能扎小辫儿了，还不赶快收拾收拾！”妻子李艳琴把家里擦了又擦，催着马红来理发、刮胡子。

“晓得了！”马红来顺从地答应着。

就在这时，警报被拉响了，形势不容乐观。有数据显示，当地有数千人在湖北武汉务工经商。春节期间，伴随着全国性的人口大流动，新冠疫情以百倍的疯狂汹涌而来。副市长进行战前动员，第一时间成立了“新冠肺炎疫情防控处置工作专班”，并从机关里抽调七十六名青年民警，成立了“党员先锋队”。

人员核查、社区管控、道路查控等，都在公安民警的职责范围内。可是，兴化的警力有限，仅占人口总数的万分之六点一，远远低于全国的平均水平。而且，民警的年龄普遍偏大，五十岁以上的民警人数占全局总人数的百分之四十一。

警力严重缺乏是摆在他们面前的一个难题。

马红来坐不住了，直接拨通了中队长赵东博的手机：“东博啊，我想上！”

赵东博一愣：“你要上？”马红来的病情，他是知道的。十几年过去了，原本就患有中耳炎的马红来，因工作繁忙而耽误了治疗，最终导致两耳失聪，先后做了三次手术，植入了人造耳蜗。两年前，他又患上了淋巴癌，手术之后化疗了十几次，去年 3 月份主动上了班。

“就是，我要去。现在，哪里都缺人手。”马红来说得很恳切。情况的确是这样的，全市设立了十八个交通管理卡口，交通、卫健、公安三家联合执勤。全市总共有交警一百七十一人，其中五十一岁以上的八十八人，实际能上路的交警少之又少。就拿两个人所在的二中队来说吧，号称十个人，但实际上包括马红来在内，可用的民警只剩下四个。

“青年民警能上，我们也能上。”马红来说。

“我想想。”赵东博不无顾虑地说。

其实，老马还是个病号，癌症患者。尽管老马很要强，以“能吃苦”著称，一再强调自己已经康复了，但实际上不是那么一回事儿。上海瑞金医院三个月一次的靶向治疗，就足以说明问题。

“不要想了！放心，有事不怪你。”马红来像是猜透了他的心思，几乎是在求他了。说罢，他又补充道：“我能挺得住。”

第二天，马红来的“请战书”就交上来了。

岂止是马红来，疫情之下，兴化全警参战。警花妈妈来了，含泪一别却义无反顾；“超级奶爸”来了，父爱如山亦重任在肩；白发老警来了，烈士暮年仍壮心不已；准新郎来了，推迟婚期去共赴时艰……推掉团圆饭、亲友宴，告别友情、亲情、爱情，无所畏惧地逆行奋战。

这些天，马红来的内心一直在翻腾着。回到家，妻子把用黄芪、西洋参泡的茶递给他，他却没有像以前那样躺在床上休息。“跟你说个事儿，我报名了。”他简单地说，“你……”妻子盯着他，有几分震惊，但很快就说服了自己。做了几十年夫妻，丈夫的脾气，她太了解了——忠诚、执拗，一根筋。“非典”时期，丈夫也是要报名上“前线”。她是个贤惠的女人，强压下对丈夫的担心，只是说：“那条棉裤，我马上帮你找出来。你要穿上！”顿了顿，她又说道：“鸭子和蛋，下午已经送来了。”

马红来朝她摆了摆手，说了声“我歇一下”，便转身回房间去了。

二、风雪之夜

正月初三，马红来连夜上了“前线”。

兴化市位于江苏省中部，长江三角洲以北，东邻大丰、东台，南接姜堰、江都，西与高邮、宝应为邻，北与盐都隔界河相望，是泰州市管辖范围内人口最多的县级市。它历史悠久、人杰地灵，经济发展迅猛。

经济的发展，使这里的人流量剧增，交通运输的压力增大了。马红来值守的344国道陶庄卡口疫情管控点紧邻东台，是兴化疫情防控最前沿的卡口之一，素有“兴化东大门”之称。这里有很多过境的车辆，管控任务十分艰巨。

从中队到执勤点，全程三十六公里，来回七十二公里。马红来和交通、卫健部门的同志们一起全天值守，每班四个人，三班倒。

“夜班，我来上。小刘和我一起！”他坚持这样排班。“小刘”

指的是辅警刘健——一个三十岁出头的棒小伙儿。

“这……哪行呢，你身体不好。”大家不同意。

“听我的，我是老同志！”他故意摆起了老资格。

夜班是从晚上10点上到次日早上8点。正值隆冬季节，位于里下河腹地的兴化可谓“天寒地冻”，即使白天艳阳高照，日落之后的丝丝余晖和残留的暖意也很快就被寒风刺骨的黑夜吞没了。卡口的“工作棚”是用集装箱临时搭成的，里面放了一些简单的防护用品，包括口罩、手套、防护眼镜、防护服等，还有八宝粥、方便面等食品。四周除了蜿蜒的国道，就是荒凉的田野。远远望去，灯火通明的卡口就像这沉沉暗夜中的一颗夜明珠，明亮、璀璨，却又冷峻、深重。

值守人员的任务是对外来车辆进行登记和检查，再把这些车辆引导到位于大垛的高速路口。交通运输部门和卫健委的两名同志负责拦车，他带着刘健逐辆登记、检测。疫情还在继续发展，所有人都不敢掉以轻心。兴化是泰州最后一个出现新冠确诊病例的县级市，但最终结果如何，谁也不知道。为此，人们既庆幸，又担心。

两个星期很快就过去了。2月15日，天一直阴沉着。晚上8点多，天空中飘起了雪花。不一会儿，就风雪交加，四周一片白茫茫。稍有经验的交警都知道，这种天气对交通非常不利，路面容易结冰，稍不注意就会出人命。

手机响了，马红来一看，是中队长赵东博打来的。

“下雪了，要不要调一调？”赵东博人长得魁梧，心却很细。

“没问题。我已经到了，好得很！”马红来故作轻松。

赵东博暗自叹了一口气。他知道，老马站二十分钟就要休息一下，药物也随身带着。老马现在的病情，再加上高血糖、高血压等基础病，根本不适合在喧闹之处久留，更不能劳累。他必须定时服药，少吃多餐，否则身上的病就会复发。可是，老马什么都不管，坚持在抗疫前线站马路。他忘记了病痛，挑战着身体的极限。

对此，赵东博感到十分诧异。年轻时血气方刚的马红来闪闪发光的人生轨迹让人羡慕，可是年过半百且身患绝症的老马一如既往地冲锋在前，以血肉之躯奋战在抗疫前线，实在令人震惊。赵东博实在弄不清楚为什么老马身上会蕴藏着那么多能量和热情，让他能够强撑着病体战斗不止。

他正思忖着，马红来又说："不多说了。老赵，你也要保重。前几天，我发现你脸色不太好。有什么事情，赶紧说！挂了啊！"

赵东博下意识地摸了摸自己的左胸。去年，他两次昏倒在工作岗位上，一直没能查出什么原因。现在，他的左胸上方装了一个心脏监测仪。唉，岂止是他和老马，另外两名民警身体也不好！

天很冷，积雪很厚，寒气直往衣服里钻。很快，路上便停了十几辆车。这个时候，最好的办法就是原地休息，等路况好转了再出发。细心的马红来在检查时发现，这批车辆中有七八辆货车，司机一个劲儿地请求尽快放行。

"装的什么货?"

"鸡蛋。"

司机从车上跳下来，说："交警同志，您应该知道，鸡蛋和水产品是不能冷冻的。冻了就卖不出去了，公司会怪罪我的。"

这批货是从东台运来的，运往上海。

老马有些为难："这样上路可不安全！"

“无论如何，请帮着想想办法。”对方一脸的焦虑。

见对方如此着急，老马有些于心不忍，连忙安慰道：“别急，我来想办法。”看来，只有区别对待了。他对其他车辆上的人员说明了情况，要他们耐心等待，确保安全。

“上车!”他朝刘健挥了挥手，并让这批货车减速跟在后面。

“减速行驶，注意安全!”他不停地用喇叭喊话。

车队在黑暗中慢慢地移动，六公里的路程竟用了半个多小时。

返回的路上，刘健发现老马的头上居然戴着一顶作训帽。疫情发生以来，嫂子李艳琴加强了对老马的“防护”，就连棉裤都多备了两条。她为老马新买了几双羊毛鞋垫，当晚就给老马换上了一双，这样暖和点儿。

“咋回事啊？这不得冻死人啊!”刘健忍不住说道。

“这你就不懂了。下雪天戴棉帽子，雪会凝固在上面，不好清理。我这是单帽，甩甩就行了，不影响工作!”老马颇有几分得意地摘下帽子，朝刘健甩了过去。

两个人哈哈大笑起来。

雪停了，喧嚣的卡口安静了下来。连续奋战了五个多小时，送走了四个车队，马红来的双眼布满了血丝。

“快喝口水吧!”刘健把杯子递到了他面前。

他接过杯子，喝了一大口水，然后伸了伸背，扭着腰跳了两下，来了一套“八攻、八防”拳击术——这是马红来独创的消除疲劳的方法。随后，他拿起扫帚，开始清扫积雪。积雪必须马上清扫，一旦结了冰，就会造成安全隐患。

这时，有几辆货车途经卡口，要上高速路。

“高速路封了，等开放了再走吧!”他放下了扫帚，“再等一会儿，天就要亮了。雪化了再走也不迟，不在乎这么一会儿。安全最重要啊!”他向驾驶员们交代着雪天行驶的注意事项。

寒风中，他的脸颊和双手被冻得通红。

三、坚守

除了赵东博，大队领导也到岗位上看望过马红来。他还是那句话：“我能挺住。”

“能挺住”这三个字，是马红来在疫情期间重复最多的字眼。

简简单单的三个字，有着太多的含义。

解读起来是这样的：一是“可以挺住”；二是“能够挺住”；三是“必须挺住”。

对马红来来说，显然是后面两种解读：“能够挺住”和“必须挺住”。

曾经有人对马红来说：“你已经五十五岁了，身体又不好，怎么还在一线抗疫？你就不怕把身体搞垮了吗?”

“我没有想过这些。”他的回答像往常一样干脆，“其实，冲在前面的老同志不止我一个。比如说，只差六个月就退休了的大队车管所的吕玉龙同志，和警察的儿子吕嘉伟一起走上了抗疫的前线，二十四小时待命。还有，五十七岁的老民警林汉云也是第一时间请战，理由是还差几年就要退休了，干一天少一天了。咱们的‘老先进’彭国平表示，要在退休前大干一场。我是一名共产党员，没有理由退缩啊!”

陶庄卡口在两个县城的交界处，车流量大，交通管控任务十分艰巨。执勤人员既要检查、登记，又要引导、护送，有时会忙不过来。见到路面发生了拥堵，他们难免会着急。这时，马红来就会说："别急，我来。"

说这话时，老马底气十足，十分自信："我老马可是奋战了三十年的一线交警！城区的十几个岗亭，哪个不门儿清？哪有我老马解决不了的问题？"

凭借多年在一线战斗积累的经验，他采取了"交替放线控制驶入""临时管制"等措施，精准疏导、合理调配，很快就解决了问题。

"老马真的有两把刷子！"联合执勤的同志忍不住佩服地说。

4 月中旬，按照上级的要求，第二次在各处设卡，马红来他们回到了熟悉的岗位。这一次，岗位设在安丰高速路上。

虽然泰州是全省第一个"清零"的城市，但是仍然要"外防车辆入，内防反弹"。任重道远，万万不可以懈怠和放松。马红来一再提醒大家，不能放松警惕，要一如既往地做好查验工作。

那天中午，像往常一样，不断地有车辆从这里经过。马红来和同事们指挥着，让司机把车停下来接受检查。

有一辆从山东过来的货车，检查之后放行了。

接着，又过来一辆从湖北武汉来的卡车，检查之后也放行了。

远远地，驶过来一辆红色轿车。按照惯例，老马向司机示意，让他把车停下来。不料，对方却旁若无人地驾车向安丰方向驶去。

"停车！"老马大声喊道。

对方根本不予理睬，越跑越远。

就在那一瞬间，老马发现那辆车是从武汉来的。

马红来一个箭步冲到警车前，"啪"的一声拉开车门，跳到驾驶室里，驾车追了过去。

向东，向南，再向东。

老马紧追不舍，一路用喇叭喊话，终于把对方拦了下来。

“我是警察，请出示驾驶证!”老马义正词严地说道。

司机只好交出了小本本。果然，他是从武汉来的。司机叫张鑫，二十多岁。

“为什么不停?”

“没看到啊!”对方仍然在狡辩，说自己是做螃蟹饲料生意的，在安丰待了一个星期，并且有“祥泰码”。

一测体温，还算正常。

“目前还好，可是防控疫情，大家都有责任啊!”老马直视着他。张鑫有些不好意思，连连点头。

老马拨通了安丰镇镇长的电话，征求镇长的意见。镇长的意思是，有两种办法：一是返回武汉，二是在此地隔离十四天。

两种办法，任选其一。

张鑫愿意就地隔离。

“不好意思，给你们添麻烦了。”张鑫有些惭愧地说，“谢谢你们!”

“不用谢。你能理解我们，配合我们的工作，就是对我们最大的支持。”马红来由衷地说。

每上一次班，都会有二百多辆车、四百多人需要在他的引导下进行登记、检测。疫情发生以来，他和年轻同志一样，连续四十多天没有休息，先后检查了九百多辆车，为一千九百多人测了体温，劝返了二百多辆外来车辆。

有一位驾驶员问他：“每天查这么多车，接触这么多人，你不怕被传染吗?”他把证件还给驾驶员，直截了当地说：“当然怕了！就怕你们不配合，惹出麻烦来啊！”

四、感恩的心

虽然早已立春了，路边的迎春花也三三两两地开放了，但是春寒料峭，天气依然寒冷。

宅在家中的人们裹着厚薄不一的棉袄，警觉而又忐忑地朝外张望着。

春天在哪里？

春天还会来吗？

油菜花还会像往年一样，飞舞着迎接春天的到来吗？

马红来回家的脚步有点儿沉重。

他家住在城西南楚水公寓的二号楼，是2003年的拆迁安置房。整套房子有九十八平方米，两个卧室朝南，厨房和卫生间朝北，中间的大客厅宽敞明亮。家里只有方桌、床、柜子和一些生活用品，几乎没有多余的物件。或许正因为如此，他家才显得十分宽敞，一尘不染。

虽然家里的陈设很简单，但是马红来很满足。

那一年的5月，马红来作为骨干被抽调到了城区的交通专项整治工作组。谁都知道，这项工作是个“啃骨头”的工程，不仅繁重，而且复杂。

马红来兴冲冲地对李艳琴说了这件事情。妻子一听，忙问：“医院的事，咋说？”

“什么医院？”马红来一头雾水。

“你看你……”妻子忍不住了，声音大了起来。她随手抓起饭桌上的一本杂志，扔向了老马。老马患有严重的慢性中耳炎，医生多次建议他要避开噪音，可是老马从来不听，坚持站他的马路。没过多久，他的中耳炎就加重了。无奈，李艳琴只好约了医生，想陪着老马上门求医。

老马拦住了妻子，说："不就是看医生嘛，过几天再说吧。一闲下来，我就去。"见妻子将信将疑，他补充了一句："我说话算数，放心！"

谁知道，他这一忙，又是几个月。专项整治工作完成时，他的双耳几乎失聪了。经过三次手术，医生给他装上了人造耳蜗。人造耳蜗是将电极植入内耳，绕过受损的部位，用电流刺激听神经，使患者重获听觉。手术后，虽然听力得到了改善，但老马还是难以适应。

大队领导想照顾他，让他到机关工作。大多数人都会认为这是求之不得的好事，但老马却断然拒绝了。

"谢谢组织上的关心，我想继续干我的老本行。请领导放心，绝对不会影响工作。"马红来很自信。今天不适应，还有明天，还有后天啊！他相信，只要努力，就没有克服不了的困难。"只要用心就能干好工作"是他常挂在嘴边的一句话。

2017 年 5 月 17 日上午，马红来在长安北路的北水关十字路口执勤时，发现六十六岁的张某骑着电动车闯红灯。他当即上前制止，并对其进行教育。不料，张某不仅不配合，而且跳了起来，一边骂，一边推搡。正在等红灯的八十岁老人刘某说："人家小马站马路，几十年了，时刻为咱们的安全着想。你咋下得了手？"老马不跟他计较，但是该管的还得管。

"你过来，咱们谈谈。"为了不影响交通，马红来将张某带到路边，进行了批评教育，张某认识到了自己的错误，主动缴纳了二十元罚款。围观的群众纷纷竖起了大拇指，为马红来的理性执法点赞。

“要将心比心，用心去感化和教育，总会有效果。”马红来坚持严格执法与人性化执法相结合，收到了很好的效果。

“兴化千垛油菜花海”是全国最美的油菜花海之一。2018 年 4 月，老马从警以来第十次参加了当地“菜花旅游节”的安保工作。景区每天的车流量高达三万辆，日均游客八万人。景区内河网密布，给道路交通管理带来了前所未有的压力。为了确保景区交通安全，马红来和战友们每天都要提前一个小时上岗。晚上，要等到最后一辆车离开，他才放心地撤离，生怕外地游客因不熟悉路况而发生意外。

在景区，马红来每天工作超过了十二个小时。截至 4 月 14 日，他已经连续奋战了十天。他的病情开始恶化，从上岗之初的咽喉肿痛、声音沙哑，发展到了脖颈肿大。最后，他连水都咽不下去了。每一次吞咽都让他疼痛难忍，但是他还想再“扛一扛”。大伙儿都是“一个萝卜一个坑”，他怎么能“掉链子”呢？

为了不影响白天执勤，他坚持到晚上才去医院治疗。就这样悄悄地坚持了三天之后，病情丝毫没有好转。4 月 17 日，他在医生的建议下，决定前往上海瑞金医院做全面检查。

检查的结果是，他被确诊为滤泡淋巴瘤，即淋巴癌。

5 月 3 日，他在上海接受了手术治疗。直到他为了做手术而请假时，领导和同事们才知道了他的病情。

“老马终于倒下了！”消息不胫而走。

谁都知道，老马站了二十八年的马路。无论是刮风，还是下雨，他都不肯往后退一步，出了名的“能吃苦”。在城区的十一个岗亭，都留下了他的足迹。

妻子下岗多年，儿子刚从学校毕业，生活的重担落在了老马的肩上。尽管如此，他也没有利用手里的“小权力”徇私舞弊。在路面执勤时，他总是老老实实地按规矩办事。亲戚们时常抱怨他“死脑筋”，谁也“沾不了光”，他自然也就没有什么“油水”了。

“在工作中，老马总是冲在前头。现在，他生活有了困难，我们要帮他。”得知情况后，大伙儿心疼得不行。大队的同志们为他捐款，领导捐五百元，普通民警捐二百元。有一位辅警主动捐款五百元，感动了大家。另外，兴化市公安局党委为他申请了“大病救助”。经过十次化疗，八个月之后，老马终于出院了，回到了他熟悉和热爱的工作岗位。

大队领导再次向他提出了把他调到机关的建议，他依然微笑着摇了摇头。

知夫莫若妻，李艳琴知道丈夫的脾气。她没有多说什么，只是把医生交代的事情一一记了下来。她学会了测血糖、量血压，护理带病工作的丈夫成了她每天的重要任务。

老马每天早上 6 点半起床，晚上 10 点多睡觉。他一起床，就能喝到妻子在杯子里泡好的西洋参、黄芪。他空腹喝下一杯白开水，再吃下一碗面条或两个馒头，就出门了。

白天在岗亭里值班时，老马总是随身带着妻子为他准备的无糖饼干和那个水杯。

老马家有两个电饭煲，一个专为他煮荞麦饭，另一个煮母子俩吃的白米饭。老马的饮食以蔬菜为主，凉拌西芹、青菜炒豆腐、清炒西兰花等。有时，他会喝一些猪骨头汤和鱼汤。鱼类必须是野生的，不然会含激素，老马不能吃。妻子每天都会提醒丈夫服用来那度胺，还有降压药和降糖药。每个星期，她都要为老马测一两次血糖和血压，俨然成了颇为称职的“家庭助理医生”。

马红来恢复得不错，已经停服来那度胺了，三个月一次的“美罗华靶向治疗”还有两次就结束了。大家都担心地问：“老马，这么辛苦……吃得消吗?”

他总是响亮地回答：“我没有什么不适，很好!”

曾经有记者问他：“你年龄偏大，又身体不好，为什么还战斗在一线?”

他说：“从部队复员回来之后，国家为我安排了一份很好的工作。我生了大病之后，组织上帮我渡过了难关，给了我第二次生命。我快退休了，无以报答，只有多干一天是一天了。”

又有人问他：“你家里经济条件并不好，你是家里的顶梁柱。你这么拼命，不怕把身体累垮了吗?”

他回答说：“没想过，也不去想。我现在感觉很好，很满足。”

有记者问李艳琴：“老马大病初愈，又拼命地投入了工作，你不担心吗?”

“确实很担心……他热爱这份工作，我只好支持他，也只能支持他。”

好在，春天已经到来，疫情已经缓解，“两会”如期在京召开。

说来也巧，《中国艺术报》微信公众号的“两会副刊”上发表了江苏省作协主席、著名作家范小青的《油菜花开到兴化》:

“……兴化的千岛油菜花，那神奇而独有的垛田，那傲立水中的油菜花，一片又一片，一垛又一垛，组成了壮丽壮美的独一无二的奇观……”

想必，来年的油菜花，老马还是要去守护。

永生的名字

叶　弥

一

两个女儿想爸爸了，妈妈就给爸爸打电话。对话经常是这样的……

爸爸问："什么事?"

妈妈听出了爸爸的口气，只好这么问："你在忙吧?"

爸爸回答："我在忙。"

然后，爸爸就挂断了电话。

这是位洪明和妻子之间常有的对话。年轻的父母，路正长，人生的美景会无穷无尽地在后面展开，但现在正忙，他没有时间陪伴妻女。除了不会浪漫，不会给妻子买鲜花和礼物以外，他是个好丈夫、好爸爸。他的妻子常说，位洪明把她当成了最大的女儿，娇宠着她。

牺牲的前一天晚上，位洪明是在派出所里度过的。连续坚持了三十个小时没有下班，他对同事说，头有点儿晕，胸有点儿闷。他也只是说说而已，没有当真。二十五天工作在抗击疫情的前线，头晕胸闷是常事。同事让他回家休息，他说“疫情快结束了，我们熬到疫情结束”。

他用了“熬”这个字。当时，全国人民都在煎熬，他也不例外。不同的是，他没有熬到胜利的那一天。

第二天，他正常上班，还是没有回家。这种加班加点、随时待命的状况，对他来说是生活常态。

他有两个可爱的女儿，大的叫“来来”，小的叫“往往”。在他的生活里，来来往往的是无休无止的案件和各色涉案人等。他倒下时，正在向浏河派出所副所长雷清源汇报一个涉疫网络诈骗案件。一位市民报案，说他花了将近四十万元网购口罩，但是钱打过去了，对方却杳无音信。位洪明帮他依法追回了三十多万元钱。雷清源说，只听见“咚”的一声，回头一看，位洪明不见了。他倒在了地上……

救护车十分钟就到了。在这十分钟里，同事们一直在给他做心肺复苏。把他抬上车的时候，战友们细致地观察到，他握着拳，双手煞白，但他那时是活着的。谁也没想到他突发心源性心脏病，一去不复还了。

他生命的钟摆，停在了2020年2月20日下午5时30分。

他没有熬到疫情结束。

战友情深，挥之不去的悲痛，无法言说的创伤，以至于市局请来了心理辅导医生，给派出所的民警们进行心理辅导。

2011年，位洪明来到了太仓的浏河派出所。他在此地生活了九年，安家落户、娶妻生子、建功立业。他从山东大地来，把他的身和他的魂留在了娄东大地。

还有几个月，就是他与妻子结婚七周年的纪念日了。他的妻子说："他认死理，认定的事情就不会轻易改变。同时，他脾气好，是一个有教养的人，工作与生活分得很开，从不把工作中的情绪带到家里。结婚快七年了，都说'七年之痒'，他连这个机会都不给我。"

枕边人的伤心话，他永远都听不到了。

不是他无情啊！

如果他没有倒下，他会拿上向同事借的奶粉，像往常一样回到家里。他的小女儿十九个月，需要奶粉。他没有空去买，就先跟同事借了。小女儿出生时，黄疸比较高，在医院待了一个星期，天天做光疗。那时候，他压力很大，对同事说，他心里很慌。其实，小女儿的病情并不严重，他的压力来自于关爱心切。他回到家里，会给两个女儿烧饭烧菜，做女儿们喜欢吃的糖饼，还给她们讲故事。他答应过带两个女儿去迪士尼乐园，可是答应了，却从来没有兑现。他太忙了，只能给女儿和妻子烧饭烧菜，以弥补对家庭的愧疚。他去世后，需要他的照片进行宣传。他的妻子找来找去，一共找出来五六张照片，没有更多的了——他没有时间放松下来拍照片。假设他"熬"过了这场疫情，那么可以想象，他们一家四口去迪士尼乐园会是何等的快乐，他的照片数量也会成倍地增加。

他觉得愧对的还有他的父亲和母亲。

他是山东德州人，高中毕业后以高分考进了甘肃政法大学，后来又在中国人民公安大学攻读了硕士学位。高中毕业后，他就远离父母和家乡，在异乡求学、工作。他的父亲和母亲都是老实巴交的农民，种了五亩地，抚养了三个儿子。父亲只有初中文化，母亲不识字。不识字的母亲吃苦耐劳，对子女要求十分严格。出事的那天上午，他给母亲打了一个电话，询问了她的身体状况。母亲问他："你在上班吗？"他回答说："是的。"母亲说了句"你好好上班吧"，就挂上了电话，不再让儿子分心。

2020 年 1 月 4 日，聚会的时候，他对师父张大伟说，他无论如何都要回老家一趟，回家过年。他忙得两年没有回家乡了，他的父母还没有见过第二个孙女。他的母亲患了淋巴癌，动了手术。除了经常寄钱贴补家用以外，他还想尽更多的孝道。

但是，疫情来临了。面对疫情，派出所的民警们全都恪尽职守，他也不例外。

他的两个女儿特别爱笑，笑的时候眉眼弯弯的。父女三人一齐笑起来的时候，会把乌云都笑开，把冰雪都笑化。

这是一个阳光大男孩儿，像阳光一样温暖而多情。

他去世后，同事在他的抽屉里发现了一张明信片。明信片是连云港灌南县新安镇中心小学二年级五班的一位女学生寄来的，为了感谢位洪明对她的资助。她不知道资助她的是什么人，等知道了已是天人两隔。他如果不去世，这就是一个永久的秘密。他经济上并不富裕，为什么还能挤出钱来资助贫困儿童？这种好事，他到底做了多少？

对于第一个问题，我们大致可以这样猜测：他也是从贫困家庭走出来的。读书改变了他的命运，父母省吃俭用让他一路把书读了下去。推己及人，他要把父母给他的爱传递给别人，把自己寒窗之苦的动力传递给别的学子。

第二个问题，没有人能知道。他是一个普通人，和别人一样工作、生活，没有什么不同。每天都有无数这样的普通人从我们身边走过，也许就有像位洪明一样的人夹在其中。

在他的辖区内，有一位拾荒的老太太，从外地来到这里。她年龄大，没有文化，靠拾荒维持生活。有一次，老太太偷拿了工地上的铁扣件。按照法律，位洪明把她送进了拘留所。与他一起办理这个案子的是他的同事武玲玲，是 2011 年 8 月 5 日与他一起来到浏河派出所的警员。武玲玲说，她是和位洪明一道把老太太送进拘留所的。结了一个案子，她心里很高兴。但是，她发现位洪明脸色阴沉、心情抑郁，和平时大不一样。她有些不解，就问他为什么不高兴。位洪明说，这位老太太头发白了，背也驼了，看见她就像看见了自己的妈妈。

后来，他一直关注和关心着这位老太太。

他是如何关注和关心这位老太太的呢？武玲玲说，时间太长了，真的记不得了。后来，那位老太太也回了家乡。是啊，忙忙碌碌的人生，谁会特意去记别人工作以外的事情呢？没有从天而降的英雄，只有挺身而出的凡人。这样的事，在他的同事和战友身上，也会有不少吧！大概，他们也不会有意记下这些。

他是个严正铁腕的执法人，也是个多情、柔软的人。

二

位洪明生前获得过诸多荣誉，连续三年荣获太仓市“优秀公务员”称号，于 2019 年入选太仓市公安局“十佳爱岗敬业民警”。因公殉职后，他被追任为“全国公安系统二级英模”“江苏省新冠肺炎疫情防控工作先进个人”“江苏省最美抗疫先锋”……

2020 年 5 月 24 日下午，我去了太仓市浏河派出所——位洪明生前工作了九年的地方。当时，正是广玉兰开花的季节。坚挺的树干上，绿叶纷披，硕大如碗的广玉兰花洁白芬芳。更有荷花伫立在水中，绿盖叠翠、映日临风，素洁脱俗。这些雅致的花，都是英雄们的化身。

太仓市位于苏州市的东南部。浏河镇位于太仓市的东部、长江的南岸，是江苏省的东大门。它与崇明岛隔江相望，与上海市的宝山、嘉定两个区接壤。历史上，浏河是郑和七下西洋的始发地，也是海上漕运的始发港。这是一个有文化、有故事的名镇，目前在打造高质量的“滨江田园城市”。在中国人民公安大学读完硕士研究生后，位洪明选择了这个美丽的地方。遗憾的是，他的妈妈每次到这里来都会水土不服，发烧、呕吐。他是个孝子，却因此而无法将父母接到自己的身边尽孝。

到浏河派出所来当一名普通民警，是他的选择。他的同事们说，他有机会留在北京，也有机会去南京或者苏州执教，但是他都没有去。拥有这么高学历的他，在浏河派出所当民警，一干就是九年。究其原因，有人说他是热爱基层工作，喜欢与老百姓打交道；有人说北京、南京、苏州的房价、物价高，他无法承受，只能选择到基层来。他来浏河镇的那一年，浏河镇的房价是一平方米八千块钱左右。于是，他实现了三年买车、五年买房的生活规划。而在北京、南京、苏州，出身寒门的他，学业再优秀也不可能实现这样的规划。

这两种原因都是可信的，都是成立的，相互也不矛盾。英雄也是凡人，凡人有的苦恼和困惑一样也不会少，甚至更多。社会不是真空，有许多不公平、不如意的地方。他面对艰难困苦，始终坚持自己的理想，保持着对工作的热情，肩负着对社会的责任，更让人肃然起敬。生活并没有在他的道路上铺满鲜花，相反，充满了荆棘。他是一个负重前行的英雄！

在浏河派出所，我见到了太仓市公安局的领导、浏河派出所的所长和位洪明烈士生前的同事们。他们说，所里出了这么一个英雄，他们感到十分骄傲。但是，他们不想要这样的英雄，只想要他活着，和他们并肩工作。

位洪明生前所用的桌子还摆放在那里。那是一个不大的 L 形办公室，他的位置在西边那一排的最北边，靠着窗。窗外是一个整洁有序的小区，里面有假山、草地，绿树成荫，居民们安居乐业。这是他要保护的地方，他一刻也不曾忘记。他的笔记本上写着八个字：守土有责，守土担责。

他曾用朴素的语言说过："不管我们有多忙……只要老百姓认可，你这件事做对了，哪怕说声'谢谢'，我们都会开心。"

他的电脑还开着，桌子上的东西一样也不少，就像时刻等待着他归来。太阳照常升起，城市照常喧嚣，他却长眠在他守护过的这片土地。

善良、单纯、热情……这些都是同事们对他的评价。

要说的事情真是太多了，从什么地方开始说呢？好吧，就从他编写的《行政案件办理流程规范》说起。

他在太仓市公安局是公认的在法治领域水平很高的人，大家都叫他"百科全书"，堪称"专家型警员"。在工作上，他务求完美，一份《行政案件办理流程规范》体现了他的用心和细心。整个 PPT 内容丰富、逻辑缜密，没有华丽的过场，没有绚丽的图片，每一句话、每一个词都用心推敲过，字里行间显示了他多年在基层积累的经验，体现了他对这份工作的热爱。

提起基层法治工作，就不能不说一说"法制员"这个工作。

他是派出所里的法制员。法制员，是派出所执法规范化建设的“灵魂岗位”。小到邻里纠纷，大到杀人越货，大大小小的案件，每个程序、每个环节都需要法制员的介入。法制员要用最新的司法解释和法律条文来帮助基层民警规范执法，让老百姓感受到法律的公平、公正。

每一起案件或事件，都有可能存在“风险点”。法制员要事先进行评估，提醒办案民警。位洪明这个法制员，工作起来事无巨细、不厌其烦。怎样取证、怎样讯问、前期怎样制订计划，他会一一向民警交代，与民警们反复商量。有时候，案子破了，大家都放下了，他却会继续跟进。就像太仓市公安局新闻中心的简新海说的那样，位洪明这个法制员就像是烧龙虾的大厨师，别人只要把龙虾洗干净后交给他就行了。他要重新检查龙虾是不是新鲜，是不是洗得很干净。然后，他还要确定一下所用的调料和烧龙虾的火候，以及盛龙虾用的盘子。最后，他会亲手把盘子端上桌，听取顾客的意见。

他去世前办过一个案子，留下了一张“导向图”。八层的关系网，密密麻麻地排列着。从受害人到嫌疑人，每一层都指向明确。思路、线索、办法……林林总总，全在里面了。

本来，法制员是不需要冲到一线的。但是，他冲上去了……他的最后一个短信，也是关于工作的。

在工作中，他是个有能力的人。他的工作能力，戴智涛深有体会。两户居民因为宅基地闹矛盾，闹了十多年。戴智涛是从安徽来的，不懂当地的方言。面对这样的难题，他感到手足无措。位洪明告诉他调解的技巧，帮他理清了思路，带着他进行了十几次实地走访。他们用了一个月时间，终于让两户人家握手言和了。

他是个充满激情的人，岁月没有消磨掉他的热情。在平凡而琐碎的工作中，他始终保持着激情。

他的徒弟朱竞翔，已经跟了他五年。师父为人处世和对工作的态度，深深地影响了他。师父的辖区内，有一位老人，把自家的车库改成了棋牌室。师父依法予以劝说，让老人把棋牌室关了，还自掏腰包买礼物去探望这位老人。去世前不久，师父把自制的酒精喷雾剂拿到了办公室，给大家用。喷雾剂用透明的小塑瓶装着，可爱又实用。朱竞翔说，工作认真并不难，难的是五年如一日，保持着工作热情和执着。他说，在和师父相处的那段时间里，师父只请过一次假，是在师娘生大女儿时，休了三天。

位洪明的大女儿叫“来来”，只有五岁。她还不能完全明白“死亡”这个概念。位洪明的葬礼上，大女儿捧着爸爸的照片走在队伍的最前面。大人们让她一边走，一边喊“爸爸，我们回家了”。大女儿说：“你们为什么让我对着照片喊爸爸?”

位洪明的小女儿叫“往往”。位洪明去世时，她才十九个月。每次听到门铃声，她都以为是爸爸回来了，会给她做最爱吃的糖饼。

位洪明的妻子在悲伤之余，还要努力让女儿们明白爸爸永远不会回来的事实。她对女儿们说：“世上有一个地方，那里有一扇神奇的门，只能进，不能出。你们的爸爸就进了那扇门，不能回来了。但是，等我老了的时候，就会和你们的爸爸在门里重逢。”

有一天，大女儿忽然问她：“爸爸是不是变成了一颗星星，每天晚上都在天上看着我们?”

她告诉女儿们：“是的。”

女儿们长大以后，自然会知道，爸爸曾经立下誓言：守土有责，守土担责。他不仅是她们的爸爸，而且是一位英雄模范。

这位英雄模范，有着鲜明的个人特色。他的人生并不完美，他却在工作中时时追求完美；他的人生并不完整，他却在工作中时时追求完整。经手的东西，他都会安排得井然有序。一项工作，怎么开头，怎么收尾……他都要做得尽善尽美。位洪明的徒弟朱竞翔说，师父对工作认真负责，几乎到了有“精神洁癖”的地步。

多么希望这样的人，没有受到过挫折！多么希望这样的人，能够长命百岁！可是，直到牺牲，他都被失眠困扰着。他长期失眠，睡得晚，醒得早，经常是第一个到办公室的人。

他努力地活着，直到让自己的名字成为不朽。

他去世后，辖区内的群众自发进行了悼念活动。他的大学同学和战友们都在回忆他生前的点点滴滴。让我们记住这个年轻的名字，让他在我们充满敬意的回忆中闪耀光辉！他曾经对他的哥哥说，他的理想是当警察或记者。如今，无数记者聚集起来，为他写下了数不清的文字。

他的警号是：245629。

最后，让我们来看一看他写给师父张大伟的一封信。有一次，他的师父张大伟在无意中打开 QQ 空间，发现徒弟位洪明给他写了一封信。在此，摘录其中的一段。

写给您：

……

夜幕降临，炎热的暑气已散去些许。坐在车里，打开车窗，迎面吹来凉爽的风。我，舒服！你问我为什么选择这里，选择这里以后有什么感觉……记得当时我说自己感觉有点儿小落差，和预想的不太一样。你告诉我，这些都是正常的……还告诉我，一定不要把自己的专业放下，工作之后也要多学习。

你说的没有什么大道理，没有什么高谈阔论，但是让我明白了许多东西……让我正确地审视自己，正确地给自己定位，以正确的态度工作、学习……

徒弟位洪明写给您——我的师父张大伟。

在一起

赵长国

那几天，一张看似普普通通的照片，却以无声的魅力火爆刷屏。

一个“警察蓝”和一个“天使白”演绎的这个“夫妻抗疫瞬间”，不是电影或电视剧中的场景，也不是行家专门设计的人为噱头，而是一个摄影家真真切切的“随手拍”。

一

时间：2020 年 2 月 11 日上午 7 时。

地点：徐州医科大学附属医院东院感染性疾病科一楼大厅大门边。

人物：丈夫王生坤，49 岁，徐州市公安局交警支队开发区大队二中队二级警长；妻子王淑文，48 岁，徐州医科大学附属医院感染性疾病科副主任护理师。

疫情来袭，全民阻击。这些天，王生坤在开发区的振兴大道路口和徐州“东高速”出口的疫情查控点已经连续值守了十多个班次。王淑文所在的医院是收治新冠肺炎患者的定点医院。她从

2020 年 1 月 25 日开始，已经有十多天没有回家了。

离开家的那一天，妻子显得很匆忙。那天，已经很晚了还不见妻子的身影，丈夫有些着急。他打电话询问，妻子在电话的那一头轻描淡写地说："没事，就是全封闭隔离，紧急救治患者。你放心！"

第二天，王生坤又拨通了妻子的手机。妻子回答说："正忙着呢，待会儿回你……"

第三天、第四天，王生坤也拨过去了电话。或许是因为对方未将手机带在身边，结果都是无人接听。

开始的时候，王生坤不知道疫情有多严重，只是内心有些不安。

到了第五天，终于有了妻子的音信。王生坤在电话里急切地说："我不放心，想去看看你。"

王淑文不容置疑地说："不行，你不能来！一旦感染了，后果不堪设想。再说，都忙死了……不过，我很好。你们爷儿俩照顾好自己……"

原本近在咫尺的两个人，却因为残酷的疫情，连回家碰个面都成了奢望。王生坤一直在为妻子担心，总想见她一面，哪怕只看一眼也好啊！

时间到了 2 月 10 日，王生坤与妻子取得了联系。电话中，他提出："我实在放心不下！必须得去看看你，我才能好受些！"

王淑文迟疑了片刻，悄悄地说："好吧，你明天早晨 7 点左右来吧，我 7 点半要上班。先说好了，你只能在门外看看我……"

2 月 11 日早上 7 点，身穿交警执勤服的王生坤准时来到医院门口，拨通了妻子的电话："我到了。"

王淑文听到丈夫的声音，瞬间兴奋得脸红起来。只听她温柔地说："嗯，我就来。"

听到妻子急促的脚步声，王生坤明显地感觉到自己的心怦怦地跳了起来。

转眼间，那个熟悉的身影已经来到了他的面前。她右手拿着手机，贴在了耳边。

王生坤左手拿着手机，深情地凝视着妻子，轻轻地说："你好吗？吃饭、休息怎么样？"

朝思暮想，今日相见，千言万语凝聚成了一句问候。

眼前的妻子，穿着医疗防护服，被白色装备包裹着，眼睛有点儿浮肿，秀丽的脸庞消瘦了许多。王生坤差点儿认不出来她，忍不住一阵心酸。他情不自禁地走上前去，想靠近妻子，可是那扇玻璃大门把他挡在了外面。

"我很好，放心吧。我们医院做得很到位，每天都有专人给我们送吃的，休息得也不错。你呢？儿子怎么样？"妻子说话时柔情似水。

王生坤深知妻子的牵挂，略带喜悦地说："我也很好，你不用担心。儿子也很安全，和我一起在一线执勤。小家伙挺有出息的，受到了大队和中队领导的表扬。你呢，累吗？"

"累，我不怕，就是心理压力大、护理难度大。每天穿戴着这些东西，不透气，勒得生疼。被口罩和眼罩勒得耳朵疼、头疼，各种不舒服……不过，我已经适应了。"王淑文对丈夫投来笑意，可眼睛却是湿湿的。

"……没办法！只能坚持，再坚持！也许，挺过这一阵子就好了……"王生坤安慰着妻子，朴素的话语里饱含着理解、钦佩、疼爱和鼓励。

“是啊！我们科室年轻人多……和我一样承受着身体不适和心理压力。大家一直在坚持，没有一个人退缩。我是老护理师，在这个节骨眼儿上，我不带头，谁带头？我不坚持，谁来看护病人？老公，我知道，你也很辛苦。不要挂念我，我们一起加油！”

我敢说，这是世界上最美的情话！

“加油！”王生坤不由自主地伸出右手，把掌心贴在了玻璃上。王淑文情不自禁地将空着的左手迎了上去，两个人的掌心和五指不约而同地紧紧贴在了一起。然而，一扇透明的大门横挡在他们面前，大门上冰冷的玻璃将两个温热的掌心分隔在了两边……

无法触摸的掌心，却有着无限的温柔。

此时无声胜有声。

照进大门的一缕冬日阳光，见证了这对抗疫夫妻的深情相见。那种担心、疼爱和舍不得、放不下，与强烈的责任感和光荣感一起涌上心头。

夫妻共同战疫，情在滋长，爱在生长，人在成长。

回忆起这段经历，王淑文说：“平时天天在一起，不觉得有什么。可是，就在他来看望我的那一刻，我真的觉得很幸运。有爱真好！有家真好！活着真好……”

人生，就是这样。如果不是骤然分离，你可能永远不会发现，那些温暖相陪、温柔呵护其实早已融入了生命，一如疫情让人与人之间拉开了距离，却让心与心贴得更近。

王生坤说：“见了她一面，我心里踏实多了。没想到，这次见面被同事抓拍了下来。”

说来也凑巧，这动人心弦的一幕，被同为警察的摄影家郭鹏抓拍到了。

疫情发生之后，徐州市公安局经侦支队一级警长、江苏省摄影家协会会员郭鹏一直在琢磨如何用镜头记录下身边的平凡故事。

郭鹏与王生坤早就相识了。郭鹏的妻子与王淑文在同一家医院工作，平时很熟悉。那天早上，郭鹏去医院看望了妻子。准备离开医院时，他一眼就瞥见了王生坤夫妇“隔空通话”的场景，顿时就被震撼了。

摄影家特有的灵感，让他对眼前的这一幕产生了强烈的兴趣。于是，他抓住了两个人面对面地用手机通话，进而隔着玻璃传递温暖的最佳时机，果断地按下了相机的快门儿，让这个动人的瞬间定格在了照片上。

影像无声，大爱流传。

郭鹏没有料到，这张照片被徐州警方微信公众号率先采用后，引起了强烈的社会反响和关注。

2 月 14 日，《人民日报》第四版的显著位置刊登了这张珍贵的照片。一时间，好评如潮。结果，这张照片入选了 2020 年《人民日报》第七期的“收藏摄影作品”。

《法制日报》《人民公安报》，还有人民网、中国警察网、观察者网，以及百度、腾讯、搜狐等诸多媒体相继报道和转载了他们全家齐心抗疫的先进事迹。

网友们纷纷跟帖，给他们点赞：“最美夫妻”“最美爱情”“最美抗疫瞬间”。

网友们的关注，让王生坤觉得很“不好意思”。他认为，他和妻子都是普通的一线工作人员，做的都是一线工作人员应该做的日常工作。他半开玩笑地说：“幸亏她穿着防护服，我也只是被拍到了背面。我希望网友们把这张照片上的画面看成公安系统和医疗系统的两名普通职工在疫情期间工作的画面。”

瞬间，可以成为永恒。

二

一身整洁的警服，让他那本就健壮的身材显得更加威武。临近知天命之年，岁月的风霜写在了他的脸上。王生坤面容和善，说话时语气和缓，很有亲和力。他是一个忠厚本分、稳重低调且韧劲儿十足的汉子。

王生坤，1971 年 8 月 9 日出生在徐州市鼓楼区下淀村的一个农民家庭。他那七十五岁的老父亲至今还守在老家。

王生坤的履历简单而纯粹，却留下了一串奋斗的足迹。

高中毕业后，他进入了徐州市色织厂，很快就担任了织布车间的团支部书记。1992 年至 1995 年，他在山东武警临沭中队服役，当过班长。

1996 年，他通过了徐州市公安局的招警考试，跨入了人民警察的行列。在交警的岗位上，他一直干到现在，总是倾情投入，从不懈怠。

在工作中，他是拼命拉车的老黄牛；在履责时，他是铁面无私的执法者；在生活里，他是人民群众的贴心人。2017 年 7 月 1 日，他因“创卫”成绩突出，火线入党。

2020 年 5 月，因为抗疫工作成绩突出，他被徐州市公安局评为“防疫工作先进个人”，记了三等功。同时，他被江苏省公安厅记了三等功。

这是让王生坤终生难忘的一次战斗经历。

2020年1月24日24时，江苏省人民政府决定启动“突发公共卫生事件一级响应”，采取最严格、最科学的防控措施。

徐州交警实行战时勤务，全员阻击疫情。

1月25日7时，王生坤奉命与交警徐晓胜和两位辅警一起奔赴振兴大道卡口。

这是一条进出徐州市区的主要通道。王生坤他们迅速设置了防疫标志，固定好了停车检查的“摢栏”，按照要求进行疫情防控交通检查。

从那时起，王生坤他们便像钉子一样牢牢地钉在了抗疫一线。

到了第八天，王生坤被调到了京福高速公路的徐州东高速收费站检查点，第一次穿上了全套隔离服。在医护人员、路政管理人员和派出所民警的配合下，他们对所有过境车辆上的人员进行了测温、消毒、询问、登记和核查。

回忆起当时的复杂心情，王生坤说：“交警随时都有被传染的危险，要说不怕，那是假的。当时，我的真实想法就是：身着警服，职责所系；家国情怀，义不容辞。要问与平时工作有什么不一样，那就是一个字：累。例如，我那天在高速路收费站工作到夜里12点，下班时腿都拖不动了。”

二中队的中队长王刚，个子不高，长得敦敦实实的，宽大的脸庞被风吹得黑黑的。回忆起战疫时的辛劳，他的表情突然凝重起来：“警察也是人，也有对疫情的恐慌。但是，我们不上谁上？为了坚守岗位，也为了家人的安全，我们有很长时间没有回家。尤其是在疫情加重的那些日子里，王生坤和我们二中队的同事们连续加班了十几天。根据防疫的需要，大队的食堂不开伙，外面的小饭店又不开门，大家只能用开水泡方便面充饥。吃不上饭、洗不上澡、换不上干净的衣服、照顾不上家里的妻儿老小，那是经常的事情……”

每天奋战在疫情防控检查点，王生坤的双耳被寒风刮得生疼，双手和双腿也被冻得麻木了。但是，检查车辆和登记工作必须认真进行，被感染的风险越来越大。

防控疫情，谈何容易！

检查时，群众不理解、不耐烦、不配合的情形屡见不鲜。遇到这种情况，交警不能去“硬碰硬”，而是要磨破嘴皮子“说理执法”：“请您稍等，我们还要核实一下您说的情况。”“现在是疫情期间，必须严格检查和登记。驾乘人员必须服从管理，希望您能理解。”“对不起！我们也不想耽误您的时间，让您久等。现在，您可以走了……”

这样的话语，王生坤不知道说过了多少遍。

2 月 5 日，下午 4 时。

远远地，一辆小轿车缓缓地驶来，醒目的“鄂”字开头的车牌映入了王生坤的眼帘。于是，他立即示意司机靠边停车。

证件显示，驾驶员是浙江人。王生坤问：“您是从哪里来的，要到什么地方去呀？您的这辆车，最近还到过什么地方？您与哪些人有过接触？”为了防控疫情，这是交通安全检查的规定程序。

“我是本市的，刚才出去办了点儿事。”

“您怎么开了一辆外地牌照的车呢？”

“车牌是外地的，我的车一直在徐州使用。”

“那么，您住在徐州的什么地方？属于哪个居委会？”

对方吞吞吐吐，极不情愿地说出了自己的地址等信息。王生坤立即向中队长王刚进行了汇报。王刚一刻也没有耽误，把这些信息一一进行了核实。经查，这辆车确系这位驾驶员几年前在湖北做生意时购买的，一直在江苏徐州境内行驶。

四十分钟后，核查有了结果。王生坤庄重地敬了一个礼：“谢谢您的配合！现在，您可以走了。”

耽误了这么长时间，这位驾驶员有点儿不高兴。但是，他对王生坤的工作态度和处理问题的办法十分满意。

王生坤趁热打铁，半开玩笑地说：“在这个非常时期，您的这辆鄂牌车好刺眼啊！暂时不要再开出来了，免得自找麻烦……”

对方会意地笑了。

忙活了半天，转了一大圈儿，似乎又回到了原点。实际上，事情没有这么简单。

“不漏一车，不漏一人”是疫情防控期间对交通检查的基本要求。王生坤说：“在检查中，我们既怕查出问题，又不怕查出问题。如果放松了警惕，就不会知道有没有问题。经过核查，排除了问题，就等于解决了大的问题。重点车辆，见疑必究。在我们二中队，类似这样的疫情防控检查登记簿有十多本呢……”

守一座城，护千万家。

这是一场没有硝烟的战争，这是一场防疫为民的硬仗。

王生坤——一个普普通通的交警，像千千万万名奋战在一线的交警一样，在艰苦而危险的岗位上，为战胜疫情贡献了力量。

口罩虽然遮住了脸颊，但是遮不住坚毅的目光。穿在他们身上的执勤服闪闪发光，总是能让人民群众充满信心，在灾难中看到希望……

三

2020 年 1 月 24 日，农历大年三十。

夜幕降临，天骄世家小区 1 号楼的一套单元房里灯火通明，喜气洋洋。

整洁的客厅里，电视墙的左侧摆放着一盆石竹，电视墙右侧的花瓶里插着一束康乃馨。墙角的两盆绿萝郁郁葱葱，藤蔓顺着铁制花架垂落下来。

宽大的茶几上摆满了守岁食品，茶壶里的工夫茶散发出诱人的清香。在这辞旧迎新的除夕夜，王淑文和丈夫、儿子一起喜滋滋地等待着央视春节晚会的开始。

晚上 7 时 50 分左右，王淑文的手机响了。电话里传来了她所在科室的护士长滕艳秋焦急的声音："接到上级通知，明天上午 8 点，我们的人全部回院待命，准备接收和救治新冠肺炎病人。可能要长期作战，你要把家里的事情安排好……"

2020 年 1 月 25 日，农历大年初一，上午 8 时。

王淑文一大早就赶到了单位，所在科室的医护人员齐刷刷地都来了。全院人员取消休假，在岗待命。

当日深夜，他们收治了第一例新冠肺炎确诊患者。王淑文和她的同事们和病人一样，被隔离了。

每天都要戴"N95 口罩"、护目镜，戴松了起不到防护作用，戴紧了又十分难受。每到下班的时候，面颊、额头、鼻子上和耳根等部位都会留下很深的勒痕，有的地方甚至出现了红肿。

天气寒冷，薄薄的防护服里面，穿多了不方便工作，穿少了又冻得不行。工作时，他们来回跑几趟，就会冒汗。就这样，他们一会儿冻得发抖，一会儿浑身是汗。

防护物资紧缺，防护服成本较高，医护人员会尽量节省，格外珍惜。为了避免因穿脱防护服而耽误时间，他们每次穿戴上防护装备进入隔离区，都要待上七八个小时，其间不能上厕所。开始，他们没有经验，都憋着。这得多么有毅力啊！

后来，大家都穿上了成人纸尿裤，坚持工作。不过，那种潮湿也是很难忍受的。因此，他们只能少吃饭，不喝水。有几次，王淑文出现了眩晕、恶心的症状。

就这样，值一次班，就会累得筋疲力尽。下班后，他们往往错过了“饭点”，只能简单地把已经凉透了的饭菜热一热，蹲在一旁默默地吃下去。

干护理工作，苦和累是家常便饭。在高风险的工作环境中，确保忙中不出错是最关键的。

打针、换药、雾化等护理程序，每一个环节都很重要，来不得半点儿马虎。有时候，眼罩和面屏里面会起雾，看不清东西，这就对护理人员提出了更高的要求。

为了密切观察进展期患者的呼吸功能变化，护理人员免不了要为患者抽取动脉血，进行检查。王淑文他们戴着双层手套，触感不太好，只好蹲在患者旁边反复摸索，寻找微弱的脉搏。有时候，他们一蹲就是十几分钟，只为了“一针见血”，减轻患者的痛苦。

取咽拭子的工作是最危险的——患者呛咳，容易使气溶胶飞溅，而医护人员却要近距离地面对患者。王淑文他们不但没有退缩，而且争先恐后地采样。

疫情无情，人有情。

2月9日，有一位八十多岁的退休教师因被确诊为新冠肺炎患者而住进了医院。入院时，这位老人半身不遂，无法自主翻身，同时患有高血压和眼底出血。老人入住隔离病房后，护理的重任就落在了王淑文和她的同事们肩上。

由于出汗多，老人的床单、被罩都湿了，纸尿裤也该换了。王淑文他们一边安慰老人，一边拿来干净的床单、被罩，帮老人换上。然后，他们齐心协力将老人搀扶到床上，换上了干净的纸尿裤，还帮老人整理好了家人送来的东西……

把一切收拾停当之后，他们准备与老人告别，却发现老人已泪流满面。他哽咽着说："谢谢你们！你们不是亲人，胜似亲人啊！"

隔离病房，拉开了人与人之间的距离，却无法阻断心灵的沟通。

有一位女性患者，被确诊为重症新冠肺炎患者。她来到隔离病房后，没过多久，她老公也被收治了。受到外界的干扰，她的心理压力很大，情绪很不稳定。她平时吃得很少，并且失眠。王淑文和护士们给她讲了病毒感染的常识，并且举了几个被治愈患者的例子。从分析病情到闲聊家常，他们经常一聊就是几十分钟。王淑文他们经常为她洗脸、打饭、倒水，无微不至地照顾她。最后，她终于有了战胜疾病的信心，心情恢复了平静，开始积极配合治疗。

家住丰县的王某，父母都感染上了新冠肺炎。他父亲生病住院时，被同病房的患者传染上了新冠肺炎。随后，他母亲也因为密切接触新冠肺炎患者而感染上了新冠肺炎。最终，王某的核酸检测结果呈阳性。于是，他们一家三口便相继进入了隔离病房。

医护人员看了王某的入院登记信息，得知2月5日是他的生日。于是，感染科的医护人员便筹划着给他过一个特别的生日。王淑文和大家的心情是一样的：疫情当前，患者就是亲人。诊治、护理固然重要，照顾他们的感受也必不可少。不能因为疫情，就少了温情和人文关怀。为此，感染科的党支部书记潘修成教授自掏腰包，订了一个别致的鲜果蛋糕。

2月5日中午，王某所在病房的门被轻轻地推开了。

护士长滕艳秋将一个金灿灿的鲜果蛋糕缓缓地递到了患者王某的手中，并送上了温馨的祝福："今天是您的三十五岁生日。我代表隔离病房的全体医护人员，祝您生日快乐！祝您早日康复！"

面对这突如其来的惊喜，王某惊诧不已。长这么大，他还没有这么正式地过过生日，更不敢奢望在这样的时间节点、这样的场合，度过这样一个温情满满的生日。

"祝你生日快乐，祝你生日快乐……"王淑文他们为他唱响了《生日歌》，欢快的旋律在病房里流动。灯光渐暗，王某戴上"生日皇冠"，默默地许下了愿望，吹灭了蜡烛。他像个孩子似的，笑了好久好久……

到了王淑文进入十四天隔离期那天，其所在的病房累计收治新冠肺炎重症患者二十五例，其中治愈出院十八例。其他在院病人病情稳定，最终都顺利地康复了。

对王淑文来说，最大的收获就是在抗疫的岗位上得到了锤炼。她在火线递交了入党申请书，申请加入中国共产党。

四

让王淑文和王生坤感到欣慰的是，他们的儿子也勇敢地加入了抗疫的行列。

王一品，十八岁，江苏警官学院的学生。母亲战斗在抗疫一线，不能回家。父亲即使回家，也会身心俱疲。懂事的他总是帮助父亲脱下外衣，为父亲捶捶背、揉揉肩。

“爸，学院已经通知延期开学了，开学的时间还没有确定。您看，我是不是可以到您的工作岗位上协助执勤?”王一品向父亲说出了自己酝酿已久的想法。

王生坤深知疫情的严重性，不忍心让儿子去冒险：“一品，你知道执勤意味着什么吗?”

“我知道，但是我不怕!”为了表明自己的决心，王一品于2020年1月30日写下了申请书。开发区大队的政委批复“同意”之后，王生坤便带着儿子上岗了。

让王生坤感到高兴的是，十多天过去了，儿子就像一名真正的民警一样，在工作中吃苦耐劳，还利用短暂的休息时间拉着他问这问那，认真地记下解决问题的方法。

快要开学了，必须进行十四天的居家隔离，王一品不得不结束了见习执勤工作。

他告诉父亲，不管走到哪里，他都会像父母一样，扛起应尽的义务和责任。

关于妈妈王淑文，王一品在一份自述材料中写道：“人们都说她是天使，但她是我妈，而且绝对是一名不折不扣的战士。一位母亲离开了自己的儿子，一个妻子离开了自己的丈夫，一个战士离开家去了前线，这就是千千万万家庭中正在发生的故事，也是我妈的故事。”

后来，王一品谈到了见习时的感受：“就在这个过程中，我逐渐明白了一个道理：对待人民群众一定要有耐心，一定要细心。这次参加一线的防控工作，我学到了不少知识，积累了不少经验。同时，我了解到，有很多像我爸、我妈这样的人战斗在抗疫的第一线。他们的事迹，让我一次次地感动。毕业后，我想成为他们那样的人。”

在这没有硝烟的战场上，王一品和许许多多的同龄人共同抵御灾难，一起茁壮成长。

全民抗疫阻击战，一家三口齐参战。一个普通家庭的牺牲和奉献，同样可歌可泣，荡气回肠……

不可复制的高光时刻

卢 娄

标题的创意来自本文的主人公杨俊，他是南京市公安局刑警支队一大队的副大队长。疫情期间，他连续奋战，坚守在南京市公安局防疫指挥部，负责对确诊病例及密切接触者的行程进行回溯研判，为指挥部的决策提供信息支撑。侦破发生在1992年3月24日的“南医大女生遇害案”时，他在抓捕行动中是第一梯队的成员。2020年2月23日凌晨，他和战友们一起成功抓获了该案的犯罪嫌疑人。

杨俊的爱人李傲梅是中国人民解放军某战区总医院放疗科的护士长。新冠疫情发生后，她主动请战，驰援武汉。她在火神山医院连续奋战了七十天，负责对新冠肺炎的危重患者进行救护。

夫妻俩一个是警察，一个是医护人员，都是最勇敢的逆行者！

据了解，在这场抗击新冠疫情的阻击战中，共有十一对像他们这样的夫妇来自江苏省公安机关。这些“警医家庭”组成了特殊的“战斗群体”，共同书写着人间大爱和责任担当。

2020年5月，由杨俊、李傲梅组成的家庭荣获了“全国抗疫最美家庭”和“江苏省抗疫最美家庭”等荣誉称号。

在采访中，杨俊反复提及了“高光时刻”这个词。比如说，他在描述自己如何抓捕犯罪嫌疑人时，会谦虚地说："我只不过是恰好在那个高光时刻出现在了镜头里。"

我知道，所有光鲜的背后，都是人们看不到的汗水与故事。

一、"烧脑"达人

在我的印象中，我的刑警同事们大多有着饱经风霜的脸庞和坚毅无比的目光。比如，杨俊的同事——"预审专家"陈勇，这位荣获第三届"江苏最美警察"荣誉称号的硬汉，给人的第一印象就是长着一张典型的"刑警脸"，威严而俊朗。而杨俊给我的印象，则更像是一名文质彬彬的书生。看上去，他的年龄要比实际年龄小一些。虽然此前我们从未谋面，但我还是一眼就从人群中认出了他。也许是警察的职业使然，在我的同行们身上，总是会有某种刚毅的特殊气质。从警以来，杨俊先后从事过刑侦技术、现场勘验、命案侦查等工作，是名副其实的"刑侦多面手"。他先后荣立个人三等功两次，获得嘉奖一次。

战疫伊始，杨俊就主动请缨，到南京市公安局防疫指挥部去轮岗值班，对确诊病例及密切接触者的活动情况进行回溯核查。社区防控是以"大数据+网格化+铁脚板"为模式的"清网梳格"，而回溯核查则是通过在海量数据中抽丝剥茧来实现"删选核实"。这听起来很"高大上"，实际操作起来却很烦琐，很耗时间。每天摸排出来的信息，都要迅速送到相关部门进行核实和反馈。杨俊经常忙到凌晨两点钟，不到 6 点就又爬起来接着工作，每天睡眠时间只有三四个小时。到了夜里十一二点钟，研判出来的人员信息和活动情况需要连夜核查，而这些都是突发性的，必须当日处理完毕。

栖霞区的一个小区里有一位姓刘的老伯，年事已高。老人平时不出门，却患上了新冠肺炎。是谁传染给他的呢？有可能是老伴儿传染的！于是，他们就围绕着刘老伯的老伴儿做工作。刘老伯的老伴儿姓彭，七十九岁了。当时，她留下的手机号码是错的。于是，杨俊就找到了她的电话号码和家庭住址，了解了情况。刘老伯和老伴儿平时单独居住，也不爱串门。大年三十那天，老两口和儿子、儿媳妇一起吃了年夜饭。可是，儿子和儿媳妇都没有问题。那么，病毒是从哪儿来的呢？经过进一步研判，他们发现刘老伯的家门口有个菜市场，他老伴儿经常去那里买菜。经过调查，他们发现这个菜市场里有过确诊病例。他们判断刘老伯的老伴儿有可能在这个菜市场里接触过新冠肺炎感染者，把病毒带回了家。只有找到源头，才能切断传播途径。在杨俊看来，在对新冠疫情的回溯工作中，对每个对象的分析和研判都十分重要，因为每个人的背后都有一个家庭。一个家庭感染了病毒，就有可能影响整个社区的防控，而社区又是我们的社会管理体系中最小的单元。事关人民群众的生命安全和社会大局的稳定，绝不能掉以轻心！

面对这项“烧脑”的工作，杨俊凭借扎实的侦查功底，先后摸排出了一千八百多名密切接触者的活动情况，形成了时空节点环环相扣的“一人一档”“一天一清”，上报了南京市公安局，为南京市的疫情防控工作提供了可靠的决策依据和情报支撑。

二、铁血刑警

侦破“南医大女生遇害案”时，杨俊作为专案组的成员，除了高效地完成抗疫指挥部的工作以外，还积极参与命案积案的侦办工作。2 月 23 日凌晨，他和同事们密切配合，巧妙地敲开了犯罪嫌疑人住所的房门。他第一个冲进屋内，将潜逃了二十八年之久的犯罪嫌疑人捉拿归案。

自从进入南京市公安局刑警支队，杨俊就从同事们的口中了解到了这起命案。每到 3 月 24 日这天，他和同事们都会看到白发苍苍的林妈妈（遇害女大学生的母亲）轻车熟路地走进支队领导的办公室。过了半晌，又会看到林妈妈走下楼来。目送着老人蹒跚离去的背影，杨俊的心里很不是滋味。

那是初春的一个雨夜，位于鼓楼区的南京医学院（现为“南京医科大学”）教学楼里的灯都熄灭了。保安在校园里巡逻，来到一间教室的门口，发现对面的盥洗室里有个人影。这个人穿着一双胶鞋，正在一边跺脚，一边洗手。

保安喊了一句“干什么的”，然后用手电筒照了一下对方的脸。谁知，那个人拔腿就跑。保安没有追上那个人，眼看着他从南校门跑了出去。保安也不知道发生了什么事情，返回教学楼查看，没有发现什么异常情况。

几天后，有人在校园里发现了一具女尸，被人头朝下按在学校的窨井里。死者是该校的女学生林某！

“南医大女生遇害案”轰动一时，引起了社会各界的广泛关注，省、市、区的公安部门全力侦查。经验丰富的刑侦专家根据目击证人的描述，绘制了犯罪嫌疑人的画像。犯罪嫌疑人身高一米七左右，年龄在二十五岁到三十岁之间。

南京警方在教学楼的门洞里发现了喷溅的血迹，提取到了凶手的生物检材，在校园内进行了比对。他们将调查的范围扩大了，挨家挨户地走访和排查。最后，排查出了一万多条线索。在那个年代，没有随处可见的监控探头，严重缺少信息数据，案件的侦破工作陷入了僵局。

第二年的 3 月 24 日，林爸爸和林妈妈悲伤地来到大学校园祭奠爱女，接着又到南京市公安局刑警支队打听案件侦破的进展情况。

那天，两位老人互相搀扶着踯躅而来。走的时候，他们依然比较平静，却难掩悲伤和失望。从此以后，每年的 3 月 24 日，林爸爸和林妈妈都会从无锡老家赶到南京市公安局刑警支队，打听案件侦破的进展情况。

南京刑警发扬“特别能吃苦，特别能战斗”的过硬作风，侦破了一系列有影响的疑难复杂案件。

而这一次，南京刑警又该如何续写传奇，侦破这起悬案呢?

林爸爸没能等到为女儿沉冤昭雪的这一天，含恨去世了。林妈妈的年龄也越来越大了，每次都是孤身一人来刑警支队打听案件侦破的情况。

虽然专案组的成员几经更换，当年经办案件的民警有的已经退休甚至去世了，但是他们像传递接力棒一样，锲而不舍。

转眼到了 2018 年 6 月。根据上级公安机关的统一部署，南京市公安局针对该案成立了命案积案侦破工作领导小组，抽调民警成立了工作专班，全力以赴地攻坚。

专案组多次召开案情分析会，回顾和梳理了当时的侦查经过，并对当年的一百二十多本案卷逐一进行了分析。专案组的刑警们主动出击，奔赴浙江、江西、山东、四川等十余个省，行程近两万公里。他们对重点人员进行深度调查，并且不间断地与兄弟单位进行交流和沟通，进一步分析研究案情。

2020 年 2 月 19 日，案件的侦破工作取得了重大突破。专案组的民警立即赶赴徐州，将符合犯罪嫌疑人年龄特征的人员作为重点进行核查。

在沛县警方的大力配合下，专案组排查了一百多名重点人员。

2 月 22 日，杨俊和同事们找到了可疑人员的家，搜集了相关证据。南京市公安局刑警支队刑科所的工作人员连夜进行了检验和比对。2 月 23 日凌晨 1 点多，传来了激动人心的消息，犯罪嫌疑人被锁定了！专案组的领导立刻下达指令，由杨俊等人组成的抓捕小组立即出发！

凌晨 5 点多钟，杨俊他们来到犯罪嫌疑人居住的小区，发现犯罪嫌疑人的汽车停在楼下。疫情期间，犯罪嫌疑人应该就在家里。为了避免打草惊蛇，他们决定按兵不动，等待时机。

就这样，他们从凌晨 5 点钟，一直埋伏到了天光发亮。机会终于来了！6 点多钟，犯罪嫌疑人家厨房的灯亮了。看来，是有人起床做饭了。

开始行动！一名女警以社区工作人员的名义敲了敲门。杨俊手提一根警棍，侧身走上了楼梯。此时，房间里的人察觉不到外面有人。一旦打开门，杨俊就可以马上冲进去，先行控制局面。

就在这时，从屋子里传来了一个男人的声音："谁呀？"从声音上判断，八九不离十！杨俊心里一阵欣喜。

“我们是社区的。”女警从容地回答道，“有个信息要核实一下。”

防盗门被打开了，开门的是一名中年女子。由不得对方迟疑，杨俊一个箭步冲了进去。屋子里黑漆漆的，隐约能够看见北面的小房间里有一个黑影，身形健硕，是个男的。

根据他们掌握的情况，犯罪嫌疑人家里只有夫妻俩和女儿三个人。那么，这个人就是犯罪嫌疑人无疑。考虑到小房间里空间狭小，放不开手脚，杨俊径直走过去，佯装亲昵地拍了一下犯罪嫌疑人的腰，说了一句“你来一下”，顺势推了他一把，将他推到了客厅里。说时迟，那时快。杨俊和紧随其后的同事们相互配合，将犯罪嫌疑人牢牢地按住了。整个抓捕过程如电光火石一般，根本容不得对方有半点儿反抗。

大功告成！杨俊这才借着客厅里的灯光仔细打量了一下犯罪嫌疑人。只见他身穿黑色卫衣，发型时尚，打扮得很年轻。面对团团围住他的便衣警员，他低着头，一言不发。

杨俊他们将犯罪嫌疑人从屋子里带到楼下，犯罪嫌疑人全程没有剧烈反抗。根据经验，杨俊心里有数了，这是板上钉钉了！他抓住犯罪嫌疑人，问道：“知道为什么来找你吗？”

犯罪嫌疑人沉默了片刻，突然长叹了一声，然后说道：“我知道，是我杀了人。”警方等待这一刻，足足用了二十八年。

该案的成功告破，充分彰显了南京刑侦二十八年盯案不放、不破不休的使命担当。在疫情防控期间，这是南京公安“一手抓疫情防控，一手抓平安建设”的典型案例。

三、警医伉俪

李傲梅是从微信上看到这个消息的。2 月 28 日晚上，下班后，李傲梅收到了同事发来的视频链接。画面中，可以看到南京警方正在抓捕发生在二十八年前的“南医大女生遇害案”的犯罪嫌疑人。尽管视频里的警察都穿着便衣、戴着口罩，但是她一眼就认出了自己的爱人杨俊。

“事情在 23 日就发生了，你为什么一直不告诉我?”

面对李傲梅的嗔怪，杨俊乐呵呵地说道：“我这不是怕你担心嘛!”

李傲梅知道爱人的梦想是当一名好警察，于是便心疼地说道：“你总是让人不放心，执行危险任务时总是瞒着我。”

1 月 26 日，大年初二。这一天，李傲梅接到了院里组织出征武汉的通知。作为业务骨干，她毫不犹豫地报了名。可是，回到家里，她又有点儿着急。爱人杨俊也接到了单位的通知，取消春节休假，全员在岗，全力投入疫情防控工作。夫妻俩都不是南京本地人，双方父母都在春节前回了老家。原来打算春节假期带着孩子回老家看看父母，现在只好取消了行程。这样一来，年幼的女儿就没人照顾了。怎么办？两个人一商量，决定把孩子的外公、外婆从安徽老家接到南京来照顾女儿。当时，防疫形势非常严峻，两个人只好托安徽老家的亲戚帮忙，把两位老人连夜送到了苏皖省界的高速路口。然后，两个人又开车从苏皖省界的高速路口把两位老人接回了家。

1 月 27 日，大年初三。杨俊被抽调到了抗疫指挥部，负责信息研判。

1 月 29 日至 30 日，李傲梅参加了援鄂队员的封闭集训。作为单位的一名业务骨干，她充分发挥专业优势，完成了对全队医护人员的感控培训和考核，确保了后期参战“零感染”。

“你守城，我救人。照顾好自己!”2 月 2 日，李傲梅跟随军区医疗队星夜出征武汉前，与爱人杨俊之间有了这样的约定。那天，杨俊隔着大巴车的车窗，默默地和爱人挥别。载着爱人的大巴车渐渐地消失在视线里，他的眼眶湿润了。此时此刻，要说的话实在是太多了。千言万语化作了一句祝福，他在微信中写道：“重逢之日，必是凯旋之时！还要告诉你：你笑起来真好看!”

2 月 3 日，南京市公安局组织民警赶往防疫的最前线，参与社区联防联控。杨俊在第一时间报了名：“我要在家里为逆行援鄂做一些事情。我们控制住疫情，就能减轻他们前行的负担。”局领导知道他的妻子去驰援武汉了，便让他安心工作，照顾好孩子。

可是，杨俊却一头扎到了工作中，怎么也闲不下来。

2 月 16 日，吃午饭的时候，杨俊突然接到了李傲梅好友的电话，问他在不在单位，让他到门口去一下。

杨俊也没多想，急急忙忙地往门口赶。到了门口，他收到了一个意想不到的“大礼包”！只见爱人的好友一手拿着手机，一手拎着蛋糕，笑着对他说：“来来，老杨，你拿着！这是你老婆送给你的蛋糕!”在手机屏幕上，杨俊看到了妻子发来的视频《武汉来信》。就在前一天晚上，穿着密密实实的防护服的李傲梅从火神山发来了祝福：“哈喽，老公！今天我值夜班，正好是你四十岁生日。没想到，相隔五百公里……不过，你放心，很快就会春暖花开。我会好好照顾我的病人，让春天早一点儿到来!”杨俊这才想起来，这天是他的生日。那几天，他一心扑在“南医大女生遇害案”的侦破工作上，忙得晕头转向。

一晃，到了3月18日。这一天，杨俊和同事一起出差，到长沙去办案。汽车行驶在高速公路上的时候，他看到了“湖北欢迎您”的广告牌。导航显示，他们距离武汉一百四十公里。一下子，他就有了一种与妻子并肩战斗的温暖感觉。于是，他在微信上给妻子留言：“擦肩而过。”然后，他便继续赶往长沙了。

四、傲雪寒梅

李傲梅和战友们抵达武汉火神山医院后，迅速投入了紧张的医护工作。他们每次进入“红区”，前两个小时基本上不喝水。防护服密不透风，每一次穿脱都很不容易，要经过十几个程序。只有这样，才能保证不被感染。确保医护人员安全，是为病人负责。大冬天的，每天都会热出一身汗。一出汗，浑身上下就奇痒无比，却只能忍着。

最初的几天，她难免有些紧张、不安和焦虑。随着患者们的病情逐渐稳定、好转，她有了战无不胜的信心。她先后参加了所在科室的第一例口鼻试纸的检材取样工作和第一例插管抢救工作，还作为第一作者发表了论文《174例新型冠状病毒肺炎患者的护理及体会》。

疫情期间，他们的女儿杨韵可变得更加懂事、乖巧了。十一岁的她，不仅能够照顾好自己，而且当起了“抗疫助攻手”，为爸爸、妈妈加油助威。她的作文《那一刻，全世界都安静——幸得有你，山河无恙》发表在了《扬子晚报》上：“每天从妈妈的日记里，我看见了武汉这个美丽的江城在慢慢地苏醒。公交车恢复运行、商场营业、工厂复工，人们可以出来散步和锻炼了。妈妈说，武汉是一座美丽的英雄城市……我的妈妈，不仅温暖了我，还温暖了这个安静的世界。”另外，她还创作了一幅题为《武汉加油》的儿童画。画面上，一家人其乐融融。穿着厚重的防护服的妈妈在抗击新冠病毒，穿着警服的爸爸在工作。看着小小的人儿在疫情期间能够自立了，千里之外的她感到十分欣慰。

空闲时，李傲梅会想念远方的家人。她在给爱人的微信中写道：“两个多月的时间里，每天都在战斗。苦是苦，但是看到病人一个个地康复出院，我打心眼儿里高兴。那种喜悦是用语言表达不出来的！”

兰兰阿姨是李傲梅的病人。2 月 11 日，兰兰阿姨和爱人一起入院治疗，住进了李傲梅负责的病区。老两口的子女在国外工作，他们身边没有亲人。一开始，他们可以说说话，相互鼓鼓劲儿。可是，到了 2 月 26 日，兰兰阿姨的爱人突然病重，转到了重症监护室。他一直处在昏迷之中，基本上没有了意识。兰兰阿姨情绪十分低落，不知道爱人是死是活。她一个人躺在病床上，抹着眼泪。李傲梅了解到这一情况后，鼓励兰兰阿姨，希望她能坚强起来，树立起战胜病魔的信心。

火神花，火神花

告诉阿姨

上班的路上

你看到了武汉的樱花

告诉阿姨

叔叔已经开口说话
你们就这样陪伴着阿姨
让她放心地牵挂

监护室的门开啦
火神花为她带来了
那个心爱的他
他们再也不用忍受
一门之隔的牵挂

他对她说：
寒冬已逝
三月春归
火神山上开满了火神花
唤醒了梦中沉睡的我呀

火神山上有火神花
动人故事
写生命的神话

“三八”妇女节这一天，李傲梅和她的同事们特意创作了《有我们在，别怕》这首诗，送给兰兰阿姨，为她和老伴儿加油鼓劲儿，祝他们早日康复。

在李傲梅和战友们的悉心护理下，兰兰阿姨的老伴儿终于战胜了病魔，转危为安。

3月15日这一天，兰兰阿姨出院了。李傲梅每天都通过微信及时向兰兰阿姨汇报她老伴儿的身体恢复情况。

4月22日，兰兰阿姨的老伴儿也康复回家了！

李傲梅和兰兰阿姨因这一次的“生死托付”而结下了忘年之交，演绎了火神山医院军民情深的一段佳话。兰兰阿姨盛情地邀请李傲梅和她的同事们，来年一定重返武汉，好好看一看这座她们为之拼过命、流过汗的英雄城市。“你们是武汉人心中的英雄，是我永远不会忘记的恩人。幸得有你，山河无恙！”这是兰兰阿姨对李傲梅和她的战友们最好的祝福和肯定。

五、英雄凯旋

4月27日，李傲梅终于等到了凯旋的这一刻。她已经离家整整三个月了。这一天早上5点还没到，她就激动得睡不着了。

下午，飞机快到南京的时候，下起了倾盆大雨，就像特意为他们接风洗尘一样。抵达禄口机场的时候，南京的天空一片光明。暴雨过后，空气无比纯净。

都说刑警是硬汉，是不懂浪漫的“钢铁直男”，但这一天，杨俊却做了一件让人出乎意料的浪漫事——满大街地寻找榴莲蛋糕。他知道，他的爱人非常喜欢吃榴莲。以前，他闻不惯榴莲的味道，特别不想让李傲梅在家吃榴莲。这一天，他在妻子经常光顾的一个商场里找到了榴莲蛋糕。他觉得蛋糕太小，一下子买了两个。那个时候，他甚至觉得，这榴莲的味道是世界上最甜美的味道。

儿子的警帽

殷 毅

2020年4月8日。

这一天，是时席席离开的第五十八天。

徐州市张集煤矿富强小区，时卫东家。

窗外，更阑人静，冷月、朔风。屋内，烛光孤影，静寂、凝重。

时席席在披着黑纱的相框里微笑着。乌黑的头发、弯弯的浓眉、明亮的双眸、胖乎乎的面颊……

活脱脱的儿子就站在时卫东的面前哟！他的心里又是一阵隐痛……

相框的下面，端放着儿子生前戴过的那顶警帽，银丝缀成的警徽醒目、庄严。有点儿褪色的警帽上还散发着那股熟悉的味道，还保留着儿子的体温。

席席，你身体一向棒棒的，怎么说走就走了呢?

时卫东真希望这是一场梦。握了二十多年掘进机的手，又一次狠狠地捏了一把自己的大腿——疼呀，疼得他泪流满面！

走了，席席真的走了。这刻骨铭心的疼告诉时卫东，儿子的灵魂已经溘然逝去！只是，这顶警帽还在，警帽的故事还在，故事中那些温暖的细节还在……

一

听说儿子把孵化厂的工作辞了，时卫东很恼火：“你学的是生物工程专业，孵化厂的工作对口，怎么说辞就辞了?”

“爸，您先别生气。我有新工作了，到刘集派出所当辅警。”时席席笑容满面地从房间里拿出一顶崭新的警帽。

“什么，辅警？一天到晚跟在警察的屁股后面东奔西跑，算什么正经行当？一个月能挣多少钱?”

“刚进来的，九……九百多元吧。”儿子吞吞吐吐地说。

时卫东瞪大了双眼：“才九百多？在孵化厂，你一个月怎么也能挣个三四千块钱。我看，你小子是脑瓜抽筋了!”他一把夺过警帽，扔到了桌子上。

“爸，您这是干吗?”身高一米八四的时席席满脸的委屈，“您不是知道嘛，我从小就想当警察，高考差几分没进警官学院。现在当个辅警，也算是进了公安的门。听说，上面有政策，以后优秀的辅警可以转为正式民警。”

“哼！想得美！从你太爷爷那辈起，我们老时家三代都在井下挖煤，从来没有人穿过官衣。赶快回了公家，还是到孵化厂上班，过安稳的日子吧!”

“孵化厂又不是我们家开的，说回去就回去啊?”时席席十分不情愿地咕哝着，“再说了，我已经到派出所报到了，连辅警的装备都领回来了。”

这小子，胆子忒大了，这么大的事也不跟家里人商量一下。“你刚有了女儿，媳妇在饭店里打工……往后，你们的小日子咋过?”

“该咋过就咋过呗，反正我这辅警是当定了!”时席席的口气依然很坚定。他拿起警帽，整了整，戴在了头上。

为此，父子俩杠上了……倔强的时卫东一个多月没搭理儿子。

不搭理归不搭理，时卫东心里可是一直装着儿子。每次从矿上回家，他都先瞟一下儿子的房间。儿子不在家，他要向老父亲问上几句才放心。他听说，公安辅警这份工作不好干，没日没夜，而且有危险。时席席可是他的独苗苗!

好在老时家兄妹几个都住在张集煤矿的宿舍区，房子紧挨着，算是四世同堂。时席席的女儿，平时由爷爷奶奶照看。

自此，三代挖煤的老时家算是和公安结上缘了。

一晃，时席席干辅警已经有八个年头了。他先是刘集派出所的巡防队员，由于工作出色，又被选调到徐州市公安局铜山分局巡特警大队，当了一名防暴队员。

徐州是“华夏九州”之一，古称“彭城”，是我国重要的煤炭产地和华东地区的电力基地。铜山区环绕徐州主城区，地处江苏省西北部的苏、鲁、豫、皖四省交界处。从平安建设的角度看，环形的铜山区是徐州城的一道屏障。

由于地理位置特殊，这里的治安状况相对复杂，巡特警大队的任务很重。时席席所在的防暴队平时巡逻或在卡口值勤，有了突发事件就得冲到一线处突防暴。所以，家里人很少见到他。

2016年，国家大力发展新能源，减少碳排放，煤炭的产销不太景气，时卫东所在的煤矿关闭了。在井下干了二十六年的他，一次性结算，回家带了两年小孙女。四十多岁的壮汉整天窝在家里也不是个事儿，他寻思着再找份工作。

一天中午，十多天没回家的儿子风风火火地回来了。

“爸，您不是想找个事做吗？我们分局要招一批辅警，想不想干？”

“我都这把年纪了，当辅警合适吗？再说了，儿子干辅警，老子又干，人家不会笑话咱们？”时卫东没好气地回了一句。

时席席朝爷爷挤了挤眼。他知道，一遇到这种情况，爷爷就会和他站在一起。

“我看哪，合适！”逗着重孙女的爷爷开腔了，“当初我当矿工，你又进了矿，咋就没人笑话？”

“唉，您老糊涂了，这都哪儿跟哪儿呀！矿工是正经工作！公安辅警没有编制，说穿了，就是个临时工。”时卫东朝老父亲苦笑了一下，说道。

时席席咕咚、咕咚地喝了几口凉茶，抹了抹下巴，说：“目前，辅警虽然没有正式编制，但是承担的任务很重要。局里正在加强辅警队伍的正规化建设，不是谁都能当辅警。”

时卫东被儿子将了一军，呼地一下站了起来：“你的意思是，我还不够格？”

“说不定啊！”时席席又激了他一下。

“我就不信了，明天就去报名！就凭我这硬朗的身子骨，准行！”

别让儿子小瞧了！时卫东要搏一把。

时席席立即摘下头上的警帽，从帽兜里拿出一张表格：“爸，就等您这句话呢！我都替您填好报名表了！”时席席放下表格，戴上警帽，匆匆地到卡口去值勤了。

望着儿子忙碌的背影，时卫东还能说什么呢？

其实，这么多年来，他已经慢慢地接受了儿子当辅警这个事实。而且，他逐渐了解了辅警的工作。大街小巷的平安稳定，还真少不了他们！

你还真别说，儿子当上辅警之后，就像变了个人似的，浑身上下有股子精气神儿。有一次，听刘集派出所的刘所长说，盗割电缆线的系列案件就是在时席席的建议下，在雪夜里蹲守之后破获的。还有，那套辅警制服，现在看上去也挺不错的……

时卫东的心被儿子“烧热”了。

第二天一大早，时卫东就到铜山分局递交了报名表。政审、体检、体能测试……一套流程下来，时卫东还真的被录取了。

他乐了：“臭小子，从现在起，咱们爷儿俩比试比试，看谁干得过谁！”

穿上辅警制服之后，时卫东一直想和儿子合个影。可是，这对辅警父子，一个在郑集派出所，一个在铜山分局巡特警大队，相距四十多公里，而且工作都很忙，一直没有机会合影。

二

2020年，一个看不见、摸不着的“魔鬼”正悄悄地侵入人们的生活。显微镜下怪异的冠状病毒，如同艳丽的罂粟花，严重威胁着人类的生命。

这个后来被医学专家确定为“新型冠状病毒”的“恶魔”很狡猾，善于伪装。被感染者的临床表现主要是发热、干咳、乏力，往往被误认为是普通的流感。

流经荆楚大地的长江水，异常冰冷。“江城”武汉的上空笼罩着一层乌云。

一个令人震惊的消息迅速传开：武汉被新冠病毒袭击了。

武汉告急，湖北告急……

党中央及时发出了“打响全国疫情防控阻击战”的总号令！

武汉，九省通衢。距离武汉六百多公里的徐州，五省通衢。陇海、京沪两大铁路干线在此交会，京杭大运河从中穿过，公路网四通八达，空港航班密集。这里是江苏省西北部以及苏、鲁、豫、皖四省陆路、空中、水上交通流的重要集散地，每天的人员流动量都非常大，防疫工作的难度很大。

徐州市公安局的会议室里，新到任的副市长、公安局局长组织召开了紧急会议，迅速向全市公安机关部署了新冠肺炎疫情防控工作，明确了“找人”“查车”“守点”“控面”“管网”五大主责。

全警总动员，各警种迅速发力……

铜山分局巡特警大队的大队长李辉站在巡防图前，思考着如何调兵遣将。辖区内人员最密集、治安状况最复杂的地方当数万达广场。

这个广场是一个占地六十四万平方米的城市旗舰综合体，地处核心商业区，是徐州城南规模最大的二十四小时繁华生活广场。这里商业门类多、从业人员多、营业时间长，人员的流动量很大。

对疫情防控而言，这里是重点区域，防控巡逻组一定要配强警力。派哪些队员去呢？

李辉的脑海里浮现出了一个高大的身影——时席席！

在大队的一百四十八名队员中，时席席虽然年龄不算大，但是参加公安工作的“工龄”已有九年，是个“老资格”的队员。

他经验多，是个多面手，一个人顶几个人用。把他放到那里，李辉既放心又省心。

就这样，时席席作为骨干力量，从防暴队来到了万达广场的防控巡逻组。

防控巡逻组既要完成日常的社会面巡逻防范、防控宣传、维稳处突等任务，又要参加防疫应急演练和各类备勤、盘查，并且要进行新区圭山菜市场等人员密集场所的人员疏导工作。

当时，疫情刚刚发生，徐州的一些市民对新冠病毒传播的危害性认识不足，照样拖家带口地来这里购物、休闲。春节临近，万达广场的人流量比往日明显增大，随之而来的是各类纠纷，警情不断。

时席席像钉子一样扎在巡逻区，真诚地服务，腼腆地微笑，让许多群众记住了那张“熟脸”。现在，大家都使用智能手机了。一些被他帮助过的人希望和他一起拍张照片，发到朋友圈表达一下敬意。可是，这位人高马大的辅警有点儿“怪”——做了好事，却不愿意合影。

“妈妈，我要找妈妈……”

一个戴着绒布帽的三岁小男孩站在“万达金街”的电梯口，挥着小手不停地哭喊着。

徒步巡逻到这里的时席席，一眼就看明白了，孩子和大人走散了。现在正是疫情期间，孩子乱跑很危险，得赶紧找到他的家人。

他拨弄了一下小家伙帽子上的“兔耳朵”，说：“小兔兔要勇敢！叔叔跟你玩儿小兔兔找妈妈的游戏，好吗?”

看着时席席头上的警帽，小家伙停止了哭泣，点了点头。

“小兔兔告诉叔叔，你是什么时候看不到兔妈妈的?”

“……”

“你是在哪里看不到兔妈妈的?”

小家伙伸出小手，一会儿指向东，一会儿指向西，吱吱呀呀地说不清楚。

时席席立即用对讲机通知万达广场警务站的民警，让他们和他一起寻找孩子的家人。随后，他抱着小男孩儿在附近找了一圈儿，还是没有发现“兔妈妈”。

天已经擦黑了。他估摸着小家伙肚子饿了，就给他买了一个汉堡包。

两个多小时以后，对讲机里传来了队友的声音：“孩子的妈妈找到了，已经在警务站了。”

原来，小家伙当天下午跟随妈妈到万达广场购物时，要进游乐场玩儿。粗心的妈妈让他先在游乐场里玩儿一会儿，便到旁边的超市里去买东西了。谁知，小家伙看不到妈妈，就自己跑出来找妈妈了。他东跑西撞，转到了外面的“万达金街”。

第二天上午，小家伙的父母专程来到万达警务工作站，送来了一面写着“做人民满意公仆，为百姓排忧解难”的锦旗。

时席席向他们提出建议：“现在武汉出现了疫情，最好不要把孩子带到人员密集的场所。还有，大人也要注意防护。”

孩子的父母连连点头，再次表示感谢，并要求和时席席他们合影留念。

队友把手机的镜头调好了，却发现时席席没影了。

另一天的下午，时席席和队友吴全驾车巡逻到上海路机关幼儿园附近时，看见一个中年妇女踉踉跄跄地朝警车走来。

“这位大姐需要帮助。”时席席立即踩下刹车，赶紧下了车。谁知女子此时突然倒地，双目紧闭，一脸痛苦的表情。

应该是突发疾病！经验丰富的时席席轻轻地把她抱上警车，让吴全留下来疏导人群。只用了不到两分钟，他就把这个已经昏迷了的女子送到了铜山中医院。由于抢救及时，这个突发心脏病的女子脱离了危险。

事后，这个中年女子要求与时席席合影，时席席憨笑了一下，把队友推到了镜头前……

三

除夕的傍晚，从老时家的厨房里飘出了肉香。

时席席的母亲和爱人宗桃桃正在张罗着团圆饭。虽然正在疫情期间，但是他们的脸上都露出了微笑。

前一天，时席席打电话回来说，大队领导考虑到他已经好几年没回家过年了，特意让他回家吃顿团圆饭。“我要好好陪陪爷爷和两个‘毛妮’！”“毛妮”是时席席对爱人和孩子的昵称。

时席席的母亲特意烧了几道儿子喜欢吃的菜。

爷爷翻出了两瓶老酒，说：“听说白酒能杀病菌，给卫东和席席喝几口。人家都待在家里，就他们俩还在外边跑。”

“爷爷，席席上次就说过了，现在他们在抗疫，不能喝酒。”宗桃桃递上了一杯茶，“您先坐着，菜一会儿就好。”

“抗什么……”爷爷没听明白。

“他们在抗击疫情！”时席席的母亲解释道。

“就他们规矩多！大过年的，连口酒都喝不上。”爷爷嘀咕着。

烧了满满的一桌子菜，一直等到晚上 8 点，就是不见时卫东和时席席的人影。

宗桃桃正要打电话催，时卫东一脸倦容地进了门：“不打了。席席下午打电话给我，说队里人手紧，他实在不忍心回来，叫我无论如何都要回家一趟。好像只有他的岗位重要！”

爷爷掰了一下手指，说：“六年，席席已经六年没回家吃团圆饭了。”

时卫东安慰老父亲说：“席席说了，明天一早，他肯定回来给您拜年。”

“那这顿团圆饭就改到明天吃吧。”爷爷发话了。

大年初一的上午，时席席终于赶回家给一家人拜年了。

时席席的女儿搂着他的脖子，吵着要棒棒糖。时席席狠狠地亲了一口女儿的脸颊：“乖妮儿，现在外面正在防控疫情，超市关门了。过几天，爸爸一定给你带一大袋奶酪棒。”

吃上了除夕夜做的那桌年夜饭，时席席似乎很开心：“妈，儿子到家就是年。等疫情结束了，我一定请上四五天假，咱们一家人出去好好玩玩。”

他边说边翻动着手机屏幕，突然站起身来说：“有任务！”说完，他戴上警帽，让宗桃桃立即给他拿几件换洗衣服。

细心的时卫东发现儿子有点儿疲惫。公交车、出租车都停运了，赶回大队要走很远的路。于是，他放下筷子，说：“我也要到所里值班，可以开车送你一下。”

团圆饭才吃了一半，这对辅警父子便走出了家门。

“爸，我刚才在大队的移动警务信息群里看到了，要成立抗击疫情处突队。我得赶紧回去报名，要站就站在战疫的最前沿。”在车上，时席席向父亲道出了实情。

“嗯，我也报名参加了所里的战疫应急小组。处突队在疫情防控的最前沿，任务应该会更重。”时卫东扭头看了一下儿子，关心地问：“看你最近瘦了一圈儿，身体撑得住吗？”

“爸，您也是干这行的，肯定能理解我。这么多天了，每天巡逻、站岗十几个小时，能不累吗？可是，现在是特殊时期，咱们民警和辅警，哪个不是连轴转？”时席席打了个哈欠，“公安工作就是这样，再累也得坚持住啊！但愿疫情能早点儿过去！”

拐了个弯儿，前面两百米处就是巡特警大队了。时席席说：“爸，不要往里走了，您还得赶回所里呢！这个时候，一个人也不能缺。”

“用不了多少时间，还是往前送送吧。”时卫东想尽量让儿子多歇一会儿，少走几步路。他知道，儿子的确很累！

时席席背上双肩背包，下了车。不知为什么，时卫东也推门下了车，整了整儿子身上的辅警服装。

时席席看了看父亲，催促道：“爸，您回所里去吧！开车慢一点儿！”说完，他转身跨进了大门。

这是时席席和家里人见的最后一面。

四

春运期间，人员流动量较大，其他省份也陆续发现了新型冠状病毒感染者。

徐州的百姓虽然正在忙着过年，但是也在关注着这种让人难以捉摸的病毒。

“席席吗？你知道哪里能买到消毒液和口罩吗？”所里的兼职内勤时卫东，心急火燎地给正在万达广场执勤的时席席打了个电话。

“都什么时候了，早就卖光了！不过，听说局里正在紧急调配一批防护用品，估计这两天就会下发。”

“这个我知道。可是，现在所里的同志们都在防疫一线，没有防护用品怎么行？我跑遍了城北和郊区的商店，东拼西凑地弄来了三十来瓶消毒液，但是一个口罩也没买到。”

时席席想了想，说：“上次妮儿感冒，我买了二十个口罩。好像还剩十几个，您先拿给大伙儿，凑合一下吧。”

“那哪行啊！小妮也要用呢！”

“妮儿待在家里，只要勤洗手、多通风，做好防护就是了。爸，您自己也要注意。多保重！我这里很忙，先挂了。”

“臭小子，你忙，我也忙！”收起手机，时卫东开车回到家里，翻出十几个口罩，匆匆地赶回了所里。

眼看着万达广场的商户都停业了，人越来越少，可时席席却越来越忙了。他向大队领导表了个态：“请领导放心，我会坚决守好自己的‘责任田’。我这块‘责任田’保住了，就是为铜山的疫情防控作出了贡献。”

2 月 1 日，徐州市政府开始投放平价口罩，铜山新区天赋广场的中健药房是一个比较大的售卖点。

早上，不到 7 点，人们就开始在广场上聚集了。由于经验不足，药店备的货不太充足。排队群众的情绪有些激动，甚至出现了互相推搡的现象。

“这样不行，有传染的风险！”

时席席挨个劝说："一定要拉开距离！不要拥挤，不要摘掉口罩！"

大家慢慢地安静了下来。在时席席的引导下，群众有序地购买口罩，再也没有出现拥挤、推搡的现象。

直到下午 1 点，口罩才全部售完。整整六个小时，时席席的腿没有歇过，嘴也没有停过。

晚上，结束了一天的巡逻，时席席寻思着第二天药店要继续出售口罩，就主动联系了值班民警，做出了"五米一哨"的预案。

第二天，天刚刚亮，时席席就和队友们来到了售卖点。他们提前画好了排队的路线，按照预案来到各自的岗位执勤。

购买口罩的群众全部按照既定路线排好了队，保持了安全距离。就这样，药店顺利售完了当天的口罩。

2 月 3 日，时席席继续在天赋广场执行任务。

"你知道吗？明天有家公司要在这里免费发放口罩，而且不限量。"

"我在微信上看到了，明天早上我们全家都来。"

时席席发现，购买口罩的人群中有人在议论。

时席席警觉起来，担心聚集的情况再度发生。他赶紧联系派出所和相关公司进行了核实，确定并没有发放口罩的计划。于是，他立即借助广场的警务工作站和微警务平台，向群众说明了情况，避免了一次人员聚集……

在战疫的日子里，时席席吃住在大队，白天巡逻十次，夜间巡逻不少于七次，每次五公里。同组的辅警吴全年龄比他小，上夜班时，时席席对他说："你躺一会儿，我盯着。"队友们都说，时席席是全队最能"熬"的人。夜班从晚上 8 点到早上 8 点，他从来都不打盹儿。

“儿啊，你是最能熬吗？在家你可是最贪睡的啊！”时卫东把儿子的警帽紧紧地贴在脸上……

五

这一年的冬季有点儿长。虽然过了春节，但是寒冬一点儿也没有离开的意思。

2 月 11 日，凛冽的北风呼啸着。大街上、田野里，几乎看不到人影。

这天，时卫东因老母亲生病而请假回家了。他刚踏进家门，他爱人就告诉他，时席席已经十七天没有回家了。

“现在，疫情如火情，他走不开。”同是辅警的时卫东当然理解儿子。

他爱人埋怨道：“好像全世界就你们爷儿俩最忙！”

“这不都在抗疫嘛！他虽然是个辅警，但是干活儿认真着呢！”

“也不知道这十几天席席是怎么过的。你抽空去看他一眼！”说着，他爱人收拾了几件他和儿子的换洗衣服。

“知道啦！”时卫东回答道。

说来也怪，时卫东一直记着晚上值班的事，出了家门就往所里赶。下车时，在包里看到儿子的衣服，他才想起来要给儿子送衣服，气得他直拍脑袋。

时卫东拨通了儿子的手机。

“还在巡逻吗？”

“回来了。刚填好今天的疫情处置表，想在备勤室里躺一会儿。您那儿的情况咋样？”

“撤掉了两个卡点，稍微好一点儿。你这边呢？”

“我们这里的情况要复杂一些。虽然没有发现有人被传染，但是广场上的商户都关门了。我们还得巡逻执勤，不但要防疫，而且要防盗、防火什么的。发生了意外，可不是小事。”

“上面不是要求‘疫情不灭，公安不退’吗？”

“是的。咱们虽然累了点儿，但是一点儿也不能松劲儿。前两天，我看到一辆武汉牌照的小轿车停在路旁，就查询了一下信息，没查到。我立即向领导报告，请求派辖区派出所的民警来处置，一直到民警处置完才离开。领导还夸我呢，说‘有什么事，交给席席，我们就放心了’。”

“哎，你小子可别翘尾巴！”

“咱们有啥可翘的，不都是日常工作嘛！爸，咱们小区封了吗？”

“封了。”

“有空跟居委会主任说一声，小区的门一定要守好了，外面的车辆一定不能让进。另外，张奶奶家的煤气快用完了吧？”

时卫东笑了：“放心吧！你在家，你帮着换煤气罐。你不在，有我呢！听说，咱们这一片儿快要装管道煤气了。我说，你小子心里怎么装着那么多事？不就是个辅警嘛！”

时席席笑了笑，说：“咱们这儿是个老小区，老爷爷、老奶奶比较多。都是街坊，搭把手呗！爸，不跟您聊了，我有点儿累，先睡会儿。”

“你注意身体，抓紧时间休息！”

“没事。上回局里组织体检，我只是轻度脂肪肝。我会注意的！”

儿子把电话挂了。时卫东习惯性地看了看通话时间：20 分 04 秒。

这是时卫东和儿子的最后一次通话！

时席席与警帽上的警徽相伴，把青春献给了他钟爱的公安事业。最后，他的身影留在了自己的岗位上，却不在家人的视线里。

当晚 9 时 45 分，正在值班的巡逻中队副中队长何山听到了一阵急促的敲门声：“何队，快来！不好了，席席……”

何山立即跑到了队员的宿舍。时席席和衣躺在床上，脸色煞白，已经没有了意识。

“赶快拨打 120！席席，我知道你累，可是不能就这么歇下啊……”说完，何山给时席席做了人工呼吸。

救护车赶到了，时席席被紧急送往医院……

同事们都在期盼，希望下午还和他们在一起巡逻的时席席能醒过来。

然而，最后的时刻还是来临了。

医院的王主任推开抢救室的门，摇了摇头，痛心地说：“时席席是心源性猝死。”王主任解释说，在这种情况下，通常没有任何危及生命的前期表现，往往是突然丧失意识，出乎意料地迅速死亡。有不少猝死者，平日给人的印象是“一向身体很棒”。其实，过度劳累是心源性猝死的一个重要诱因。

年仅三十岁的辅警时席席就这样永远地倒下了，倒在了防控疫情的第一线。

接到巡特警大队大队长李辉的电话后，时卫东立即赶到了医院。两个小时前刚跟他通过话的儿子静静地躺在那儿，枕边放着那顶温热尚存的警帽……

一团青春的火焰突然熄灭了!

儿子生前的事儿，一件件地浮现在了时卫东的眼前。这一个个让时卫东既感到自豪又有点儿愧疚的故事，有些是他亲身经历的，而更多的则是后来从儿子战友的口中听到的和在报纸、电视上看到的。他这才真正了解到，自己的儿子为什么要戴这顶警帽!

2020 年 2 月 11 日的寒夜里，一个年轻的生命画上了句号，只留下了一个闪亮的光环。

时卫东知道，以后的每一个夜晚，那个灿烂的笑脸都会在星光中闪耀……

抚摸着儿子的警帽，时卫东喃喃地说道："儿啊，你当辅警那么多年……走了，竟没有留下一张照片，只剩下这顶警帽。哪怕咱们爷儿俩照张合影，也是个念想啊!"

前些日子，时卫东一直在抗疫一线执勤，还没有和儿子好好唠一唠呢! 他拿起笔，给天堂里的时席席写了一封信。

儿子:

今天是你离开的第五十八天。先跟你说个好消息:经过两个多月的努力，疫情已经控制住了。咱们铜山一个新冠肺炎病例都没有。

家里一切都好，爷爷、奶奶身体还行，你就放心吧。小妮还小，我们会慢慢地让她明白，他的爸爸是个不平凡的人。从小把你带大的爷爷，也很坚强。他说，席席是为了国家和人民倒下的，光荣!

爸爸脾气不好，过去咱们爷儿俩没少吵嘴。爸爸当时实在理解不了你，让你受了很多委屈。你说你热爱这份工作，我那时真的不懂。你说，您干了就会懂……后来，爸爸也干辅警了，才明白你说的话。参加抗疫执勤之后，我更加理解你对这份工作的热爱了。这不是钱的事！咱们干这件事，真真切切是为了保护更多的人。

儿子，你走后，公安部发来了唁电，家里来了很多你的战友。在和他们的交谈中，我知道了更多你的事情。前不久，你获得了“江苏最美防疫先锋”荣誉称号。他们还说你是这个寒冬最可爱的人哩！

现在，爸爸经常回想起咱们俩在工作中相遇时的情景。有两回，咱们爷儿俩都在出任务。遇到你的时候，我很高兴。当时，我很激动。现在想起来，我更觉得幸福、光荣和自豪。

儿子，我和你是父子，也是战友。你的警帽，我戴着。这身辅警制服，我会一直穿下去。你说当辅警是你的追求，现在也成了爸爸的追求。你没站完的岗，爸爸接着站。你没完成的工作，爸爸替你完成。

臭小子！下辈子，咱们俩再做父子，再做战友……

放下笔，时卫东戴上了儿子的警帽。

门外，大地正在晨曦中醒来。四月的风，带着复苏的气息，吹拂着……

刑警吴巍的无畏之战

王向明

一

大年初二那天，是女儿回娘家的日子。吴巍拎上事先准备好的礼物，和妻子、儿女一起准备下楼的时候，口袋里的电话响了。同事通知他：从今天起，全体民警停止休假，立即从休息状态转入战时状态。他看了看手机，又看了看朱慧玲，一阵阵愧疚涌上心头。

吴巍是南通市公安局开发区分局刑警大队的民警，朱慧玲是他的妻子。两个人结婚十多年了，先生了个女儿，又生了个儿子。妻子很贤惠，虽然是个职业女性，但是家里的活儿一样也没落下。

朱慧玲看见丈夫，眉头一皱，就知道他又被单位的事给绊住了。她说："你该忙就忙去吧，注意安全就是了。等疫情消退了，咱们再去。"

朱慧玲外表柔柔弱弱，说起话来慢声细语，是个典型的南方婉约女子。自打嫁给了吴巍，当了警嫂，她那柔弱的肩膀便一天比一天硬实了。带孩子、做家务、上班是雷打不动的项目，修电闸、换灯泡这些本不是女人干的活儿，她也做到了游刃有余。朱慧玲说，她并没有觉得苦。嫁给警察，就要适应当警嫂的日子。

作为刑警，外出侦查和抓捕是家常便饭，经常是这边端着饭碗，那边就接到了单位同事打来的电话，拎起行李箱就往外跑。吴巍的车里，总是放着几件换洗衣服和一些生活用品，随时为出差做准备。朱慧玲回忆说，时间最长的一次，她四个月没见丈夫的身影。这么多年过去了，她已经习惯了。

吴巍从家里出来，换上警服，直奔 G15 沈海高速路南通开发区出入口。疫情来了，除了正常的业务工作，公安机关各个部门开始分批次支援城市的各个防控卡点。从高速路上驶入城区的车辆和人员都要把详细的信息进行登记。南来的、北往的，符合进城条件的才能进城，不符合条件的会被劝返。有的人理解，有的人不理解。他们只好不停地讲政策，做这些人的思想工作。一天下来，最多的时候，他们要登记将近两千辆车子，写字写得手指头疼，说话说得嗓子快冒烟儿了。

一天，吴巍正在卡口执勤，大队长唐纯洁打来电话说，特大疫情物资诈骗案的三名犯罪嫌疑人驾驶着一辆黑色“斯柯达”汽车正在苏通大桥上往南通方向逃窜。吴巍记下车辆和嫌疑人的具体信息，开始在滚滚的车流中寻找目标。车子太多，本地的进城，外地的被劝返。登记信息的时候，吴巍看到了嫌疑车辆。

车辆行驶到眼前的时候，吴巍不紧不慢地敬了个礼，又看了看他们的证件。他发现车里有好几个人，便笑着打招呼：“疫情防控需要，请各位下来测一下体温，登记一下个人信息！”那几个人见这个警察从容淡定，也没多想，便陆续下了车。结果，他们刚下来，还没站稳，吴巍就向同事使了个眼色，转眼就把那几个人摁在了汽车引擎盖上。

其实，案情并不复杂。一个福建的老板要预订口罩，向苏州的老板支付了三百万元的货款。可是，钱给了，货却连影子都没见着，福建的老板就报了警。嫌疑人这边听到了风声，赶紧从苏州往外溜，没想到栽到了南通警方手里。

在吴巍的职业生涯里，类似这种守株待兔的抓捕根本就不值一提。

“这算哪门子抓捕啊！有时候，抓一个嫌疑人，要伏击好几天才能成功。为了赶路，夜里不睡觉是常有的事。2 月 14 日，情人节那天，我们晚上赶到山东潍坊，把利用疫情诈骗的犯罪嫌疑人杨某抓捕归案。紧接着，我们连夜返回，对新的案件线索进行研判。2 月 15 日上午，我们在开发区的一个出租屋内抓获了利用在网上卖口罩的机会进行诈骗的犯罪嫌疑人刘某。2 月 23 日，我们经过伏击守候，抓获了犯罪嫌疑人施某。”

对刑警来说，抓捕的那一刻十分畅快，特别有成就感，但是伏击守候绝对是一件受罪的事儿。南通沿江靠海，被称为“江海福地”，但是冬天冷得让人受不了。江风裹挟着海风扑面而来，晚上走在路上，人被冻得直打哆嗦。有一次，为了伏击一个涉疫诈骗案件的犯罪嫌疑人，吴巍在楼梯口一蹲就是一整夜。肚子饿了，他也不敢走开，担心错过抓捕的时机。吴巍从背包里摸出一个面包和一瓶矿泉水，啃了几口面包，喝了一口矿泉水往下顺一顺，目光却始终没有移向其他地方。吴巍说，伏击的时候，面包、矿泉水是标配。疫情期间，像这样的抓捕行动不下十次。目前，在南通开发区警方接报的七起涉疫诈骗案件中，有六起已经成功告破。

回忆起这些英勇的瞬间，吴巍说得慷慨激昂，仿佛又回到了抓捕现场。接着，他补充道："这些事，你要是不问，我还真想不起来。对我们这些刑警来说，危险也好，成绩也罢，过去了也就过去了。我们的心思永远放在那些还没有侦破的案子上，很少再提当年勇。"

二

5 月中旬，刚立夏没多久，南通的天气渐渐地热了起来。

南通市公安局开发区分局刑警大队的会议室里，大队长唐纯洁已经穿上了夏季执勤服。他的皮肤有点儿黑，脸上没有一点儿表情。阳光透过窗户投射在他身上，使他的面庞显得更加冷峻，让我怎么也无法把这个看起来有点儿粗糙的刑警跟滋润在水网中的南通人画上等号。

事实证明，我的判断是正确的。唐纯洁一开口，满嘴的"大楂子味儿"就出来了："这小子天生就是干刑警的命。"

"大楂子味儿"指的是带有浓郁的东北腔调。唐纯洁从小在吉林省吉林市长大，高中毕业后考上了中国刑警学院。毕业后，他来到南通，当上了警察。他先是在派出所，后来到了刑警大队，一晃就十几年过去了。虽然他在南通待的时间不算短，但他还是不习惯说普通话。所幸，东北话到哪儿都能让人听懂，也就不改了。

在东北话里，"这小子"没有歧视的意思，和张三、李四一样，甚至还能让人有点儿亲近的感觉。唐纯洁嘴里说的"这小子"就是他的爱将吴巍。

吴巍戴着一副眼镜，看起来文绉绉的，说起话来却斩钉截铁，条理很清晰。他说："这跟工作环境有关系。尤其是审讯犯罪嫌疑人的时候，话怎么问，笔录怎么做，那可是一门很深的学问。"

吴巍说："不论干哪一行，时间久了，多少都会有点儿职业病。就拿他来说吧，走在大街上，看谁都像犯罪嫌疑人。"

说起这个，唐纯洁忍不住在旁边插起话来。他跟吴巍第一次见面，也是因为觉得对方不像好人。

那一年，吴巍刚参加工作，在派出所搞刑侦。辖区内发生了一起抢劫案，吴巍白天排查，晚上蹲守。一个星期过去了，嫌疑人还是没有到位，压力一下子就大了起来。连续忙活了几天之后，各种信息都指向了开发区的一处民宅。但是，具体在哪一户，还确定不了。

怎么办？只能守株待兔，死等！用公安的行话说就是"蹲守"。这两个字看起来很简单，意思也是字面上的意思，就是蹲在那儿守着。蹲在哪儿？当然是嫌疑人看不到的地方了。有时候是野外的草丛里，有时候是居民楼的地下车库里，有时候是车子里……至于要守多久，谁也不知道。运气好了，十来分钟解决战斗。弄不清嫌疑人什么时候出现的时候，时间可就长了：有时候半天，有时候一天，有时甚至连续一个多星期。无论是蹲还是守，对参与办案的民警来说都是家常便饭。只要能把犯罪嫌疑人捉拿归案，他们再苦再累也觉得值。

有一次，吴巍和战友们奋战了一个多星期，好不容易才把犯罪嫌疑人给堵着了。三个人正押着犯罪嫌疑人往外面走，被迎面来的几个人给拦住了。

拦住他们的正是唐纯洁。吴巍抓获的这个犯罪嫌疑人，租住在唐纯洁负责的港闸区秦灶派出所的辖区内。刑警出来抓人，一般都穿便服。把人抓到了，亮出警官证，同样可以证明他们的身份。吴巍他们把犯罪嫌疑人摁在地上的时候，负责巡逻的联防队员刚好路过这里。看见几个五大三粗的汉子把一个人从地上拖起来押着走，他以为是暴力讨债的，赶紧打电话向副所长唐纯洁报告。

当时，唐纯洁刚下班。他换上便服，正准备回家，就接到了电话。谁这么嚣张，敢在派出所门口干违法的事儿？他连制服都没有来得及换上，就一路小跑着往事发地赶。他赶到现场的时候，吴巍已经押着人走到了小区门口。唐纯洁把手一伸，操着浓重的东北口音说道："你们几个是干啥的？"

吴巍一听，来了个东北爷们儿，以为他和犯罪嫌疑人是一伙的，便停住脚步，眉头拧成了"川"字。吴巍质问对方："你是干吗的？"

唐纯洁把警官证一亮，说："派出所的。你们这是干啥呀？"

吴巍一听，乐了，伸手把警官证从口袋里掏了出来。唐纯洁一看，笑了："我说谁这么大胆子，敢在我的辖区里搞事情呢！原来是自己人啊！"

从此以后，两个人结下了不解之缘。后来，他们竟然调到了同一个大队，一起出生入死，破了不少大案。

提到一起办案，两个人不约而同地说起了去东北抓捕犯罪嫌疑人的那一次经历。

有一年冬天，吴巍到吉林某地去抓捕诈骗案的犯罪嫌疑人。去了四个人，结果发现犯罪嫌疑人竟然有六个。其中一个来自内蒙古，膀大腰圆，比吴巍高出一个脑袋。四个对六个，对方个个都是北方的汉子，成功的可能性微乎其微。吴巍把情况报告给了唐纯洁，唐纯洁连夜赶了过去。

吴巍说："刑警就是这样，任务越是急难险重，就越是要兄弟们一起冲。即使冒着生命危险，也敢把后背交给战友。"说完，他转脸一笑，"我们也有幸福的时候。比如说，每次办完大案，把嫌疑人送进去了，'唐大'都会带着我们找个小摊子，撸撸串，喝点儿啤酒。所有的疲惫与辛酸都会在酒杯的撞击声中烟消云散。"

三

小徐支援湖北黄石阳新县人民医院回来，要做的第一件事就是给吴巍送一面锦旗。我在报纸上看到这篇报道，想了解一下幕后的故事，提出要采访小徐。

我第一次见到小徐，是在南通市公安局开发区分局。小徐走进会议室的时候，头发短得像个小伙子。她说，这还是长了两个多月的长度。当初为了援鄂，考虑到穿防护服方便，她把头发剃成了平寸。那是她平生第一次把头发剃那么短。我问她："后悔吗?"她摇摇头，说："不后悔。这是我有生以来最有魄力的壮举。"她的言语里透露出了自豪，眼里却闪着泪光，"我报名的时候，没跟我妈说。名单确定下来以后，她才知道。我从黄石回来以后，我爸告诉我，我不在家的时候，我妈天天睡不着觉，还经常哭。以前，我总觉得她是个女强人，从没见她掉过眼泪。"

小徐所在的南通市瑞慈医院，是一家民营医院。疫情发生以来，各大公立医院的医护人员整装待发，民营医院的医护人员也不甘落后。院里动员大家报名，医生、护士们都很积极。各个科室统计下来，报名的有二百多人，小徐就是其中的一个。

虽然报名的人很多，但是具体能去几个，谁也不知道。具体让谁去，就更不知道了。好几天过去了，院里一点儿动静也没有。小徐以为没戏了，可是就在这个时候，援鄂的名单下来了。从二百多人中，一共选了三个人：两名医生和一名护士。那个护士就是小徐。

小徐接到通知的时候，既兴奋又紧张。她把消息告诉了家里人。妈妈一听，吓坏了。她抱怨说："你这孩子，胆子咋那么大?"在妈妈的印象里，女儿长这么大，基本上没走出过南通这个地界。这次女儿不但要出省，而且要去那么危险的地方，当妈的确实放心不下。爸爸是党员，说："姑娘，我支持你。去了之后，要注意安全，做好防护。家里的事情，你不用担心，有我呢!"

有了爸爸这个靠山，小徐的心里才算踏实了。

小徐是个"90后"，除了和许多同龄人一样热爱美食外，还是个热心肠。她从新闻中得知湖北那边防疫物资紧缺，就想在去之前购置点儿口罩，到时候送给当地的群众。

小徐跟吴巍相识，正是因为这批口罩。

2月下旬，口罩成了畅销货。想要口罩，不是价格高低的问题，而是有没有货的问题。过几天就要出发了，找不到口罩，小徐有点儿病急乱投医，就在一个微信群里说："谁那儿有口罩？要现货，急用!"

这个微信群本来是个带货群，小徐以前在这个群里买过一些东西，没有出现过什么问题。这一次，她在群里咨询过以后，很快就有人加了她的微信。那个人说，他自己没有口罩，但是一个朋友那里有货，并热情地把"朋友"推荐给了小徐。牵完线之后，那个人便不再说话了。

于是，两个人聊了几句。对方回答问题很专业，一次性口罩、外科口罩、N95口罩，说得头头是道。小徐说自己是护士，买口罩是为了防疫。对方听了很“感动”，特意把每个口罩优惠了一毛钱。最后成交了，两千个口罩，外加两只“额温枪”。口罩一共是五千块钱，“额温枪”一共是八百块钱，小徐一共给对方转去了五千八百元钱。

让小徐感到郁闷的是，对方收了钱，却迟迟不发货。她心里很着急，就催对方。可是，对方嘴上说快了，却总也不见行动。眼瞅着后天就要出发了，口罩还是没有着落。她向对方下了最后通牒，再不发货就报警！可是，对方依然不理不睬。

刚开始说报警，小徐是想吓唬一下对方。见对方真的不理她，她才下定决心要去报警。

吴巍接到报警后，格外重视。和社会上所有有正义感的人一样，吴巍打心眼儿里敬仰那些战斗在抗疫前线的医护人员。

吴巍查看了小徐的聊天记录，记下了牵线人和收款人的微信号。为了早点儿抓到犯罪嫌疑人，帮小徐挽回损失，让她在那边安心工作，吴巍二十四小时没合眼。他翻看聊天记录，分析资金流向，确定犯罪嫌疑人的位置，费了九牛二虎之力，终于摸清了犯罪嫌疑人的身份和藏身的地方。

在侦破这起案件之前，吴巍刚从山东回来，开了一整夜的车。车辆行驶到江苏和山东交界的地方，刚过省界收费站，左前轮就突然爆胎了。幸好车子刚驶离收费站，速度还没有完全起来……

诈骗护士小徐的犯罪嫌疑人是在第二天下午 3 点被抓到的。吴巍进到嫌疑人住所的时候，对方正躺在床上睡大觉。诈骗的时候，他觉得，警察天天都忙死了，哪有空为了这么个小案子劳神分心？即便要查，也要等到疫情结束。到时候，他只要换个手机号，神不知鬼不觉，这件事就算过去了。不曾想，警察不但立案了，而且来得这么神速。

犯罪嫌疑人原本在一家牛肉粉丝汤馆做服务员。疫情来了，店开不下去了，收入也就跟着没了。他刚谈了一个女朋友，口袋里的钱越花越少，又不想在女朋友面前丢面子，正在发愁，就看见有人要在微信群里买口罩。于是，他就动起了歪脑筋。

为了逃避打击，他主动加了小徐的微信，以热心网友的身份向她推荐了自己做口罩生意的“朋友”。然后，他对小徐说：“剩下的事情，你们具体聊，我就不问了。”实际上，他那个“朋友”的微信号，是他本人注册的。

小徐得知案子破了，有点儿蒙。才一天的时间，就把人给逮到了，连钱都一分不少地退回来了。这位警官太神奇了！她想当面感谢一下，吴巍却执行别的抓捕任务去了。后来，小徐去支援湖北省黄石市阳新县，一走就是一个多月。这期间，医院领导听说了这件事，提议给破案的民警送一面锦旗。小徐说：“一定要等我回来！我一定要当面感谢一下破案神速的吴警官！”

送锦旗的那天，风和日丽。小徐带着锦旗，走进了南通市公安局开发区分局刑警大队。几个人举着锦旗合影，其中有护士，也有警察。我看着那张照片，从内心深处涌出一种莫名的感动。小徐冒死奔赴最危险的抗疫前线，用行动书写了人间大爱。吴巍作为警察，是防止疫情扩散的坚强后盾，时常要逆行，奔波在追捕犯罪嫌疑人的路上。他们都是生命的守护者！如果能给那张照片起一个名字，我想叫它“英雄的合影”。吴巍脸红了，说：“我算哪门子英雄！只不过是觉得，既然穿上了警服，就要对得起头顶的警徽！”

朝阳情怀

潘 吉

有人说你坚强完美，因为你是以身作则的派出所教导员；有人说你一心为民，因为你是温暖万家的社区民警；有人说你是巾帼英雄，因为你曾是保家卫国的军人。你用忠诚擦亮警徽，你用真情呵护百姓，你用热血抒写人生，你为港城公安树起了一面让人仰望的旗帜！

——题记

2020年春节那天，注定是一个令无数人难以忘怀的日子。

远在黄海之滨的连云港，立即启动应急预案，第一时间进入了战备状态。在这个没有硝烟的战场上，除了防控一线的白衣战士、社区干部和志愿者，首当其冲的便是公安民警和辅警。作为连云港市公安局海州分局路南派出所的教导员兼朝阳社区民警，张志云立即放弃了与家人一起回镇江老家过春节的打算，义无反顾地投入了抗击疫情的阻击战。

有一种工作叫“忘我”

张志云管辖的朝阳社区地处市区的商业中心，商铺林立、街道纵横交错、住户密集。这里流动人口多，人员结构复杂。辖区内有五个商业综合体、三个大中型超市、四家大酒店、十个居民小区，人口 1.02 万。由于种种原因，疫情期间，整个社区无法实施全封闭管理，给疫情防控工作增加了难度。

工作再难，也得干好。张志云第一时间把社区的一百多名网格员和信息员组织起来，分成十八个小组，对辖区内龙西南路十字路口、登泰新村小区等多个重点查控点实行二十四小时值守，迅速形成了一张防控大网。盘查车辆、测量体温、核验身份……在全市率先打响了疫情防控阻击战。

疫情防控最紧张的那段时间，张志云作为派出所的“大管家”，每天早上 6 点准时赶到派出所，检查全所的防疫物资储备情况。他把口罩、消毒液、酒精、防护服、防护手套等十余种防护用品逐一清点登记，然后将储备需求用电话通报给供应商，确保防疫物资的供应。随后，他马不停蹄地赶到社区，把前一天晚上购买的医用口罩、消毒液等防疫物资分发给各查控点的值守人员。

双份的工作，双重的责任，让张志云忙得有时连饭都顾不上吃。社区里有许多二十几层高的居民楼，由于电梯需要刷卡才能进入，她只能让物业公司的人帮忙刷卡，到达最高层后再顺着台阶往下走，挨家挨户地进行走访。每天不停地走访、登记、核查，常常累得她抬不起腿、迈不开步。夜深人静时，她回到家中，一下子就瘫坐在沙发上，不想动弹。每天早上 6 点，张志云看着星星，精神抖擞地从家里出发，一直到深夜 12 点才疲惫地回家。她连续数月奔波在社区的防控第一线，从没吃过一顿安稳饭。作息时间不规律，使她的体重一下子降了八斤。天天跟张志云一起摸爬滚打的社区主任卢芳和朝阳社区群众义务巡逻队队长王玲见她日渐消瘦，心疼地劝她多吃点儿东西。她揉了揉眼睛，打趣地说：“这样也好，正好免费减肥。”其实，身高一米七一的她本来就瘦，现在看上去更瘦了。

让社区主任卢芳特别难忘的是，疫情初期，有一天，天气很冷。上级反馈了一个信息，说他们辖区里有一名在药店工作的女店员，有可能接触了“新冠”疑似病人，要求他们查控。张志云接到通知后，立即和卢芳一起直奔那个女店员居住的小区。但是，女店员的家人说：“她不在家，出去了，不知道去哪儿了。”张志云打她的电话，她不接。两个人只好骑上电动车，到那个女店员工作的药店去。那个药店很偏远，两个人走了不少弯路，直到天黑才摸到那里。此时，药店已经是“铁将军把门”了。那天天气很冷，两个人又冷又饿又累，几乎崩溃了。好在经过几番周折，当晚就找到了那个女店员。当时，防疫物资紧缺，两个人只戴了普通的医用口罩，没有其他防护措施，而要见的那个人倒是全副武装。当时，两个人还是挺害怕的，但是再怕也得配合相关部门把那个人送到集中隔离点去隔离。

繁重的工作，常常让张志云忘记了自己，甚至忘记了家人，因为她心里装得最多的是老百姓。只要社区和警务室有事，不管大小，张志云都会千方百计地第一时间赶去处理。上初一的女儿虽然很懂事，对妈妈的工作很支持，但是有时也会有“微词”。有一天，妈妈对她说，当天的登记和排查工作全部完成了，可以回家给她做晚饭了。女儿听了很高兴，这可是防控疫情以来妈妈唯一的一次准点回家。想不到，妈妈刚到家，晚饭还没做，手机就响了。电话是警务室的辅警王伯伯打来的，说他被车撞了。妈妈二话没说，骑上电动车就急匆匆地走了，直到午夜 12 点才回家，让她饿了大半夜。妈妈说，她也没有吃饭。女儿听了，非常心疼妈妈，但又左右不了妈妈的工作，便想了个法子，央求妈妈陪她出国旅游。因为，只有到了一个很远很远的地方，才能让妈妈一时无法赶回来，只能休息。在女儿眼里，妈妈就像一束明亮的烛光，照亮了别人，燃烧了自己。

张志云可以忘掉自己，但组织上不会忘记这位既当派出所指挥员又当社区服务员的女民警，在她九年的从警生涯中给了她很多鼓励和荣誉。3 月 5 日，在第一百一十个“三八”国际妇女节前夕，连云港市公安局召开了一次隆重而简朴的“战疫巾帼先锋”表彰座谈会，张志云和另外几位女同志荣幸地受到了表彰。当她从公安局局长手中接过荣誉证书和鲜花时，激动的心情难以言表。此时，她又一次忘却了自己的存在，心里只想着怎样才能对得起“先锋”这个称号，以及如何才能把今后的工作做得更好。那一夜，张志云失眠了，脑海里不断地闪现出两个铿锵有力的词语：“争先”和“担当”。

由于在防控疫情期间的突出表现，张志云除了被连云港市公安局评为“战疫巾帼先锋”，还被连云港市委组织部评为“优秀共产党员”，并获得了连云港市总工会授予的“五一劳动奖章”。

张志云忘我的工作精神打动和感染了她身边的人。辅警赵辉是老一辈军人的后代，住在与朝阳社区警务室只有一墙之隔的部队干休所。由于上班近，他主动承担了警务室的工作，成了那里的“总管家”。每天上班，他第一个到。每天下班，他最后一个走。他一天的工作时间长达十多个小时。辅警路顺是个“90后”，发现警务室人手少，他就加班加点地工作。有时，他加了一夜班，第二天照常工作。

有一种使命叫“为民”

“我是一名最基层的社区民警，时刻把人民群众的利益放在首位。我心里始终装着老百姓，很想多为居民做实事、办好事。”张志云是这么说的，更是这么做的。

新冠肺炎疫情发生以来，她把社区当成了自己的家。不管是白天还是黑夜，她始终战斗在疫情防控的第一线。此时，张志云的心里只有一个念头：不能让社区的居民感染上新冠肺炎！

最让张志云牵挂的是社区里的一位独居老人。家住登泰新村的王阿姨，子女都在外地，平时很少出门。疫情期间，王阿姨的情绪十分低落。通过走访，张志云得知，王阿姨的二女儿计划春节回家探亲，结果因为疫情，无法与母亲团聚。王阿姨年老体弱，对外面的情况不是很了解，每天望着窗外空荡荡的街道，心里空落落的。张志云一有时间就来陪王阿姨聊天，讲解如何洗手、如何通风等防护常识，逐步消除了王阿姨的担忧和疑虑。每次上门，她都会用自己的手机让老人和外地的子女视频通话。渐渐地，王阿姨的脸上浮现出了笑容。她逢人便夸：“多亏了志云，像亲闺女一样贴心。”

地处朝阳社区的江苏省军区连云港干休所，虽然归部队管理，但是里面住着不少社会上的人员。干休所的薛所长是个雷厉风行又很重感情的人，很支持社区警务室的工作。他对张志云的工作能力赞赏有加，这让当兵出身的张志云有了亲切的感觉。因此，她把干休所当成了自己的家，把干休所的独居老人薛阿姨当成了自己的亲人。疫情期间，她每天都会去见一见薛阿姨，为她测量体温，给她购买蔬菜、鸡蛋、水果等食物。她买了蛋糕和鲜花，送给干休所最年长的离休干部张克敬老人，作为生日礼物。

在日常工作中，张志云每天必访的独居老人就有六位。不管工作多苦多累，她都会坚持上门走访，全心全意地为他们服务。

“外防输入”是社区防控的重点。张志云把社区内持有护照的人挨个儿梳理了一遍，做到了心中有数、有账可查、及时管控。3 月 7 日，家住“建院未来城”小区的赵女士从美国的女儿家回来了。按照当时的规定，她必须居家隔离十四天。赵女士的家人都在美国，国内没有亲戚，居家隔离给她带来了诸多不便。得知这个情况后，张志云主动向她伸出援手：“赵大姐，您有什么需求都可以找我。”一句暖心的话，让孤独无助的赵女士感动不已。那段时间，赵女士把张志云当作自己的家人，有什么需求都会直接给她发信息，请她代为办理。半个月的交往，让这位久居美国的赵女士对社区民警有了更深的了解。在解除隔离的那天，她竖起大拇指，对一同前来探视的社区干部说：“张警官虽然是个领导，但是一点儿架子也没有，对我的照顾真是细致入微，这在美国是不可能发生的事情。还是俺们国家好！”

社区是浓缩的小社会，各种各样的人都有。面对一些不理解、不配合防疫工作的居民，张志云总是不厌其烦地一次次上门，耐心地做工作。1 月 29 日，家住龙西南路的王先生一家三口从湖北黄冈返回连云港。张志云得知这个情况后，立即与社区的卢主任和负责社区防疫工作的吉医生一起上门，按照规定将他们列为居家隔离对象。起初，王先生十分抵触，认为他们是自驾往返，没出现什么症状，将他们隔离是小题大做。张志云凭借多年的社区工作经验，耐心细致地向王先生一家进行解释，并坚持每天两次与社区防疫医生一起到王家走访，为他们测量体温，帮助他们解决生活上的实际问题。慢慢地，王先生及家人被张志云的言行所感动，最终与张志云成了朋友。

张志云常对身边的人说："群众是我们的工作对象，更是我们的服务对象。只要我们付出了真心，群众就会将心比心，支持我们。"

有一种幸福叫"付出"

在张志云的书柜里，珍藏着厚厚的一沓红色荣誉证书和多枚金光闪闪的奖章，包括"全市最美政法干警""全市三八红旗手""人民满意政法干警""港城公安先锋""全市十佳女警"的荣誉证书和荣立一次二等功和五次三等功时获得的奖章。其实，每个荣誉背后都有巨大的付出。

家住路南街道"建院未来城"的武大爷，是一位八十三岁的老人。老伴儿去世后，四个儿子都想把他接到自己家住。但是，武大爷喜欢安静，选择了独居，觉得一个人生活自由自在。不过，他毕竟年纪大了，容易丢三落四。有一天，武大爷在通灌路的一个公交车站等车时，随手把手机和水杯放在路旁"公共自行车"的车筐里，因着急上车而忘了拿。张志云接到武大爷的求助电话后，立即叫上社区警务室的辅警赵辉，一起去查找。经过多方努力，他们最终帮武大爷找回了丢失的手机。此后，武大爷逢人便夸张志云好。其实，在他心里有一个念头："我要是有这样一个女儿该有多好啊！"

武大爷的一个儿子在外地，另外三个儿子因居住的小区封闭管理，无法前来探望。张志云得知这个情况后，上门劝说武大爷，让他不要随便出门。他每天为武大爷测量体温，在屋内进行消毒，还自己掏钱给武大爷购买了新鲜果蔬和生活用品。张志云无微不至地关心和照顾武大爷，让武大爷再次感受到了女儿般的温暖。他想了很久，怎样才能表达对张警官的感激之情呢？4 月 8 日，武大爷终于作出了一个大胆的决定。他早早地就起床了，找来一张大红纸，用毛笔在上面认认真真地写了一封感谢信。他把感谢信送到了路南派出所，对接待他的民警说出了埋在心里很久的话："我要认张教导员做闺女！"张志云得知武大爷到派出所来送感谢信，还说要认她做女儿，立即从社区赶到了所里。望着眼前这位白发苍苍的老人，她十分感动。于是，她答应了老人的请求。武大爷高兴得像个孩子，挽住张志云的臂膀说："我现在有闺女了，你就是我家老五！"此时，张志云也幸福地笑了。

武大爷与张志云的亲缘故事在网上传开后，这位幸福的老人很快就被大家熟知了，成了朝阳社区的"网红"。得知又有人来他家采访时，才思敏捷的他即兴赋诗一首。他一边吟诵，一边用毛笔疾书而就：

警民亲情心连心
联防联控抗疫情
英明领袖习主席
华夏大地享太平

如今，武大爷把张志云视为最贴心的女儿，张志云也将武大爷视为自己的亲人。在朝阳社区，像武大爷这样被张志云悉心照顾过的老人有很多很多。他们共同的心声是：“只要看到张警官，俺们心里就格外踏实，格外幸福！”

张志云不但对老百姓如此关心体贴，对派出所和社区警务室的民警、辅警也同样关怀备至。作为派出所的教导员，她想方设法改善民警的伙食。从菜品的花样到营养搭配，从菜品的数量到口感质量，她像一个大管家，什么事都亲力亲为。疫情防控期间，每顿饭除了保持“六菜（四荤两素）一汤”以外，还增加了水果、牛奶、杂粮等，确保民警和辅警们既吃得饱又吃得好。看到辛劳了大半天的战友们回到所里，吃着可口的饭菜，张志云感到十分欣慰和幸福。

对张志云来说，得到百姓的厚爱是一种幸福，得到民警和辅警的认可也是一种幸福。其实，在她的内心深处，还有一种幸福，那就是领导对她的关爱。

记得有一次，刚上任不久的海州公安分局政委下基层调研，慕名来到张志云所在的社区警务室，对她的工作干劲儿和工作能力给予了肯定。尤其是知道了她作为派出所的领导，长期在基层，甘愿做一名普通的社区民警，还立了那么多功，就更加深了对她的印象。沈政委下基层检查工作，从来不打招呼，也不一定在正常上班的时间去，专挑早晚值班时间或双休日。让他记忆犹新的是，他每次去路南派出所都能看到张志云在所里，不是值班就是加班。他还从民警、辅警那里了解到，张志云把组织上给她的奖金全都分发给了下属。当沈政委核实此事时，张志云腼腆地说：

“大家都付出了很多，这荣誉应该是大家的。组织上把荣誉证书颁给了我，这些奖金必须与大家分享。”

还有一回，深夜，大冬天的，张志云刚从外面处警回来，见沈政委来派出所检查工作，连忙上前打招呼。沈政委握着她的手，感觉冰凉冰凉的，便关切地说：“外面冷，要注意保暖啊！”短短的两句话，让张志云十分感动，一股暖流涌上心头。

是啊，每当受到上级领导的鼓励和肯定，接过沉甸甸的荣誉证书；每当听到社区的居民由衷地说一声“张警官，您辛苦了”；每当看到派出所和警务室的民警、辅警对她报以真诚的微笑，张志云的心中便充满了幸福感。用她的话讲，就是“再苦再累也值了”。

有一种亲情叫“亏欠”

元宵节那天，本该是一家人团聚的日子。但是，疫情当前，张志云的工作排得满满的。一大早，她就得出门，家中只剩下十三岁的女儿孤零零的一个人。作为母亲，她一百个不放心。但是，作为一名奋战在抗疫一线的社区民警，有更急、更重要的工作需要她去完成，有更多的居民需要她去帮助。那天，她起得特别早，给女儿准备了早、中、晚三顿饭。为了不惊扰还在睡梦中的女儿，她在餐桌上留了一张便条。

馨儿：

妈妈上班去了。早饭在锅里，起床后记得吃。今天妈妈很忙，中饭、晚饭都陪不了你。火锅和配菜、方便面都准备好了，到时候你自己煮着吃。一定要注意安全！妈妈一忙完就回来陪你！

爱你的妈妈

2月8日

类似这样的便条，张志云已经不知道给女儿写过多少张了。她亏欠女儿的，实在是太多太多了。在病毒肆虐的疫情期间，她都没有陪过女儿。平时，她跟女儿也是聚少离多。有很多时候，女儿睡了，她还没有回家；女儿醒了，她却已经走了。当然，这么多年来，她亏欠的不止女儿一个人，还有父母和爱人。

张志云的父母跟别人的父母一样，都有一颗“望子成龙，望女成凤”的心。1977年4月，他们的女儿呱呱坠地时，他们就想好了，要给女儿取名为“志云”，希望她一生“壮志凌云”，拥有好的前程。他们希望女儿从小就有远大的理想，长大以后做一个对社会有用的人。父母的愿望，一步步地在女儿身上实现了。她十八岁当兵，二十二岁在军校提干，三十四岁转业，当上了一名社区民警，后来被提拔为副所长、教导员。一路走来，她把工作干得越来越出色，对家庭的照顾却越来越少。

“大云是个孝顺女儿！”在父母眼里，女儿永远是最棒的。张志云是家里的“独苗”，虽然是个孝顺女儿，但是这么多年来对父母的孝顺很多时候只能挂在嘴上。从当兵的那天起，她就再也没有回到过父母身边。从部队转业后，她没有回到家乡镇江，而是被婚姻这根线拴在了第二故乡——连云港。自从有了孩子，她就让年迈体弱的父母来连云港照顾他们，这让做女儿的张志云心里有一种说不出的愧疚。本来说好了要陪父母回镇江过年，疫情的发生让这个酝酿已久的计划泡汤了，老两口只好在女儿家过年了。大家能生活在一起，度过这段不平凡的日子，也算是一种快乐。不过，这种快乐很快就被一通电话给打破了。

2 月 5 日，天还没亮，张志云的手机突然响了。睡梦中的她以为是社区居民又有什么事情向她求助，便揉了揉惺忪的睡眼，连忙爬起来一看，是远在镇江的表哥打来的电话。张志云心里“咯噔”一下。这个时候打来电话，一定有急事。“莫非是……”张志云不敢多想。她接通了电话，对方声音急促地道出了一个她最不愿意接受的事实：八十六岁的姑姑走了！在张志云心里，除了父母，姑姑就是她最亲的长辈了。小时候，她在姑姑家生活了三年，彼此感情很深。表哥在电话里说，临终前，姑姑还念叨着她的名字，老是问：“大云什么时候回来啊?”本来，张志云计划回镇江过年时再去探望姑姑。真是“天有不测风云”，没想到新冠肺炎疫情剥夺了她见姑姑最后一面的机会。怎么办？在疫情防控的关键时期，她很难开口向领导请假。即使能去，回来也必须隔离十四天，对工作的影响实在是太大了。社区里的居民更需要她啊！

父亲听说自己的姐姐去世了，非要回去。是啊，骨肉分离，阴阳两隔，不见上最后一面，将会终生遗憾。要不要满足父亲的要求？这让张志云再次犯了难。为了不因为被隔离而影响工作，经领导批准，她驾车将父母送到镇江高速路的出口处，交给了等候在那里的亲戚。然后，她就直接返回连云港了。离开时，站在寒风中的张志云望着父母远去的背影，情不自禁地向前挪了几步。但是，看到卡口上穿着防护服严阵以待的检查人员，她只能停住脚步。她唯一能做的，就是面朝姑姑家的方向，默默地致哀。那一刻，坚强的她终于忍不住流下了泪水。

有一种追求叫“完美”

说起张志云这个人，不管是领导还是同事，不管是民警还是辅警，不管是社区干部还是居民群众，不管是她的家人还是部队的战友，都有这样一个共识：她对工作极度认真负责，是一个追求完美的人。

说起张志云对完美的追求，路南派出所的内勤辅警小侍深有体会。有一回，小侍做报表时少填了一个数字，被张志云发现了，受到了严厉的批评。对于刚踏上工作岗位的小侍来说，出现一些差错在所难免。但是，对于追求完美的张志云来说，一个数字或许就是一个重大错误，甚至可能是一条生命，至少会影响到领导的决策，所以马虎不得。张志云总是这样要求自己，也这样要求别人。当然，要求归要求，事后她也会自我检讨，并且安抚对方。因此，在同事们眼里，张教导员虽然很严厉，但是一点儿也不刻薄。这一点，朝阳社区警务室的辅警小刘深有感触。她与张志云相处的时间最长，在她心里，张教导员既是严父又是慈母。平时，张教导员一般不发火，有时还会买东西犒劳他们。但是，对待工作，张志云丝毫不放松。疫情防控期间，有一次，她弄错了一个密切接触者的地址信息，找不到这个人了，张教导员才发了火。张教导员立即发动大家去现场查找核实，最终找到了这个人。

在张志云的观念里，追求完美是对事业的一种执着，是不断前进的一种动力。在她看来，追求完美是无止境的。只有不断探索，不断求新求变，才能立于不败之地。不但要有创新意识，而且要有超前意识。现实告诉她，不进则退，必须与时俱进。为此，她根据朝阳社区的特点，开发了一套社区管理系统，将社区的各类信息采集输入、分类汇总，进行大数据管理，制作了查询方便、直观可视的社区信息电子屏。这套系统投入使用以来，在治安管理、查破案件等方面起到了很大作用，并且在疫情防控工作中发挥了很大的作用。

社区工作看似平凡，其实有着千头万绪，可谓“上面千条线，下面一根针”。不过，工作再忙，事情再多，张志云凡事都会亲力亲为，把每根线都完美地穿进那个小小的针眼。有位记者通过采访得知了她的事迹后，对她说：“您工作这么忙，过得去就行了，干吗非要事事亲力亲为，追求完美呢?”张志云说：“其实，不是我一个人这样，我们连云港的警察都这样。我们的领导凡事都身先士卒，给民警做榜样，我们哪敢偷懒啊!”

事实上，在张志云的“工作辞典”里，根本就没有“偷懒”这个词。人们给张志云贴的标签是：性格刚毅坚强，做事雷厉风行。其实，张志云和别的女同志一样，也有温柔的一面。派出所里有位男民警，一个人带着一个十岁大的孩子，很不容易。张志云看在眼里，记在心里，总是想方设法帮他做点儿什么。有时候，孩子他爸在所里值班，她就帮他给儿子辅导功课。疫情防控期间，他儿子过十岁生日，那位男民警不想给孩子办生日宴了。张志云知道后，自掏腰包买了一个大蛋糕，召集了班组的几位同事，小范围地给孩子过了一个难忘的生日。她对那位男民警说：“十岁是人生的一个节点，要给他一种仪式感。你不给他过生日，他心里就一直会有个结。”张志云就是这样一个人，连别人家孩子的生日都考虑得如此周全，不留任何遗憾。

在工作中，张志云追求完美。在生活中，她也是个追求完美的人。俗话说，爱美之心，人皆有之。她工作时穿警服，平时喜欢穿时装。每次接待朋友或参加社会活动之前，她都要精心打扮一番，既是为了自身的形象，也是为了尊重对方。追求完美的人往往会压力很大，张志云有适合自己的减压方法：找一个空旷的地方，什么都不想，独自一个人跑步，跑到大汗淋漓；或者一个人在家泡上一杯雀舌茶，静静地看着嫩绿的芽叶在透明的玻璃杯里上下沉浮，缕缕清香沁人心脾。这一动一静，便会让她烦忧全消。

如今，张志云所在的朝阳社区警务室已更名为“张志云社区警务室”，并被确定为连云港市公安局随岗培训基地。连续五年被评为“一级社区民警”的她，对自己的要求越来越高。在追求完美的路上，她披荆斩棘，忘我前行，无怨无悔！

城中李伟

许丽晴

李伟找到所长周波时，他正在为难。

就在这一天，紧邻的泰州市人民医院被定为全市集中救治新冠肺炎患者的定点医院。随后，“发热门诊”四个字便被贴到了玻璃大门的上方。红底白字，醒目得很。

辖区的派出所要承担相关的防控疫情和维护秩序等工作。

朝西边望去，不远处，那幢十多层高的大楼依然矗立在那里。作为老城区的地标性建筑，它的气势仍在，只是没有了当初的耀眼和辉煌，只有沉重——一种巨大的、难以言说的沉重。

周波感到窒息。

医院、隔离点——最危险的地方。

谁去？派谁去？全所二十八个民警，一个往后退的也没有。男女老少，一个不落地全都报了名，摁上了红红的手印。那一个个鲜红的手印，让周波触目惊心，更让他一筹莫展。

谁去？派谁去？都是兄弟啊！他不停地挠头。

长着一双眯眯眼的李伟出现在他的面前时，他瞬间明白了李伟的来意。

第二天，“警医卫”突击队正式成立，成员有李伟、陆仁贤、裴晓东、朱立军、倪中锦等，队长是李伟。

一、警灯闪耀

这个春节，没有了原本该有的喜庆气氛，从来没有这样冷。

清冷之下，谁也没有想到，这是一场席卷全国，甚至是全球的“黑色狂飙”。

泰州的七个县区无一幸免。

为了确保安全，所有的疑似患者统一、全部被送往人民医院集中隔离。

泰州人民医院六层的门诊部、十七层的病房、四层的急诊中心三位一体，成了医治隔离区。急诊中心的“发热门诊”成了通道入口。

隔离桩竖起来了。

警戒线拉起来了。

无关的通道、出口全部封闭。

医院的后勤部门紧急调集各种防控设施。

后勤处处长、安保科科长姜敏原本就与李伟熟识，得知精明强干的他这次负责隔离区的治安维护工作，十分高兴：“太好了！所有的东西，包括防护服什么的，我都会帮你准备好。”医院是抗击疫情的第一线，所有防护工作都马虎不得。稍一疏忽，后果不堪设想。

“我们随时都有可能进入病区。”李伟朝不时有人出入的“发热门诊”那边看了看，一字一顿地说。

“一定要小心！这种病毒非常厉害啊！”姜处长点了点头。

李伟认真地想了想，说："还有，防护知识也请帮忙找人培训一下。"

"这个没问题，放心吧。"

为了确保发热门诊运行有序和防疫安全，李伟二十四小时全天候地待岗，陆仁贤、裴晓东、朱立军、倪中锦则轮流值班。

李伟做好了各种准备。妻子缪蓉蓉去年国庆刚生了二胎，是个女儿，目前还没有上班。为了心无挂碍，他将妻子和一双儿女全部送回了姜堰梅垛岳父、岳母的家中。说好了二十四小时待岗，说不定就是一场持久战。他呼啦一下将换洗的衣服塞进兜里，查看了电源，关好门窗，拿起铺盖就出了门。其他队员也不甘落后！陆仁贤的妻子在外地工作，女儿一个人在家无人照顾，他干脆把父母接到家中帮忙。裴晓东的家庭是双警家庭，妻子是交警。两口子同时奋战在一线，平时只能通过微信说一两句话。刚刚新婚的朱立军还没来得及和妻子吃顿团圆饭，就匆匆告别，回到了岗位上。小倪原计划春节期间和女朋友碰面，筹备结婚事宜，却只好搁置了。

在发热门诊，很快，发烧的病人多了起来。

李伟干脆把警车开到大门的右侧，二十四小时警灯闪耀。

为什么这样？这里是"震中"啊！

每天数据都在增加，如一块块顽石沉重地积压在所有人的心头。

泰州人民医院坐落在城中地区的迎春路上。迎春路是老城区的一条繁华热闹的交通要道，东接扬州路，西抵苏陈姜堰。当地著名的省级泰州中学、梅兰芳公园、凤城河景区、老街和一些大型企业、商城、超市皆依街而建。整个街道穿城而过，与风光旖旎的凤城河交汇，可谓东西贯通、南北繁盛。

可是，疫情之下，这一切都不复存在了。原本熙熙攘攘的迎春路上空无一人，偶尔有一两个行人戴着口罩、缩着脑袋匆匆而行。寒风凛凛，街道出奇地安静。两只小鸟窃窃私语着，啁啾着，轻巧地落在马路中央。它们四下张望了一下，似乎在狐疑着什么，试探着什么，随即又挥动翅膀，跃上路边的枝头。

李伟从警车上跳下来，活动活动有些麻木的腿脚，走到路中央，转身向东。放眼望去，宽阔的马路蜿蜒东去。远处高高低低的建筑没有了喧闹市井的先声夺人，居然尽收眼底。他叹了一口气，折了回来。

2 月 11 日下午，刚吃过午饭的李伟和倪中锦听到发热门诊大厅里一阵嘈杂，好像还伴着阵阵抽泣。“一定是出什么事了。”他在心里嘀咕着。两个人三步并作两步，跨进了大门。

只见一位八九十岁的老太太瘫坐在座椅上，一只手捂脸，另一只手比画着，不停地哭诉着。几位年轻的医生围在一旁，有的不时地劝说，有的手足无措，傻傻地望着她。

“不要活了啊！死就死了啊！啊——不要管我，不要管我，我就死在这儿了，哎呀——”老太太激动地喊着，声音苍老、嘶哑，不时地咳嗽。

一名护士见状，连忙递上一张纸巾。老人一把拨开纸巾，仍然伤心地痛哭，不停地摇头哭诉：“都走吧，滚吧！不要了，啥也不要了啊！”她身子一扭，眼看就要倒下了。小倪上前一步，一把托住了老太太的后背，把她扶稳了。

“怎么了？”李伟朝老太太努了努嘴，问旁边的一位女护士。

女护士告诉他：“老太太姓于，家在朱庄。她去年 6 月就肺部感染，住进了市第四人民医院。因肺气肿等多种病症久治不愈，前两天，她的子女准备把她带回家中疗养。谁知，全市已实行疫情管控，她被测出了高烧。当地检测点立即拨打‘120’求助……”女护士告诉他，“送到这里后，经检查发现肺部感染严重，而且还发烧。情况紧急，只能马上住院治疗。”

“那她闹什么啊？”李伟不解地问。

“子女中午都来了。既然情况是这样的，当然不能陪了，我们就让他们回去了。”

原来是这样！李伟明白了。于老太太已是八十九岁高龄，身体虚弱。家人一走，她认定是子女嫌弃她，抛弃了她，怎么能不悲从中来？她这么一哭，像一根无形的“哭丧棒”，搅得整个大厅的气氛明显紧张起来。病人们三三两两地窃窃私语着……有的听说了这件事，从病房里跑出来，发起了牢骚。

李伟和医护人员们认定了一条：哭也好，闹也罢，只要不违反隔离区的规定，怎么都成。谁不希望和和美美地和家人一起过个团圆年？谁不想轻轻松松地过几天无拘无束的放松日子？谁不惦记脱下工作制服，做一回普通人？可是，疫情当前，责任如山，没有退路啊！

就在这个当儿，等于老太太哭累了，李伟坐到她身边，耐心地跟她唠起了家常：“老奶奶，您为什么这么伤心啊？”

“良心没有了啊！不管我的死活啊！”

“您知道吗？这个病传染起来是非常快的，好多人因此而送了命。您看，您的孩子多孝顺，中午又都过来了！可是，不能啊！老奶奶，您是讲道理的，是不是？”看见于老太太咬了咬嘴唇，情绪像是有所缓和，李伟便一鼓作气：“您多有福气呀，儿子、女儿都来了，都想陪您！但是，不行，咱们得听大夫的话。让他们每天把您爱吃的菜烧好了送过来，这样行吧？还有，医院里都是单人间，条件都非常好。等会儿进去，您就知道了。”见老太太仍然迟疑，李伟又告诉她：“有病赶紧治，早点儿出来。没病也早点儿确诊，省得被耽误了。您说是吧？”于老太太终于点了点头。

李伟这才长长地舒了一口气。这老太太，真像个老小孩儿。

总算答应住院了，可是老太太已经近九十岁的高龄，加上长期卧床休息，已经不能正常行走了。怎么办？他和小倪一合计，干脆送过去：“奶奶，我们送您过去。放心，有事喊护士，全天都有人在。”老人点了点头。

于是，两个人一左一右，将于老太太搀扶着，一步一步，小心翼翼，好不容易挪到了病房里。

经过一番折腾，两个人累得够呛，互相对视着。护目镜已经有些模糊了，却不敢随便动手清理，浑身上下热汗直冒。按照出警的防护要求，在发热门诊出警，须穿戴一次性工作帽、护目镜、医用口罩和防护服，以及一次性乳胶手套。进入病房，则除了上述的全副武装外，还必须穿一次性鞋套。防护分三个等级，三级是最高等级。这一次，就是三级防护。

出来的时候，已是满天繁星。脱下防护服，两个人感觉轻松了些。在清冷的夜风中，头脑反而清醒多了。不远处，警灯闪耀着，生动、明亮。

“真好。”小倪脱口而出，心下突然有了一丝感动。

李伟忽然说话了：“知道为什么通宵开警灯吗？”没有等小倪回答，李伟又说：“不知你注意到了没有，发热门诊内外两重天。走进那道玻璃大门，就像掉进了一个黑洞。病人心里害怕、恐惧，有的甚至绝望、崩溃。在这种环境和情绪下，所有的一切只会走向反面。我向周所汇报了，决定打开警灯，照亮周围的一切，让百姓心里踏实，感觉温暖。在他们眼里，警灯、警徽代表着政府，代表着党啊!”

说到这里，他的肚子咕咕地叫了起来。两个人不约而同地笑了。

“不说了，吃饭去!”

二、海陵抗疫

海陵区是泰州市的主城区，总面积三百平方公里。城中派出所地处主城区的中心，辖区面积6.5平方公里，实有人口6.3万人。辖区内有两千一百个商家、六十六个小区。市区最大的凤城河风景区、江淮名刹光孝寺和最大的商业购物中心都坐落于此。

了解泰州公安历史的人都知道，城中派出所可不是一个普通的派出所。

该派出所现有民警二十八人、辅警九十六人。辖区内人口众多，治安管理任务繁重。近年来，在公安部“枫桥式公安派出所”创建活动中，他们积极构建共建、共治、共享的社会治理新格局，坚持法治、德治、自治“三治融合”，实现了矛盾不上交、平安不出事、服务不缺位。该派出所被评为省级“枫桥式公安派出所”，荣立集体二等功，被评为“全省优秀执法示范单位”，被命名为“全国青少年维权岗”。根据辖区人员流动加剧、风险因素增多等特点，建成了派出所综合指挥室。这是全省第一个基层派出所综合指挥室。省公安厅的领导视察后，给予了充分肯定，要求各地学习和借鉴城中派出所的经验。之后的大半年中，城中派出所接待了全省各地前来参观和学习的人员七十多批。

荣誉有多少，压力就有多大。

派出所的一楼是忙碌而井然有序的综合指挥室；二楼是会议室，也是荣誉室。海陵公安人都知道，城中派出所是老牌先进。"城中人"站出来，嗓门儿都比别人响几分。那一块块闪亮的奖牌背后，凝聚着多少城中民警的汗水啊！所长周波感到了压力，他不仅要把这副担子挑下去，而且要挑好。

新冠疫情来袭，泰州市公安局第一时间作出部署，并号召全市的群众积极配合，共同抗击疫情。

副市长连续二十多天守在指挥室里，密切关注疫情的发展。

副区长顾不了许多，每天和政委分头驱车到各个社区卡口去检查工作，看看防护设施到位了没有，岗位责任制建立了没有。

区委领导从工作的角度考虑，全区的抗疫工作由公安部门牵头。这么多个卡点，每天需要出警五百人，可是全区的民警总共才有四百多人。"压力山大"啊！好在大伙儿素质高，争先恐后地报名参战，配合防疫部门采取防控措施。

周波向区长表态："城中这块，请放心！"

"医院是重点，千万不能马虎。听说，你爱人也上了一线。家里怎么办?"区长关心地问他。

周波的爱人刘娓玉在市中医院消化内科任副主任医师，是医院的业务骨干。疫情发生以来，她自然也是冲在第一线，白天黑夜轮班倒，楼上楼下四处忙。

"两个孩子全送回泰兴老家了。"他说。

辖区内的光孝寺盛名在外，是每年市民祈福新年的重要场所，人流量相当大。为了防止人员聚集，周波从大年三十的下午就进驻了安保现场。他迎着寒风，一个一个地劝离前来祈福的群众，一直忙到凌晨两点。

“现在没有后顾之忧啦！医院这边成立了‘警医卫’，李伟没问题。”周波让区长放心。

李伟原本在所里负责办案。疫情刚刚发生时，为了阻断疫情，辖区内所有小区都实施了严格的封闭式管理，全所民警都参加小区内的值守。所长周波带着社区民警、辅警协助防疫的工作人员，对辖区内的十四个社区、六十六个小区的 18085 户居民进行了“拉网式”“零死角”的排查。因为人手不够，有的地方干脆两个小区合并围挡。值守分成三班：早上 6 点到下午两点，下午两点到晚上 10 点，晚上 10 点到第二天早上 6 点，每班八个小时。那些天，真的很冷。

零下五摄氏度，夜里更低。

那天，风雨交加。周波事先考虑得很周到，主动与街道对接，想方设法以最快的速度买来了一批应急帐篷和取暖器，让卡口的执勤人员有一个遮风挡雨的好去处。他还专门买来了姜茶、热敷贴、暖手宝等取暖物资，送到了每个人的手上。但是，冰冷的寒风如刀子一般，嗖嗖地四处乱钻。只要在卡口站一会儿，双手便会被冻得麻木，只得塞进口袋暖和一下。可是，这手还没有焐热，又来了一对夫妻。

“对不起，请配合检查。”对方很配合，伸出了右腕。

李伟看了看体温计，发现显示器上什么也没有。李伟以为自己眼花了，赶紧擦了擦眼睛，再次点触了体温计。再看，仍无显示。怎么回事？他示意同伴换了一个体温计，仍然不行。

原来，体温计失灵了，冻坏了。怎么办？“用暖宝宝试试吧。”同伴说，“昨天，听说有的地方也遇到了这种情况。他们更惨，没有暖宝宝，只能用取暖器来烘。说不定还有危险呢！”

就在这时，周波打来了电话。李伟马上接通了电话：“正说您呢！周所，前几天您帮大家买的取暖器和暖宝宝真的派上了用场！”

正当大家守卡、巡查、走访，忙得四脚朝天的时候，让人匪夷所思的事情还是发生了。

正月初四、初五，所里接到报案，坡子街、财富广场的网吧内发生了好几起案件，都是车内财物被盗案。

正值春节期间，又是疫情严重的时候，居然还有人作案？还有心思作案？大家感到不可思议。经过侦查，他们发现案件是未成年人所为，大多是在校的初中生。这帮毛头小子时常三五成群地结伙到各小区的停车场，采用拉车门的方法，盗窃车内的现金和名烟、名酒等财物。每次盗窃，虽然数额不是很大，但是影响很坏。“晦气！晦气！”车主们感到新年不利，十分懊恼。

2 月 2 日晚上 10 点多钟，几名嫌疑人在财富广场露面了。

“赶紧出发！”李伟喊上朱立军、小倪，驾车直奔财富广场。他们先是伏击，然后进行跟踪，分两批在陌陌宾馆将十一名团伙成员全部抓获。

回到所里，已经是凌晨两点多了。虽然已经疲惫不堪，但李伟还是决定连夜审查。朱立军和小倪刚要把人带到另一间办公室去，李伟就喊住了他们：“等一下！”

“怎么了？”小倪不解地问。

“刚才你发现了没有，”李伟指着其中的两三个人，“他们刚才咳嗽来着。”那几个学生听罢，都抬起头来，把目光投向了他们俩，其中一个又忍不住咳嗽起来。

“这倒是，刚才确实听见了。”小倪在心里佩服着，“瞧人家，多细心，我怎么就没有注意到呢？看来，高手就是不一样哦！”

他们连忙给这些学生量了体温。不量不要紧，这么一量，吓了他们一跳，居然有五个人发烧。

原来，这些嫌疑人大多是武汉和本地务工人员的子弟。平时，他们懒散惯了，根本不听父母的管教，以小偷小摸、顺手牵羊这类营生为乐趣，吃喝玩乐，享受着所谓的“人生”。春节期间，他们又在家闲得发慌。不知是谁挑头吹了哨子，本就蠢蠢欲动的他们千方百计地找借口溜了出来。几天中，他们一起挤在宾馆里鬼混，喝“茅台”，抽好烟，快活自在得很。

“送医院！”事不宜迟，五个人被立即送到了医院。肺部的片子拍下来，真是肺炎。随后，给他们办理了住院手续。

从 11 点多钟落网，到凌晨三四点钟住院，总共四个多小时。

不用说，李伟他们自然也要隔离了。

所幸的是，后来嫌疑人经过两次核酸检测，全都排除了患有新冠肺炎的可能性。

“万岁！”小倪忍不住捶了李伟一下。

患者从三市五区不断地被送往人民医院……

“怎么样？”周波知道所里的弟兄们都是好样的，但是身体毕竟不是铁打的，他担心李伟撑不住。连续十多天连轴转了，吃、住全在所里。

李伟顿时严肃起来，眼神坚定而刚毅：“发热门诊，您放心！”他咬了咬牙。

三、复工复产

2月中旬，一些企业陆续复工复产，街面上渐渐有了汽笛声。

那天下午，急救车又呼啸着驶进了医院。李伟一看，居然一次性送来了七名患者。这些人都是青壮年，是一家大型企业的员工，都有不同程度的发热。

这是到目前为止，医院一次性收治人数最多的一批患者。医生立即进行检查，发现他们的肺部有不同程度的感染，而且都在发高烧。

“他们在同一个车间吗？”李伟问身旁的一位护士。

“是两个车间。”

“不好！”李伟脱口而出。这种企业，车间里的人员相对密集，接触频繁。复工复产没几天，就发生了这样的事件，非常麻烦。必须赶紧查清他们之前的行程，了解他们的活动情况和接触对象，马上采取措施，及时隔断疫情，防止扩散。

“马上进去！”李伟示意小倪。两个人二话不说，穿起防护服便冲进了隔离门。

只能一个一个地谈了。

“我们是警察。为了共同抗击疫情，请配合我们的工作。”李伟首先说明了情况。

“好的。”对方点了点头。

“你叫什么名字？请把你近期去过什么地方、跟什么人接触过，尽可能详细地告诉我们。”

“我叫杨大鹏，木易杨，大小的大，大鹏展翅的鹏，是姜堰梁徐周埭村七组人。”

“什么?”杨大鹏的声音很低，李伟听不清。

“姜堰梁徐周埭村七组人。”对方重复着。

“初一去土地庙进香，遇到了邻居。嗯，是和爸爸妈妈一起去的。初二去梅垛三野村的老丈人家拜年……”杨大鹏的声音越来越低，李伟只好伸长了耳朵，凑到了他身边。

“请你说话声音高一点儿，行吗?”小倪不禁提高了嗓门儿。

“噢……”对方无力地应了一声，欠了欠身子，“老丈人家是一个人去的，老婆没去。老婆叫李波……”杨大鹏随即报了老婆李波的手机号码。

“听不清，请再说一遍!”小倪大声说道。

对方又报了一遍，小倪记下了。

“去过外地吗?”

“没有。我三十天之内没有离开泰州。”

好不容易完成了一个。

隔离区全部密封，厚厚的防护服罩在身上，加上防护手套，让平时身手矫健的二人感觉笨拙了不少。特别是被厚厚的防护口罩捂得严严实实，感觉透不过气来。

下一位。

这一个，状态更不好——不仅精神疲惫，而且不时地咳嗽。

“我是康利，湖北荆门人。”说完，他闭了一下眼睛，不愿意说了。李伟跟小倪对视了一下，知道对方心理压力大。

“我们还有救吗?”对方突然直起身子，问道。

“现在还没有确诊。即使确诊了，医院也会尽最大努力治疗，前提是你们要配合。”李伟认真地对他说。

对方不吱声了。然后，他咳嗽了一声，开口了：“春节期间，我住在美好易居城，房子是租的。去年 8 月，从浙江海宁到泰州后，我一直没回去过，主要是没时间。10 月份去南京玩过……”隔着面罩和口罩说话实在是太难受了，“你等一下！什么时候去的南京？几个人去的？”

“就一个人，10 月份。”康利重复着。口渴了，李伟的目光习惯性地在桌上左右扫着。小倪笑了起来。李伟反应过来，也苦笑了一声。

“你是租的房子吗？几个人？”

“是的，我们是合租的，室友是两个人，其中的一个人过年回家了。”

“还去过什么地方？”

“前几天去了一次小区附近的利群超市。昨天……开始发烧了。”说完，他无助地看着李伟。

还有赵明，是邯郸人，春节没有回去，一直租住在凤凰熙城。他前段时间去过厂里，拿了出入证……

……

七个人总算问完了，护目镜上早就蒙上了厚厚的一层雾气。此时，李伟已是汗流浃背。倪中锦感觉衣服紧紧地“绞”在了身上，让他动弹不得，透不过气来。

倪中锦看了看手表，已经 12 点多了。这场简单而艰难的询问居然花了近四个钟头，要算从警以来最憋屈的了。

李伟翻看了一下手机，发现了一连串的未接电话，有周所长的，有所里的，有妻子缪蓉蓉的，等等。他赶紧拨通了周所长的电话。

“水！水！”两个人抱起水杯，一口气把水喝了下去。

“坚持一下，一鼓作气！”

“没问题！”两个人抹了一下嘴，又忙着筛查跟这七个人有过密切接触的三十四个人去了，然后分别向所里和分局汇报。

忙完这一切，两个人也需要隔离。他们俩面面相觑，只得苦笑了一声。自打上次抓获了十多名未成年盗窃犯罪嫌疑人，李伟已经是第二次被隔离了。

什么叫一线？这就是真正的一线。

也罢，终于可以好好地睡一觉了。他忽然想看看外面的月色，不知道冬天的月色是不是像夏夜里的一样，那么清，那么亮……这么想着，眼皮沉重起来。嗯，好累……他就势倒在床上，和着空调那不紧不慢的“呼——呼——”声，也呼呼地进入了梦乡。

不知过了多久，一阵欢快悦耳的音乐声响了起来。李伟翻了个身，继续睡。

手机还在响，声音越来越大。李伟下意识地一把抓住手机，发现是妻子缪蓉蓉打来的电话。

“在哪里?”

“所里。”李伟的头脑快速反应了一下。

“昨天是怎么回事？一点儿消息也没有。”李伟想起来了，原来说好每天晚上跟家里通一次电话的，昨天一忙，竟然忘了。

“对不起，太忙了。噢，太累了。啊——哈——”话还没说完，他就打了一个大大的哈欠，“一切都好，你就放心吧。我会注意的！”其实，李伟已经好几次进入病房了。但是，他暂时不想说，尽管缪蓉蓉也是警察，在邻近的姜堰区车管所干内勤。

双警家庭现在也不算少，所里就有好几个。大家都知道，夫妻双方互相理解，是双警家庭区别于其他家庭的显著特点。可是，这一次疫情可不是闹着玩儿的。思前想后，李伟觉得进病房一事还是不告诉她为好，免得徒增烦恼。

“铜铜呢？还好吧？”

“嗯，还没起来。昨晚缠着外公讲故事，很晚才睡。”儿子大名“李铭骏”，刚上小学一年级，平时调皮得很，好在李伟管得住他。李伟揉了揉惺忪的睡眼，又伸了伸懒腰。

泰州已经连续好几天没有发现病例了，缪蓉蓉巴望着这一切早点儿结束。

缪蓉蓉比李伟小一岁，属兔。

缪蓉蓉当年从盐城师范学院本科毕业，很快就考上了公务员，穿上了警服。长着一双漂亮的大眼睛、身材苗条的缪蓉蓉穿上警服，妩媚、帅气着哩！

女干部多了去了，警花可没几个。尤其是年轻漂亮的警花，上哪儿找去？盯着给缪蓉蓉介绍对象的热心人来了，隔三岔五地上门游说。推却不过，缪蓉蓉也见了几个，却总是找不到感觉。

同事顾姐也喜欢缪蓉蓉，觉得这丫头聪明、善良又秀气，哪个小伙子要是把她娶回家，才有福气呢！这样的好事，她是不是也该沾沾？

一个秋天的上午，艳阳高照。顾姐喊住了从门口经过的缪蓉蓉：“小缪，过来一下！”缪蓉蓉扭头朝她望了望，一脸的不解。“说个事儿呗！”顾姐接着说道。

就这样，大眼睛的缪蓉蓉与眯眯眼的李伟，居然对上了眼。顾姐和李伟是同学。

“媳妇儿，过来看看！”买婚房的时候，李伟征求缪蓉蓉的意见。缪蓉蓉一眼就看上了“依云湾”，心下顿生欢喜。“就这儿了。”说来也巧，这“依云湾”远离喧嚣，环境优雅，位于泰州东部，离姜堰很近，是个绝佳的选择。

婚后不久，儿子降生了，小名“铜铜”。缪蓉蓉的母亲见女儿、女婿白天黑夜地忙，便自告奋勇过来帮忙。铜铜是个机灵的孩子，上小学的第一学期居然捧了个“三好生”的奖状回来，大人们都很开心。大部分时间，铜铜都是跟外婆、妈妈在一起。他似乎习惯了爸爸不在家的日子，只是在每年的“六一”儿童节，他会跟爸爸讨要礼物。

李伟的确很忙，值班、加班和各种任务、待命加在一起，一年之中百分之七十的时间是回不了家的。把家扔给妻子和丈母娘，他时常感到愧疚。实在脱不开身，他只能忙里偷闲，给妻子打打电话：“感冒好点儿了没有？一定记得按时吃药。铜铜呢，作业做好了没有？让他接电话！”铜铜知道是爸爸的电话，下意识地躲得远远的——他有点儿怕爸爸。在他眼里，爸爸有点儿“凶”。

“铜铜，铜铜！”听见妈妈喊他，铜铜只好出来了，一副没精打采的样子。

“作业已经做好了！”他撑起胆子，大声对着电话喊，然后扔了话筒，“我不要接爸爸的电话！”随即，他便溜之大吉。

李伟这边却眉开眼笑：“臭小子，等我回来，看我不揍你！”

在缪蓉蓉眼里，李伟不浪漫，但不浪漫的李伟却每每都有独特的表达。

大年三十，烟花爆竹声渐渐稀疏。李伟掏出几个早就准备好的红包，放在了妻子和儿子的床头。

有几次，所里有值班任务，他在大年初一的清晨蹑手蹑脚地回到了家。熹微的晨光里，他好好看了看妻儿熟睡的样子。这个样子，他百看不厌。

李伟把母子三人的一张合照保存在了手机里，这是前几个月专门照的亲子照。他时不时地把照片翻出来看看，看着看着就哼起了小曲。

缪蓉蓉有时会懊恼，因为儿子、女儿都遗传了李伟的眯眯眼。李伟一脸正色：“眼小怎么了？眼小精神，能聚光！”

疫情来袭，李伟欲言又止。缪蓉蓉干脆说道：“没事，你去吧。我们……回……老……家！”

“澎湃新闻”2月28日报道：泰州已实现动态清零。

说好的，今天回家。

一个多月没见妻儿了，李伟有些激动。

说什么呢？

病房里的故事？十次出入隔离区？唉，还是算了吧，说些轻松的事儿吧……

拐过这座桥，梅垛就要到了。

李伟猛地一踩油门……

青年党员突击队

曹峰峻　华锦民

无锡市公安局交警支队沪宁高速大队（高速一大队）是一个英雄的集体，立过“集体一等功”，获得过“公路交通管理执法规范化建设示范交警队”“全国公安机关‘三基’工程建设先进典型”等称号，被国家禁毒委员会评为“全国禁毒堵源截流工作先进集体”。

春节前，大队迅速部署，组建了青年党员突击队，第一时间在锡东卡口设置了管控点。突击队的队员们争做先锋模范的排头兵、务实担当的孺子牛、创新作为的践行者和急难群众的暖心人，全力以赴地投入了疫情阻击战。

“五一”期间，他们受到了江苏省总工会的表彰，荣获了“江苏省工人先锋号”的称号。

党员先上

“我是党员，我先上。关键时刻，我要带头筑牢第一道防线。”这是青年突击队队长杨浩在突击队成立大会上的领誓宣言。

三十八岁的杨浩是无锡交警支队高速一大队的大队长，曾荣立三等功，获得过七次嘉奖，并荣获“无锡市政法工作技能标兵”等荣誉称号。新冠肺炎疫情发生以来，作为青年党员突击队的队长，他身先士卒。从除夕夜开始，他一直吃住在单位，奋战在工作岗位上。“关键时刻，是党员就要先上。我是突击队队长，更要带头上！”杨浩在接受采访时说。

无锡交警支队高速一大队下辖的无锡东高速检查站和梅村服务区地处无锡的“东大门”，疫情防控任务十分艰巨。杨浩几乎是二十四小时在重点区域开展工作，确保辖区内没有防疫漏洞。在此期间，他只能抽空稍微休息一下，以保持体力。工作期间，电喇叭用坏了八个，防护服穿破了十套。下班后，他的口罩能渗出水来。

疫情防控初期，适逢春节返程高峰，车流量较大。为了尽可能地避免拥堵，杨浩和突击队的队员们一起探讨、摸索，制定了《无锡东疫情管控点工作规范》。

爱与信念

无锡交警支队高速一大队的辖区是 G2/G42 沪宁高速公路无锡段。这里是长三角城市群的交通主动脉，日均车流量达十五万辆以上，高峰期车流量成倍增加。疫情期间，无锡交警支队迅速组织和抽调精兵强将，充实“无锡东”的交管力量。

车管所的李超和支队管理科的蒋妍是一对“双警”夫妻。2月 3 日，他们俩接受了新任务，奔赴战疫一线，刚好被安排在同一个疫情防控执勤点。

他们有一个十二岁的儿子。但是，双方的父母都年老多病。

李超的父亲患有严重的冠心病，而蒋妍的母亲患有严重的尿毒症。面对新任务，夫妻俩没有提出任何意见。他们从外地请来蒋妍的妹妹“助阵”，帮助他们照顾父母和孩子。

根据安排，蒋妍上白班，从早上 8 点到下午 4 点。李超上中班，从下午 4 点到夜里 12 点。根据规定，抗疫期间，他们只能隔离。到新岗位上班的第一天，蒋妍在临出发前给老公写了一张红色字条，插在了门缝里。字条上写着：“老公，我去守卡了。你下午 4 点上班，记得提前半个小时到岗做准备。在家要及时看‘移动警务通’，了解最新的动态和政策。要按照要求进行核查，保持安全距离。夜里 12 点 30 分到家，记得看便条。”

他们的上班时间是完全不同的，并且不在同一个地点交接。所以，在交接时，他们也很难会面。更何况，他们戴着防护镜和口罩，即使是擦肩而过，也很难辨认出彼此。

也许，“爱与信念的并肩”会感动上苍。终于有一天，夫妻俩有了摘掉面罩的擦肩瞬间，完成了“模范双警夫妻的接力”。

“我下班了，你上岗认真检查。注意自身防护！”

“一定，放心！你回家后要认真消毒，好好休息！”

彼此之间简短的问候，道出了警察的责任，道出了同志之间的信任，道出了夫妻之爱！

这一特殊的“接力”，被执勤民警抓拍成了“景”，上了无锡的报刊，上了省级媒体，上了《人民公安报》，还被支队的“诗人画家”——锡山大队大队长周立平绘制成了《双警模范岗　勇士接力棒》。一时间，他们成了“双警伉俪”携手逆行的标兵。

刚度和温度

三十七岁的青年党员突击队队员吉金是一大队一中队的中队长，曾因赤手空拳抓获持枪逃犯而荣立个人二等功，并荣获“无锡市公安局青春榜样”称号。他多次荣立三等功，八次受到市局嘉奖。从警十一年来，他在交警岗位上奉献了十一年。

在疫情防控第一线，他经常加班加点，每天工作十四个小时以上。疫情发生以来，他在无锡东卡口以点滴小事诠释了执法刚度与服务温度的完美契合。

形势最严峻的 2 月，经常有来无锡进行治疗的患者乘车经过无锡东。根据患者车辆的相关信息以及病情进行筛选，他们采取了“隔离检查”和“劝返”等措施。

经领导同意，他们对急症患者采取了特殊情况下的安全保护措施。首先，他们用警车把患者护送到了安全隔离区。其次，他们核实了患者和护送人员的详细情况，给他们做了必要的身体检查。

有一次，吉金在卡口进行核查工作时，一位江阴的孕妇驾驶汽车进入了检查区域。她说，她一直在无锡妇幼保健院进行产检，因为疫情而耽误了检查。按照当时的防疫要求，在这种情况下，不允许她进入无锡市区。一般的产检，在江阴就能完成。可是，这位孕妇说自己身体欠佳，已经无力将车开回江阴了。为了防止出现意外，经领导同意，吉金在做好自身防护的情况下，驾车将她护送到了江阴道口。直到孕妇的家人前来接应，他才乘车返回。

大家与小家

二十四岁的青年党员突击队队员陈原，是二中队的民警，警龄才一年多。平时，除了参加中队的日常勤务工作，他作为大队的机动突击力量，长期驻队待命。

按照原计划，他春节期间应该与女友的家长见面，商量订婚事宜。接到防控疫情的通知后，他主动请缨，战斗在疫情防控的第一线，每天的工作时间不少于十三个小时。渐渐地，他把订婚的事情给忘了。那天，他在卡口值班时，关闭了手机。深夜，他离开卡口去休息时才发现，女友给他打了十多个电话。于是，他便成了“屡遭女友挂电话的人”。

守卡之余，陈原主动承担起了宣传工作。他积极对群众进行宣传，提供力所能及的帮助。从陈原的家到大队也就十几分钟的车程，但他却很长时间不回家。领导见状，劝他抽空回家住一住，陈原却说：“我年纪轻，住在单位方便应急。只有以队为家，才能真正做到灵活机动。”陈原的事迹上了报纸、广播、电视，感动了许多人，包括他的女友。

2 月 15 日晚上，一场突如其来的暴风雪席卷了无锡。寒风中，陈原回到了宿舍。这时，他的手机突然响了起来。电话是女友打来的：“你可好……我不放心你……工作时要注意安全……替我保护好自己……我给你快递点儿奶茶，增强免疫力……”

外面雪花纷飞，陈原的心里却无比暖和……

不回家的人

战斗在抗疫一线的党员青年突击队队员还有很多，曹振华、蒋嘉……他们都是“不回家的人”，坚守在自己的岗位上。

年过五旬的教导员严继学是一名特殊的青年突击队队员。他说：“我是一名老党员，今年五十三岁了。但是，我要当自己是三十五岁来干。疫情不退，我们不退。”

他是一名正团级的转业军人，第一次回老家和年老多病的岳父、岳母一起过春节。疫情发生后，他立即于大年初二开车回到了无锡。

作为教导员，他的首要任务就是协助大队长做好民警和辅警的思想政治工作，及时掌握民警和辅警的思想动态。他动员民警和辅警“争当战疫先锋”“争当无锡东大门的守护神”，充分调动了广大民警和辅警的工作积极性。另外，他还下大力气搞好后勤保障工作，为战疫做了充分的准备。

青年党员突击队的工作还在进行，青年党员突击队的故事还在继续。队员们只有一个愿望：让疫情早点儿结束，让群众放心地走出家门……

他错过了春天

王东海

如果司元羽还活着，他一定还是那么“耿”。

司元羽已经四十七岁了，就要到“知天命”的年龄了。可是，谁也无法预知自己生命的终点。如果可以预知，无论多忙，司元羽都会在最后的十六天里，与远在他乡的女儿多视频通话几次。

2 月，徐州的夜晚十分清冷。道路上车水马龙，一片喧闹。司元羽穿着荧光绿的交警执勤服，站在高速路口。大货车、小轿车，一辆接一辆地从高速路上驶出来，进入了各个待检车道。“前导岗”是最危险的，要预先分流。司元羽早就习惯了，每次都选这个岗。此刻，他站在滚滚的车流中，动作娴熟地进行着指挥。

这里是 G30 连霍高速苏皖省界收费站，马路边上就是徐州市交警支队三堡公安检查站。从 1 月 29 日开始，这里被设为“防疫检测点”。

“防疫检测点”刚设立那天，要排班。司元羽在一中队任指导员，每天要排白班、中班、夜班，每人每天值一个班。排班的时候，司元羽说：“夜班就不要排了！反正我就一个人，夜班我来值吧。”

大家心里明白，值夜班是最累的。“防疫检测点”外面，车辆排成了长龙，整个晚上都别想休息。后半夜，恰恰是最难熬的。可是，他就是这么“耿”的一个人，明明自己吃苦受累，却说很想这样做。2020 年的除夕夜，他理了个光头，和三堡检查站的同事们在小饭堂里聚餐、合影。照片中，他体壮如牛，端着一碗饮料，特别显眼。

司元羽又耿又直，还不哼不哈，很像交警。交警每天不声不响地站在马路中间，指挥着交通，从来也不喊苦喊累。

可以这么说，司元羽一辈子都在站岗。年轻时，他当过兵，在部队站岗。后来，他干了二十六年公安，仍然在站岗。

2016 年，司元羽的高中同学，也是他结发十五年的挚爱的妻子，因病去世，年仅四十四岁。2017 年，司元羽的父亲因病去世。于是，他的母亲被他的弟弟接到了山东烟台。后来，他的女儿到外地读书去了。“反正我就一个人”这句话，几乎成了司元羽的口头禅。他一个人回家，总是冷冷清清。于是，他干脆住在了三堡检查站的宿舍里，把宿舍当成了家。

司元羽没啥爱好，不喜欢热闹。他总是不声不响地按时去高速路上站岗，下班后回宿舍安安静静地练字，还养了一条小鱼和一只乌龟。年轻的孙奭然是三年前退伍到这里来的，跟司元羽关系最好。孙奭然私下里问他为什么不养条狗，司元羽说，怕和狗有了感情，到了永远分开的时候受不了。

多情的司元羽非常善良。2020 年 2 月 10 日中午，湖北鹤翔物流公司的老李驾驶着一辆载重三十吨的油罐车，经过三堡公安检查站。司元羽站在车前，为他做防疫检查。他问车里装的是啥，老李说是一批医用酒精，从江苏新沂运回武汉。

“武汉急需酒精，你这是做好事啊！武汉挺危险的，你连件防护服都没有？”说着，司元羽把上级发给他的防护镜和两套一次性防护服送给了老李，还留了电话，让老李有困难就找他。老李不是第一个受到司元羽帮助的司机，却是最后一个。

2010 年的冬天，一场大雪让京沪高速公路陷入了瘫痪，许多车辆滞留在了路面上。一辆大客车的司机打“110”求助，车上的一名乘客急需送到医院治疗。高速公路上滞留着许多车辆，救护车根本无法掉头。为了赶紧转移病人，司元羽和战友们一起把病人抬到了收费站。没有担架，司元羽就背起病人，踩着厚厚的积雪，赶往收费站。紧接着，又有人报警。被困在高速路上的乘客需要热水，孩子需要饼干。司元羽连忙赶回宿舍，取出平时储备的罐头、面包、方便面、饼干和咸菜，还带上了弟妹给他的两斤煎饼。天气寒冷，被困的乘客需要热水，司元羽就和战友们一起抬着保温桶，给大家送去了热水。

在部队里，哨声就是命令。在公安部门，“110”就是命令。

夜里两点多，大雾弥漫。高速路被管制了，仍然有许多车辆没来得及驶出高速路。有人打“110”报警，说前方有一辆车掉到沟里了。司元羽赶紧往那边跑，发现一个人蹲在路边，裹着被子，冻得发抖。那个人指着身后说：“车在那边，里面还有一个人！”司元羽让战友照看着这位伤者，然后急忙往前跑，去救困在车里的那个人。跑了将近两公里，司元羽才发现了一辆大货车。那辆大货车冲出护栏，栽进了路边的排水沟，驾驶员已经被震晕了。司元羽赶紧把他救出来，将自己的执勤服披在了他身上。

1997 年，司元羽和曹卫东在鼓楼的中山堂巡逻时，看到了一个十来岁的小男孩。那个小男孩说，他的父母是铁路上的职工，不在家。他想要三十块钱，去吃饭。司元羽给了他三十块钱，让他赶紧回家。第二天，司元羽在巡逻时又看见了这个小男孩，他还是问司元羽要钱。司元羽觉得不对劲儿，就把孩子带回了中队。孩子这才老实交代，他的父母都在辽宁。他离家出走了，坐火车跑到了徐州。于是，司元羽与小男孩的家人取得了联系。小男孩的父亲接到电话，赶到了徐州。当时，火车跑得比较慢，到徐州要两天的时间。司元羽带着那个小男孩睡在办公室里，照看了他两天。

司元羽外表粗放，内心却温柔细腻。他对别人好，从不挂在嘴上。有一次，他和陈波发现了一辆吉林牌照的货车，稍微有一些超高，便将其拦了下来。此时，司元羽忽然发现，车内坐着司机的老婆、孩子，正怯生生地看着他。“司机拖家带口地运货，真不容易！”司元羽很心疼。他从警车里取出一些饼干和饮料，送给了车里的小孩。

2019 年的一天，高速路上有一辆私家车的司机报警，说他的一个亲戚坐在车里，意识已经模糊了，可能是脑出血。情况危急，私家车却被堵在了安徽省收费站的广场上。司元羽赶紧找到了那辆车，将其带到了江苏省境内。他担心司机对徐州市区的道路不熟悉，耽误了急救，便将其护送到了医院的急救中心。

2020 年 2 月 11 日，司元羽最后一次值班。那天中午，卡口的私家车较少，货车较多。司元羽发现分流道上摆放的锥形桶之间的距离有些小，便弯着腰走了 1.2 公里，把沿途的锥形桶一个个地挪开，好让大车通过。那天，本来不是他值班。站里同事的小孩生病了，他就直接顶上去了……

2 月 12 日，司元羽昏迷之后，就再也没有醒来。

直到他离开了，大家才发现，身边曾经有一个默默关心他们的人。

于是，战友们开始回忆司元羽，一件又一件往事从记忆深处跳了出来。

2003 年，胡晓明跟司元羽一起去南京参加了警犬驯导员的培训。两个人熟悉了之后，便开始聊家常了。司元羽的爱人在中学任教，平时很忙。女儿刚出生八个月……胡晓明对他说：“咱们参加这次培训，三个月不能回家。你家里怎么办？干吗不请个假？”

司元羽十分耿直地说：“单位安排的工作，还能不来？”

2016 年 9 月，司元羽的妻子患癌住院了。陈祥文到医院去探望，问：“小司怎么没来医院照顾你？”司元羽的妻子忍着病痛说：“元羽下班了就过来。”

陈祥文说：“你住院了，元羽就没请个假？”

司元羽的妻子说：“一个中队就那么几个人，一个萝卜一个坑。他要是请假了，别人就得替他上岗。算了，不给单位添麻烦了。”

杜军还记得，司元羽曾经对他说过：“咱们这一辈子，在外面要干好自己的工作，回家只求平平淡淡地生活。”

2010 年的一天，杜军和司元羽在高速路上值班时，拦住了一辆超载的货车。他们正要罚款，司机突然说：“刚才我的亲戚不是打过招呼了吗？”这句话引起了司元羽的注意。他连忙问到底是怎么回事，司机却闭口不谈。司元羽把司机带到检查站，详细地询问了一番。原来，司机老周是一名从事运输工作的驾驶员。他在红花埠收费站排队时，一名“带车黄牛”找到了他，向他要五十块钱，并告诉他："你看到前面的交警在查车吗？等会儿肯定得重罚你！不过，你放心，附近的交警都是我的亲戚。你给我钱了，就没人敢罚你了！"老周信以为真，就给了他五十元钱。结果，他刚到收费站就被司元羽给拦了下来。司元羽告诉老周："他们就是在利用驾驶员的恐惧和侥幸心理骗钱。今天你被骗，明天他被骗……发生了交通事故，谁可怜？只要你遵纪守法，交警是绝对不会为难你的。你要是有什么困难，我绝对帮忙。"在司元羽的劝导下，老周没有了后顾之忧，现场指认了那个"黄牛"。事后，老周就和三堡检查站的交警熟识了。有一次，他驾车路过检查站，扔下一个塑料袋就离开了，追都追不上。司元羽他们打开那个塑料袋，发现里面装的是内蒙古特产"闷倒驴"。司元羽跟杜军说："驾驶员白天黑夜地跑路，很不容易。咱们不能白拿人家的东西！"于是，他买了一些徐州的土特产，送给了路过这里的老周。

红花埠检查站配备第一批执法记录仪时，司元羽天天带着它出警。被查时，有些驾驶员会耍赖。司机以为不出示证件，交警就没法开罚单。司元羽把"假证"夹在车子的雨刮器上，举起执法记录仪，对着驾驶员大喊："你的东西，我已经还给你了！现在，全程录音、录像，请你配合！请出示证件！"司元羽就是这么"耿"。

有一次，司元羽对杜军说："这儿是跨省检查站。出了这个卡口，就出了江苏。进了这个卡口，就进了江苏。我们代表的不是中队，也不是大队，是全体江苏交警。"

至今，大家都记得与司元羽有关的几件有趣的事情。原来，这个不声不响的人拥有一个有趣的灵魂。

2013 年 7 月 17 日，《徐州日报》上登了一条新闻，题目是

《险！车轮冒烟，司机不知!》。原来，民警司元羽巡逻至连霍高速路时，发现一辆黑龙江牌照的重型半挂牵引车的左后轮在冒烟。中午时分，气温很高，这辆车如果继续高速行驶，很容易爆胎。于是，司元羽开启了警笛，示意司机把车停入应急车道。可是，司机没有停车，反而加速逃跑了。司元羽跟在后面，不断地喊话，终于在毕庄服务区逼停了这辆车。原来，司机卢某不知道轮胎冒烟了，以为自己违章了，被警察追。第二天，司机特意跑来向司元羽表示感谢。

2019 年 7 月 5 日，司元羽驾车带着女儿出行，在高速路上遇到了堵车的情况。有人强行超车，导致了交通事故。司元羽特意拍了一张照片，发到了微信的朋友圈，并加上了评论："强行超车！这就是交通拥堵的源头!"

平时出警的时候，司元羽会对辅警们唠叨："检查的时候，要注意车内是否脏、乱、差。一旦出现了这种情况，就要格外小心，看看驾驶员身边有没有卷起来的人民币和吸管之类的东西。如果驾驶员过度热情、眼神迷离，要格外小心。一般来说，毒驾的可能性很大。"

2011 年的一天，在红花埠收费站，司元羽拦下了一辆从徐州开往临沂的红色轿车。盘查时，司元羽发现驾驶员的神态不太对劲儿。司元羽感觉有问题，又怕打草惊蛇，便冲着对讲机喊："老杜，这边有个司机的证件，我看不清！你来帮我看一下!"老杜来了之后，两个人合力把司机控制住了。他们从车里搜出了一个吸毒用的冰壶，还在座椅下面发现了一个小铁盒，里面装着十克左右的毒品。

"他一个人，真的挺不容易!"指导员戚晓峰感叹道。周末，指导员戚晓峰刚好在三堡检查站值班。中午，开饭了。他发现司元羽没有下来吃饭，就上楼去喊，发现司元羽正在宿舍里吃泡面。戚晓峰问他："咋不下来吃饭呢?"司元羽笑着说："不去了，不去了！老住在单位里，怕别人说我蹭饭!"

妻子去世后，司元羽总是一个人待着。他心里苦，却从来不说出来。有一次，朋友出于好心，想给他介绍个对象，他却对介绍人发火了。当时，他心里想的只有女儿。复员军人孙赑然与司元羽关系很好，想让司元羽对他诉一诉苦。司元羽憋了半天才说："这些不高兴的事，告诉你干啥?"或许，在司元羽的世界里，没有比在高速路上站岗和与远方的女儿视频聊天更重要的事情了。每次提到女儿，司元羽都像换了一个人，神采飞扬。2019 年 7 月 18 日，他在朋友圈为爱女庆贺生日，祝她生日快乐。司元羽曾经对战友阳浩芮说："我妻子去世的时候，女儿十分坚强。她强忍着悲伤，没有在外人面前流泪。"女儿要承受的，是更大的压力和痛苦……

司元羽牺牲后，他的女儿来到了三堡检查站。她是来收拾司元羽宿舍里的遗物的。房间里有点儿乱，烟灰缸里有许多烟头，桌上有一杯没喝完的浓茶。每次在岗上熬夜，他都要喝浓茶。房间里有一个纸箱子，里面有好几盒泡面。桌上有几贴药膏，是治腰椎间盘突出的。老交警常年站在马路上，被灰尘包围着，难免会得各种病。宿舍的床上，有一条军绿色的褥子，陪伴了他一生。床上堆着一大摞警服，象征着他二十六年的从警生涯。他最后一次上岗时，摄像头记录下了他的背影。他的那件警服背后，有"江苏交警"四个大字。

戚晓峰对司元羽的女儿说："娃，我给你拍个照吧。就站在你父亲工作过的地方!”照片里,司元羽的女儿亭亭玉立。她背后的墙上,“为人民服务”这五个大字十分显眼。

2020 年,司元羽被评为“江苏最美防疫先锋”“全国公安系统二级英模”。但是,他已经不可能到现场去领奖了。司元羽走了,只留下一个高大壮实的背影……

压舱石

赵长国

她是笑嘻嘻地出现在我面前的。

刚一落座，她便喜滋滋地说："刚看到了教育局的通知，5 月 25 日幼儿园开学。这下好了，我们这些双职工可以解脱了。"

景琪，中等个子，身材匀称，用黑色头绳把长长的头发扎成了马尾辫。她那青春洋溢的脸庞略显消瘦，看上去有点儿疲惫。她在徐州市铜山区卫健委妇幼保健计生中心从事医学化验工作，是从单位特意赶过来接受采访的。

"约你来，是想请你谈谈，疫情期间，你的家庭……"我自报家门。

丈夫是警察，妻子冷暖自知。她真诚地说："派出所民警都很辛苦，白天黑夜连轴转。春节以来，他好多天不着家……我在卫健委工作，很清楚这次疫情的严重性。我深知他岗位的重要性，理解他对工作的热爱，支持他为防疫工作的付出。只是……只是……病毒感染挺吓人的，听起来让人毛骨悚然。他每天都免不了与那些人和事打交道，我怎么能不担心啊……"

她说话的声音越来越小，脸上的笑意渐渐消失，眼睛湿润了。她说，在他们居住的铜山新区汉府雅园，玉兰花开了，蔷薇花也开了，满园飘香。可是，丈夫忙于疫情防控工作，除了偶尔回来拿点儿衣服，平时很少回家。

有一次，调皮的儿子陡然冒出一句话：“爸爸，欢迎你再来我们家玩……”

“看，这小家伙把我当成串门的了。”他显得很尴尬，连脸色都变了。

我说：“是啊，你都变成我们家的客人了……”

讲到这里，她轻轻地抽泣起来，眼泪静静地往下流。

我这个人心肠软，一看到别人哭泣，就忍不住跟着心酸。我顺手从桌上拿起一叠纸巾，塞到了她的手上。

“你瞧我……说着说着又成了‘控诉会’了……”

她不紧不慢地告诉我，她丈夫是个好强的人，工作就是他的命。她也知道，他真的不容易。多少年来，家里的事情，她压根儿就没有指望过他。他们的大女儿十一岁了，上小学五年级。从三年级开始，大女儿上学、上辅导班要三四十分钟的车程，都是自己去。儿子不到两岁就上幼儿园了，如今五岁了，他很少接送。

疫情期间，家庭的重担基本上都落在了她身上。两个孩子留在家里，只好让老大带老二。女儿 4 月 13 日开学，改由奶奶带孙子。可是，太太已经九十多岁了，也需要人照顾。于是，他们把孩子送到了姑姑家。最近两个星期，他姑姑有事，她只好把儿子带到了班上。

她一看时间，忙说：“5 点 54 分，到点了。我来的时候，把儿子托付给了同事。马上要下班了，我得去接孩子……”话还没说完，她就拿起桌上的手提包，急匆匆地出了门。

望着她远去的背影，我在想，疫情肆虐，有多少警察的妻子要承受孤独、辛劳和揪心的牵挂啊！这何尝不是一种牺牲和付出啊！

一

景琪的丈夫叫秦奎，担任徐州市铜山区公安局铜山派出所所长已经三年多了。

2020 年 1 月 24 日，大年三十。

中午，秦奎他们一家人正围坐在桌旁吃团圆饭，突然接到了铜山区公安局办公室的电话，通知秦奎去局里开会。

下午的紧急会议上，铜山区公安局局长传达了上级的指示。进行工作部署时，他十分严肃地强调，疫情来袭，铜山区的人民警察要冲到一线去，用血肉之躯筑起真正的铜墙铁壁。

从这一天起，秦奎和铜山区的其他民警一样，放弃了正常的休息，全天候地奋战在岗位上。

疫情在蔓延。秦奎的神经越绷越紧，不敢有丝毫懈怠。

1 月 30 日，大年初六。凌晨 6 时，外面一片漆黑，铜山派出所的会议室里灯火通明。

秦奎手里攥着薄薄的几页纸，说出的话却是沉甸甸的："这份名单是凌晨 5 时接到的，是上级推送的一百九十五名从涉疫地区返回的人员名单……分布在我们辖区的二十多个小区。"

他首先讲明了这份名单的重要性，然后部署了排查工作："我们将民警、辅警分成三组，同步铺开。每组四个人，以民警为主，由一个班子成员带队。联系社区民警、社区（村）干部、网格员，形成合力，开展排查工作。"

最后，秦奎强调了两点：一是做好自我防护工作，保证自身的绝对安全；二是第二天天亮之前，务必走访到户、排查到人，一个人也不能漏掉。

他带领何玮、杨科、王威等三名民警，一大早就忙活起来。他们一户一户地上门走访，核实信息、登记造册，随时进行防疫宣传，真可谓“跑断了腿，磨破了嘴”。排查完最后一户时，已经接近凌晨 3 点了。

终于，他们对第一批一百九十五名从涉疫地区返城人员进行了排查，第一时间把排查的结果汇报给了有关部门。

第二天早晨 8 点，秦奎准时站在了派出所的院内，动员全所人员进行第二轮排查。

平时遇到事情，秦奎总是亲力亲为。疫情来袭，他更是冲锋在前，毫不畏惧。

2 月初的一天下午，从铜山办事处传来了一个重要消息：春节前回到铜山的郑某有在武汉的旅居史，且有发热症状。但是，他不在家里。必须抓紧查找!

值班民警主动请缨，要去执行这项极其冒险的任务。

秦奎想都没想就脱口而出：“我是所长，我去!”

于是，秦奎带着一名民警，开始查找信息源。

晚上 9 点钟，他们顺藤摸瓜，赶到了郑某在“南洋国际”小区的家。可是，家里没人。

邻居说，其岳父、岳母有可能居住在“汉府雅园”小区。于是，秦奎他们便赶到了“汉府雅园”小区。郑某的岳父说，郑某开车到“二院”做检查去了。

秦奎他们掉转车头，赶到了“二院”。他们在“二院”门前的车里找到了郑某。此时，郑某已经检查完了，正在等待检测结果。

秦奎让郑某在车里休息，由他负责与医生联系。

凌晨1点钟，医生告知，检验结果要当天上午才能出来。于是，秦奎与郑某商量好了，一起在车里等待。

然而，直到上午10点钟，结果也没有出来。郑某有些急躁，坚决要求换一家医院进行检测。

秦奎当机立断，安排郑某在附近的铜山区中医院进行检测。与此同时，秦奎在心里做好了防控预案。这是一家核酸检测的定点医院，让郑某在这里一边检查，一边等候“二院”那边的检测结果，有利于稳定郑某的情绪。接下来，哪家医院的检测结果出来得快，就在哪家医院治疗。即使结果没有问题，也方便就近隔离，进行医学观察。

此时，秦奎和郑某的心都是悬着的。

一直等到当天下午，才从疾控中心传来消息，郑某的核酸检测结果为阴性，但是需要留院观察十四天。

至此，秦奎悬着的心才放了下来。他深知，疫情发生以来，铜山区是全市唯一保持“零记录”的区。万一哪里出了差错，无数人的努力将功亏一篑。为此，他必须冒险前行。

没有人生而英勇，他只是选择了无畏。

有一次，民警在对宾馆留宿人员进行清查时，发现了一对来自湖北的夫妻。身份证上的信息显示，妻子是湖北荆门人，丈夫是安徽宿县人，都在武汉打工。

2020年1月23日，他们从武汉回到安徽老家上坟。大年三十，他们来到铜山新区宾馆住宿，准备返回武汉上班。没想到，因为疫情，他们滞留在了宾馆。

“为了保证你们的健康和安全，必须进行隔离观察。请你们配合！”秦奎苦口婆心地说。

然而，丈夫年迈的父亲独自在老家，夫妻俩坚决不同意回老家居家隔离。他们所在宾馆的领导知道这个情况后，坚决反对他们在宾馆里进行隔离。

秦奎说：“按照规定，只好把你们送到铜山区的三堡隔离点去了。”

但是，这对夫妻不想到隔离点去。他们说，他们已经回老家上过坟了，不准备再回去了。让他们在这里隔离，还不如让他们返回武汉。

“那怎么能行呢？武汉的疫情十分严重……”秦奎的大脑在高速地运转。

经过请示，他们权衡了利弊，帮助这对夫妻联系上了徐州的一位朋友。几经周折，他们为这对夫妻找到了适合隔离观察的住所。

隔离期满之后，一切安然无恙。这对夫妻的感激之情溢于言表：“万万没有想到，从涉疫地区来到铜山，秦所长不仅没有嫌弃我们、躲避我们，而且像亲人一样关心我们。这种温暖和感动，我们一辈子也不会忘记……”

秦奎不是一个人在战斗。

抗击疫情，刻不容缓。全所民警闻令而动，取消了休假，集结在了岗位上。

丁丽勇，焦山社区民警，在公安基层岗位上干了三十七年。

有一对从湖北来的夫妇，在“加州玫瑰园”二期有一套房子。他们是夜里驾车回来的，进不了小区，只好在车里坐着。

民警核实了他们的身份，给他们测量了体温，对他们进行了盘查，发现他们在刻意隐瞒着什么。

丁丽勇说："你不讲，我们也能查出来。防疫是大家的事情！你一个人带了病毒，就会传染给整个小区的居民，而小区的居民又会影响外面的人，从而引发更严重的疫情。这样的责任，你负得起吗？"

或许是因为理亏，或者是因为感到恐惧，他们承认，他们从涉疫地区赶回来上班，没有得到批准。他们是偷偷开车出来的，一路上躲躲闪闪，蒙混过关。

男方的母亲租住在"管道公寓"小区。他们想进入这个小区，却被挡在了门外。

秦奎得知这个情况之后，与指挥部的领导进行了沟通，想出了两个办法：一是从哪里来，到哪里去；二是到指定的隔离区进行医学观察。

妻子嘟嘟囔囔地说："回是回不去了，我们到隔离点看看再说。"

到了隔离点，他们嫌设施简陋，没有暖气和热水，不想入住。就这样，僵持了两天。

经过协调，秦奎他们对指定的隔离点进行了统一的升级。这对夫妻从活动板房搬进了铜山区的"拉芙宾馆"，内有空调和热水。

这对夫妻心悦诚服地说："我们真的服了你们了！我们一定配合，不到十四天不出去。"

秦奎让所里的民警给那个女的买了牛奶、面包等食品和一些生活用品，因为她是个孕妇。

四十九岁的社区民警吴勇，在部队锻炼过十七年，是一位拥有三十年党龄的老共产党员。他 2013 年 7 月被调到铜山派出所，担任望城、葛楼、汉沟三个地方的社区民警。疫情防控期间，他经常工作到深夜。

1 月 28 日，按照铜山派出所和铜山街道办事处的部署，吴勇他们在“梳网清格”时发现，辖区内的居民刘某曾于 2020 年 1 月 17 日组织本校的十三名教师到涉疫地区参加音乐比赛，于 1 月 20 日返回徐州。这个信息太过敏感，吴勇迅速向秦奎作了汇报。秦奎马上向街道办事处和教育主管部门进行了通报，对刘某等人采取了隔离措施。

秦奎，身高 1.80 米，脸膛黝黑，精神饱满，是个硬汉子。可是，走进他的内心世界，我感到了震撼，他的心底埋藏着柔软的情怀。

疫情来袭，城乡俱寂。昔日风景秀丽的凤凰山松柏无言，游人如织的娇山湖畔一片冷清，唯有楚河清澈的水在静悄悄地流淌。

秦奎说：“工作忙起来的日子里，倒也不觉得有什么可怕……夜深人静的时候想想，我们的民警几乎每天都有被感染的危险，要说一点儿也不害怕，那是不现实的。可是，我们职责在身，没有选择！”

民警们的一切工作，都是为了践行“人民至上，保一方平安”的承诺。

凡是涉及疫情的紧急警情，秦奎都要亲自处置。必要时，他会第一时间到场维护稳定。

秦奎有两大爱好：一是打篮球；二是看电影。那是他最放松、最惬意的时刻。可是，疫情发生以来，他再也没有摸过篮球，再也没有进过电影院……

二

铜山派出所的副所长马腾是经过考试，从优秀的村官队伍中脱颖而出，成为人民警察的。2017 年，铜山派出所的领导班子进行了调整，他和秦奎开始了合作。

在马腾的眼里，秦奎性格直爽、办事认真，是一个能创新、敢担当、有血性的硬汉。

2003 年，秦奎从江苏警官学院毕业后，被分配到基层派出所干治安工作。2003 年年底，他被借调到铜山区公安局刑警大队协助侦破了一起大案，随后便留在了刑警队。

后来，铜山区公安局组建了禁毒大队，由他担任大队长。其间，他带领民警屡破大案要案。因为工作成绩突出，他获得了“全市法制宣传教育先进个人”“全市基层模范所队长”“全省禁毒工作先进个人”等荣誉称号，并多次立功受奖。

2016 年年底，在徐州市公安系统“十大铁军卫士”的领奖台上，主持人动情地讲述了秦奎的感人故事。

他担任铜山派出所所长以来，铜山派出所连续三年在全局的综合绩效考核中获得第一名，且各项考核的成绩均排在第一位。

马腾分管派出所的内勤工作，对全所的抗疫部署和取得的成绩了如指掌。他说：“我们所长从一开始就明确提出了‘统筹安排、科学防控、精准施策、不留死角’的工作思路，一再强调‘控得住’是底线、‘防得好’是关键。他要求全所民警齐心协力

‘防风险，护安全；战疫情，保稳定’，坚决打赢疫情防控的阻击战!”

铜山派出所的辖区是徐州市的“南大门”，是徐州市南区的政治、经济中心。

铜山派出所的辖区内有政府机关驻地，有主城区的大型综合商业体，也有城乡接合部、城中村，还有传统的农村地区。辖区靠近安徽省界，外来人口众多，给疫情防控工作带来了困难。一旦漏管、缺管、失控，极易造成“神经末梢”失调，继而影响全局。

铜山派出所位于铜山城区。疫情期间，铜山城区的安全直接影响到徐州全境的安全。

守护好铜山的“南大门”，就守护好了铜山这座城。

秦奎决定，由所领导带队，以民警为骨干，联合社区（村）干部、网格员，形成合力，分片、分组包干，彻底进行排查。

根据多年的工作经验，秦奎认为，春节返回铜山城区的人数可能远不止这些。于是，秦奎动员大家进行自查。他们将从涉疫地区来的人员名单列出来，分发到社区民警的手中，与社区干部和网格员等工作人员一起入户进行核查。

与此同时，社区民警对重点人员进行了清查，对重点场所进行了检查。民警们连续奋战了数十天，核实甄别的工作量之大、过程之烦琐，可想而知。

一开始，他们没有防护服，只好用透明的雨衣代替。民警们废寝忘食，饿了就用方便面充饥。

秦奎说：“我们可以等和靠，但是病毒不会等着我们去靠。晚一秒钟，就多一分风险。我们不等不靠，一秒也不浪费。在这个时候与时间赛跑……就是对人民群众的安危负责！”

铜山区的巷口多，并且十分偏僻，流动人口比较多。一次决定铜山城区群众生命安全的大考，摆在了秦奎和他的战友们面前。

秦奎将全所民警分成了小组，负责不同的区域。他们依靠街道办事处和居委会，在巷口和路口设置了卡点，由社区民警、社区（村）干部、网格员等对进出卡口的人员进行检查。

铜山派出所创建的数字化警务系统在抗疫中发挥了作用。设立了执勤点之后，秦奎以微信视频和电话等形式进行统一调度，定期召开调度会，及时汇总情况。在这个过程中，他们共排查出重点人员十三人，及时采取了隔离和医学观察等措施。

在此基础上，秦奎调集所内有经验的民警、辅警，成立了一支“处突小分队”，确保遇到突发事件时快速有效地进行处置。

所里每天都会派出由“二警四辅”组成的巡逻小组，及时发现问题、解决问题，确保疫情防控期间辖区内的治安稳定。

在保证值班警力的前提下，派出所的民警们下到社区，开展防控宣传工作。他们督促居民们勤洗手、多通风，出门佩戴口罩……

秦奎说：“只有把法律说明白，把道理讲清楚，群众才会遵守和敬畏疫情防控规则，我们的工作才能更高效地开展。”

2 月 4 日，徐州疫情防控应急指挥部发布通告，全面加强社区疫情防控工作，所有社区实行二十四小时封闭式管理。

疫情期间，居民的情绪波动很大。

这时，民警们就会耐心地对他们进行抚慰和心理疏导。他们由战斗员变成了“心理疏导师”、社区的“贴心大妈”。

1 月底，有网民反映，铜山区某社区卫生服务站在高价出售口罩。

秦奎立即警觉起来，和有关部门派来的人一起去对他们进行检查，发现他们确实有抬高口罩价格的行为。但是，他们出售口罩的数量较少，不构成犯罪。秦奎他们将其移交给市场监督管理局进行处理，并督促该服务站立即停止高价出售口罩的行为。

2 月 8 日 10 时，铜山派出所接到报警，有人在铜山万达易买得超市偷东西。值班民警迅速赶往现场，将犯罪嫌疑人高某带回了派出所。

主办这起案件的民警刘绍成不敢怠慢，立即将案情向秦奎作了汇报。

“当前，疫情防控是天大的事情，绝不能让不法之徒动了群众的‘菜篮子’！”秦奎当即组织民警前往案发现场调查取证。

犯罪嫌疑人百般抵赖，拒不认账。秦奎让他说明为什么要破坏商品的条形码，他沉默不语了。

经过搜查，秦奎他们在高某的家中发现了涉案物品百余件。面对铁证，犯罪嫌疑人老老实实地交代了其在铜山万达易买得超市、泉山区大润发超市等超市盗窃大量物品的犯罪事实……

秦奎说：“疫情防控，人命关天。绝不能因工作不力而造成风险，绝不能因群众不理解而发生不必要的冲突。当然，打击犯罪是派出所民警义不容辞的责任！”

铜山派出所的民警们所做的事情谈不上惊天动地，但却有着非凡的意义。在我的采访本上记录着这样一个小故事……

小李，三十岁，电商。

2 月 2 日，他从老家铜山区利国镇回到了九州大学附近的出租屋，因为老家没有网而无法工作。

第三天晚上，他接到了利国派出所民警打来的电话："喂，你是小李吗？"

"是我。什么事？"小李回答道。

"据可靠信息，你和一个新冠病毒的疑似感染者坐过同一辆车。马上会有民警和你联系，把事情说清楚就行了。"

小李刚放下手机，铜山派出所的民警就打来了电话："现在，请你不要乱动！耐心地等着我们，不要过分紧张！"

不一会儿，民警赶来了。询问、登记、测体温，一切按照程序进行。

当天，民警陪同小李来到了隔离点。房间被收拾得干干净净，毛巾、牙具等生活用品一应俱全。此后的十四天，他们一直在隔离。其间，有专业的医生陪护，有专人送饭、送水。

小李毕业于中南民族大学，对武汉很有感情。最初，他并不清楚新冠病毒是怎么回事。后来，他听说了这种病毒的厉害。没想到，他自己也被"卷"了进来。

在接到第一个电话的那一刻，他的心乱了。

他在大学期间就申请做了电商，生意越做越好。毕业后，他回到了徐州，开始自主创业。在淮海文化科技产业园，他主张"产教融合"，被学校聘为了导师。

毕竟没有经历过这样的事情，小李的心理有了微妙的变化。

他才三十岁，还没有结婚，事业才刚刚起步啊！

隔离的前两天，小李根本就无法入睡。民警、社区干部和志愿者经常主动过来陪他。他暗暗鼓励自己："真的也好，假的也罢，一定要调整好心态。你肯定没事，要证明你自己！"

在与父母和同学通话时，他出奇地平静，就像什么事都没有发生一样。

十四天后，小李接到了检测结果和隔离鉴定书。他说，他当时比中了大奖还要高兴。

复工复产以来，小李的生意越做越好，产品销往全国各地，还卖到了东南亚。

回忆起这段难忘的经历，他不禁感慨万千："这件事情对我来说意义非凡！人生没有过不去的坎，关键在于怎样对待。现在，我对自己的生命备感珍惜。祖国和人民的恩情，我永远也报答不尽……"

哪有什么岁月静好，不过是有人替你负重前行。

一个普通人在灾难中的真实体验，足以让我们对抵御自然灾害、保障人类生存有所感悟。抗疫的勇士们值得我们所有人尊敬，他们"胸有人民安危，共守山河无恙"。

待到阴霾散去，我们在庆幸自己安然无恙之时，会不会想到为自己的祖国和人民做点儿什么呢?

三

她的办公室在二楼。

并不宽大的办公桌上，堆放着一沓一沓的资料。

"你看，我这儿挺乱的。请坐!"她起身让座，洋溢着热情的青春气息扑面而来。

"不客气。你们还是这么忙啊……"我搭讪道。

"我们的方针是'铜墙铁壁，严防死守'。外来人员在不断地变化……我们要做好防控工作。"她一开口就是疫情和防控。

看得出，从丁酉年的除夕到庚子年的立夏，已经过去四个多月了，疫情防控任务依然艰巨。

田璐，铜山街道办事处副主任。春节以来，她主要负责疫情防控工作。她三十多岁，风华正茂，正是干事业的时候。

提起铜山派出所的秦奎，田璐肃然起敬："秦所长年轻有为、稳重成熟，是做公安工作的一把好手。在疫情防控工作中，他们派出所可是立了头功啊！"

提起警察，田璐有说不完的心里话……

田璐深情地说："小的时候，我只知道'有困难，找警察'。疫情防控，生死攸关，我对秦所长他们这些英勇无畏的警察无比地崇拜。关键时刻，还得靠他们冲锋陷阵啊！"

疫情防控，全国一盘棋。落实到基层，功夫要下在平时。

长期以来，铜山派出所的民警与铜山街道的群众同呼吸、共命运、心连心。

铜山派出所的辖区面积 52.6 平方公里，常住人口二十六万人。在秦奎的带领下，铜山派出所的民警们立足本职工作，走上了关口前移、群众参与、科技支撑的"铜山之路"，打造了"党政领导、公安参与、分工负责、共同推进"的"双网融合"模式。

疫情发生后，铜山街道办事处在第一时间成立了疫情防控工作领导小组，由办事处的主要负责人任组长，下设办公室和七个工作组。

他们建立了"街道级隔离点"，由民警、网格员、社区工作人员和医务人员负责，做到了"一户一档，一包到底"。

他们从社区招募志愿者，对辖区内的公共场所进行了集中消毒。他们将“电动雾炮车”改造成了“流动消毒车”，大大提高了“消杀”的效率。

在城中村，他们封堵支道、严把主道，严禁非本村的人员、车辆进入。在有物业管理的小区，原则上保留一个出入口，按户发放出入卡。在没有物业管理的小区，由居委会的工作人员牵头，适当进行封堵，形成“闭合圈”。

他们通过一百六十三个疫情监测站的喇叭，实时发布防控通告。督查员通过车载喇叭反复播放防控疫情的方法，提醒大家注意安全。基层领导干部和志愿者手持扩音喇叭，动员居民在家安心隔离。各种“应急广播大喇叭”遍布全区，及时普及防控知识，发布权威信息。派出所租用了两架无人机，通过喇叭驱散聚集的人员。街道办事处安排专人在网上发文，确保“线上喇叭”不间断地传播信息。他们巧妙地运用这六种“喇叭”进行宣传，居民们随时都能听到疫情防控政策和相关防疫知识。

岔路口、小区门口……到处都是防疫宣传的阵地。横幅、展板……样样都是抗疫宣传的载体。疫情监测站、社区广播站……宣传防控政策和普及防护知识的声音响彻铜山大地。

在铜山街道，七十多岁的马新启主动坚守防疫卡口，为志愿者烧热水。残疾人志愿者田振刚自制防疫宣传标语，坚持每天坐着轮椅宣传防疫知识。网友眼中的“最美中国大妈”——铜山街道无名山社区居委会主任周书珍，1 月 26 日发布了一条标题为《一级响应，严防死守》的抖音短视频，点击量超过了一百万次。有着五十四年党龄的 83 岁老人王全金，捐出了所有存款，却不愿公开姓名，把为防控疫情出力视为“毕生之福”。

在防疫的过程中，成千上万个“爱心故事”，温暖了铜山街道广大居民的心，汇聚成了全民抗疫的强大动力……

铜山街道的公众号于2月6日晚上7点27分更新了内容，真实记录了以社区干部、公安民警和志愿者为主体的“一线人员”的战疫场景……

24：00

夜已深，寒意袭来。防疫检查点上，依然闪现着他们忙碌的身影。冷了就跺跺脚、搓搓手，喝口热水。困了就说说话、走走路，交流提神。在每一个值守的夜晚，他们都保持着十二分的清醒，只为了确保一方平安。

1：00

得知一位居民有发热的症状，街道的党政一把手带领医护人员、派出所民警和社区防疫骨干，第一时间赶到现场进行处理，直至凌晨1点。目前，该居民已在区中医院接受治疗。

3：00

民警和社区（村）干部再三叮嘱卡点的工作人员：“必须二十四小时轮流值守，不能有一点儿闪失。下雪了，大家一定要注意保暖。”

7：00

清晨，寒风刺骨。卡口的工作人员在小区门口和帐篷里进行了全面消毒，以保证轮岗人员的安全。

8：00

各卡口的执勤人员早早地就到岗了。轮岗交接之后，他们便开始了新一轮的疫情防控工作。

9：00

每天，定时地消毒是必不可少的。志愿者、网格员协助物业的工作人员对楼道、电梯间等公共区域进行了消毒。

10：00

街道、派出所和各社区（村）的干部负责对各卡口和各公共区域的联防情况进行检查，并针对封闭管理工作提出指导意见。

11：00

小区内，有志愿者发放有关疫情防控知识的宣传材料。社区干部通过小喇叭对居民进行温馨提示，提醒他们注意安全。民警开着巡逻车，循环播放最新通告及防疫知识，切实把防疫信息传送到每一户人家。

12：00

中午时分，街道干部、公安民警和志愿者为居家隔离的人员送去了酒精、口罩等物品。

13：00

这段时间，吃饭没有规律已经成了常态。忙碌了一上午，工作人员们匆匆忙忙地在卡点吃了泡面。然后，他们顾不上休息，继续投入了紧张的工作。

14：00

社区干部和辖区居民为各卡点的工作人员送去了方便面、火腿肠、牛奶等食品，还有口罩、消毒水等防护用品，表现出了对辛勤工作在防疫一线的工作人员的关心。

15：00

不漏一户，不漏一人。志愿者、社区民警和网格员挨家挨户地对外来人口进行排查。

16：00

按照“勤部署、日调度”的工作机制，街道干部组织召开了调度会，听取了各部门的汇报。会上，他们将好的做法进行了总结和推广，对存在的问题和困难进行了分析和解决，保障了疫情防控工作的扎实推进。

17：00

根据小区封闭管理工作的需要，各小区的居民均办理了临时出入证。居民进出小区，需要登记信息并出示临时出入证。卡点的工作人员和志愿者负责查看出入证、测量体温、叮嘱防疫事项、进行消毒等工作。

19：00

为了保证卡点全天候地有人值班，在卡点值守的人员辛苦了一天，还要互相替换着去吃饭。

22：00

夜深了，夜班的值守人员上岗了，街道、派出所和各社区（村）的干部也开始了夜间巡逻督导工作。他们仔细询问一天的工作情况，解决了存在的问题。值守的人员纷纷表示，虽然此时车辆和人员明显减少了，但是他们重任在肩，绝对不会有一丝松懈……

据“江苏城市论坛”报道，截至2月14日0时，江苏省有18个县（区）新冠肺炎确诊病例为零，其中包括徐州市铜山区。

2 月 20 日，铜山区依然没有新冠肺炎的确诊病例。

这是一个奇迹!

沧海浩渺，波涛汹涌。“舟船航行若吃水太浅，则重心不稳，时有颠覆之虞”，于是船工们便发明了“压舱石”，以此来“稳舟船，保平安”。

中华民族以“守望相助、同舟共济”的大爱精神，凝聚起了“团结一心，战胜疫情”的磅礴力量。

我们为“风雨同舟，举国战疫”的大国力量而骄傲，因最基层的派出所民警和街道办事处工作人员队伍中一个个平凡而又伟大的身影而心潮翻涌。

他们是实实在在的“压舱石”……

永不关闭的手机

卢 嫈

“择一城终老，遇一人白首。”这是手机备忘录里原主人的一句话。如今，这样的愿景再也不能实现了。

手机的主人叫荣志珏，生前是无锡市公安局滨湖分局马山派出所的治安民警。2020 年 3 月 20 日，荣志珏牺牲在这个战疫曙光初现的春天，年仅四十七岁。

在爱人荣志珏离开后的这些日子里，秦晓云总是把老荣手机里的电池充得满满当当。她始终觉得，爱人老荣只是像往常一样去出差办案了，只不过是出了一趟远门，过上十天八天也就回来了。

秦晓云是无锡市第四人民医院麻醉科的护士长。在手术室里从事了三十年的医护工作，她无数次地直面生死别离，渐渐地磨砺出了坚强隐忍的性格。爱人老荣因公牺牲后，她料理完后事，忍着悲痛，转身回到了紧张的战疫第一线。紧张的工作让她暂时忘却了失去亲人的痛苦，可每每到了夜深人静之时，思念便排山倒海般地袭来，肆无忌惮地撕开她的伤口。她那柔弱的身子，一次次地被痛楚击穿。她时常一个人呆坐在荣巷老宅的堂屋里，寻找关于往日的鲜活记忆。

说起“荣巷”，就不得不提及一个人。有很多无锡的老人都知道，在无锡的西郊，有一条街名为“荣巷”。这里是中国现代民族工商业者的杰出代表荣毅仁的故乡。荣氏家族从这里起步，逐渐发展壮大。早在明朝，荣氏家族的祖先就迁居到了无锡的梁溪河下游。到了清朝，荣氏家族越来越强大，形成了荣巷。如今，荣巷成了无锡的四大历史文化街区之一。行走在绿树掩映的古老街巷，不少老屋因主人早些年远走他乡而日渐荒凉冷落。其中，不乏有着百年历史的建筑，在风雨中饱经沧桑。

荣志珏家的祖屋就湮没在了这一片老宅之中。二十世纪九十年代，秦晓云和荣志珏在这里结婚生子。后来，他们在老屋的原址上翻建了一栋小楼。门前，天井的侧墙紧挨着隔壁的露台，显得狭窄而局促。这样一个小小的天地，竟然被主人打理得井井有条。一排“朱顶红”炽烈而浓郁地盛开着，火焰般的繁花铺满了院落。客厅里，沙发的布套是新换的。那是老荣量了尺寸，画了效果图，从网上定做的。抬头看去，电视柜上毛茸茸的玩具小熊身上套着“警服”，胸前的“警号”是“027101”。这个“警号”和老荣的警号一模一样……

如今，那个俯首侍弄花草，嘴角总是挂着憨笑的老荣到哪里去了呢?

秦晓云把老荣生前穿过的警服和戴过的警帽都清洗干净了，整整齐齐地摆放在了阁楼上的衣柜里。整理老荣的遗物时，她将厚厚的一沓获奖证书和数不清的劳模奖章小心翼翼地收藏了起来。她知道，这是老荣二十多年从警生涯的美好印记。

“要虚心向老同志请教和学习。要刻苦钻研，从熟悉到精通业务……”从老荣的工作笔记中，她读到了这样一段话。透过这些模糊的字迹，她仿佛看到了当年那个青涩的小伙子，欣喜地穿上了橄榄绿色的警服。

在老荣的工作日志中，密密麻麻地记录着疫情期间侦办案件的情况。一条条、一件件，认真而仔细，就像这些年来老荣在她脑海里的模样。他无论做什么事情，都是那么井井有条，努力做到极致。

“证明一生所爱，并不是遗憾和后悔，而是牵着她的手，从青丝到白头。”在荣志珏的手机备忘录里，秦晓云读到了这样一段话。这是香港乐坛大师卢冠廷和妻子唐书琛之间的爱情金句。老荣是音乐发烧友，非常喜欢这位靠实力圈粉的“音乐教主”。对现在的年轻人来说，胶片唱机、黑胶片都成了稀罕的老物件。可是，在老荣的家里，却摆放着各种老式唱片机和收录机，还有黑胶唱片、磁带等，于无声处见证了主人的青春岁月和音乐人生。此外，老荣还喜欢踢足球、打篮球、打羽毛球、打乒乓球等运动，每一届世界杯足球赛都让他如痴如醉。

“春节假期今日结束。从明天起，坚守岗位!”这是 1 月 26 日，大年初二，老荣留在微信朋友圈里的话。3 月 7 日，老荣的朋友圈更新了。他和爱人相约，等疫情结束后，一起去踏青、赏花。谁能想到，朋友圈里的这一条充满阳光和温暖的信息，竟然成了老荣留给家人和这个世界最后的纪念。

“冬天，我们到温暖的城市去找个地方住。夏天，我们去北方租个房子。我梦想着在乡间有一间房子，门前有个院子。我们一起种花，一起慢慢变老。”这些天，秦晓云有些恍惚。她总是觉得，她的爱人老荣只是太累了，需要休息一会儿。等他睡够了，一定会来找她，实现这个约定。

每一个英雄倒下之后，都会留下一个残缺的家庭。

新冠肺炎疫情发生以来，无数可歌可泣的凡人英雄，创造了一个个感天动地的战疫故事。正是因为有了像荣志珏和秦晓云这样的普通人，舍小家、为大家，默默坚守、无私奉献，才有了今天我们战疫的初步胜利。

疫情来袭之时，秦晓云作为一名在护理的岗位上工作了二十多年的老党员，第一时间递交了请战书。从出台手术室的标准化制度，到收治危重病人；从保障物资的供应，到化解矛盾冲突，各种各样的工作任务压得她喘不过气来。在确保危重症患者得到救治的同时，她控制了择期手术患者的数量。同时，她加强管理，及时了解情况，对患者进行了筛查。

她每天穿着厚重的防护服，裹得像粽子一样。经过十几个小时的高强度工作，她一出汗就浑身湿透，就像掉到了冰水里，又冷又饿。她戴着手套，双手浸泡在汗水里，一层层地脱皮。“防护服特别紧缺，穿脱必须严格按照流程，很耗费时间。一旦穿上了防护服，就一整天都不脱掉……几个小时，甚至十几个小时不吃不喝，也不上厕所……”看似轻描淡写的一段话，却道出了像秦晓云这样默默地坚守在岗位上的医护人员的艰辛和付出。

他们每天的工作量都很大，接触的人员十分复杂。除了做好自身的防护，秦晓云还叮嘱其他医护人员注意安全。原来只需要两个人做的简单手术，现在要由四五个人来完成。原来只需要一个小时就能完成的手术，现在从术前准备、穿隔离服到术后消毒，一个流程下来，要花费三四个小时。

病毒无情，人间有爱。在疫情最严重的时候，秦晓云他们每天都要完成十几台手术，一个月要完成四百多台手术。对医护人员来说，完成了一台手术，就是挽救了一个鲜活的生命。对麻醉科的护士长秦晓云来说，“严格按照操作流程进行手术，避免新冠肺炎疫情的传播”是最重要的。

这一边，警嫂秦晓云从事着高速运转的医护工作。那一边，她的爱人荣志珏进行着高强度的警务工作。疫情发生以来，老荣和战友们已经连续一个多月没有休息了。

马山辖区濒临太湖。辖区内有佛光普照的灵山，有环境宜人的“拈花湾小镇”等旅游景区。每逢春节、国庆节等传统节日，景区内的人流量都会超过十万人。他们平均每年完成各类大型活动的安保任务四十余次，完成小型活动的安保任务上百次。于是，景区的安保工作成了马山派出所治安民警荣志珏的“假日作业”。

“今天的年夜饭在哪儿吃呀?”记者问。荣志珏迟疑了片刻，回答说：“每年的除夕都有灵山祈福活动，每次都是全员在岗。我在马山派出所待了八年，没有一次回家吃年夜饭……”这是《人民公安报》上刊登的《当年夜饭遇到“送拘留”》中的一段文字，道出了老荣放弃休息、坚守岗位，大年夜押送犯罪嫌疑人到拘留所的故事。如今，和家人一起吃一顿年夜饭成了老荣永远无法弥补的遗憾。

这些年来，端午节、中秋节、国庆节等节假日，老荣都没能在家里陪伴家人。作为所里的“老将”，荣志珏和派出所的其他民警一起，完成了一系列安保任务。老荣在马山派出所工作了十年，为辖区的平安默默地守护了十年。

2020 年 1 月，新冠疫情来袭，一场没有硝烟的战争随之打响。1 月 26 日，大年初二。从这一天开始，无锡警方全员取消休假，一律在岗在位。筛查、监测、分析、隔离、转运……全力防范和遏制疫情的扩散，成了公安机关最重要的任务。在马山地区居住的老年人偏多，线上的防疫宣传无法覆盖。于是，老荣和同事们便挨家挨户地上门宣传。老荣他们会同社区干部、网格员、志愿者，组成防控小分队，到辖区内的民宿、网吧、棋牌室等重点场所开展防疫宣传工作。2 月 6 日傍晚，派出所接到报案，有人聚众赌博。荣志珏他们立即赶到现场，当场抓获了八名犯罪嫌疑人。在此期间，有身份不明的人员驾车闯卡。老荣和同事们经过调查取证、分析研判，核实了那个人的身份，规避了疫情输入、扩散的风险。老荣常挂在嘴边的一句话是："非常时期，多一次防疫防控隐患排查，就能让老百姓多一点点安全保障。"

在忙忙碌碌的工作中，时间很快就到了 3 月中旬。这时，外防输入、内防反弹，全面恢复正常生产生活秩序，成了首要任务。

"3 月 18 日，二十四小时值班。处理了一起故意损毁公司财物事件，制作了三份询问笔录。晚上 11 点，组织双方进行调解。3 月 19 日，继续上班。进行深入调查，制作了四份询问笔录……"翻开老荣的工作日志，上面密密麻麻地记载着工作安排。18 日的晚上，由所长糜军卫带班。19 日凌晨 3 点多，糜所长从老荣的办公室门前经过，看到灯还亮着，老荣还在伏案整理文书。他问老荣："这么晚了，还在忙啥？"老荣说，他正在参与侦办一起特大案件，是假冒名牌企业饮水机的"假滤芯"案。案情复杂，涉及的人员很多。他想趁值班接处警的空隙，多梳理一些信息和资料。

看着眼前的老荣，糜所长很是感慨。老荣长着与年龄不相符的一头白发，工作起来却还是像年轻人一样拼命。他叮嘱老荣注意休息，劳逸结合。

就这样，老荣忙了一宿，直到19日傍晚才下班回家。那几天，警嫂秦晓云也特别忙。单位里，同志们在讨论手术室的操作流程和制度。疫情期间，一旦有新冠肺炎阳性患者流入，后果不堪设想。那段日子，秦晓云每天都在单位忙到晚上七八点钟。

3月20日，所领导安排荣志珏轮休，让他安心在家备勤待命。这是疫情发生两个月以来，老荣的第二次轮休。

这一天，早上6点钟，秦晓云设定的起床闹钟还没响，老荣就被生物钟早早地唤醒了。他提醒秦晓云该起床上班了，并开心地说，当天他在家。他对秦晓云说：“你喜欢吃啥？我晚上给你做！”

秦晓云得知老荣在家休息，心里很踏实：“你记得吃降压药！少看工作群，休息休息吧。”没想到，这样一句平常的话，却成了她对丈夫最后的叮嘱。

这一天，秦晓云依然忙于工作。下午5点钟左右，秦晓云见手上的工作一时半会儿结束不了，便给老荣发了一条短信，说她不知道几点能回去，让他自己烧了饭先吃。

可是，老荣没有回复。过了半个小时，秦晓云见微信里没有动静，就给老荣打了个电话，老荣没有接。秦晓云觉得老荣可能是太辛苦了，睡着了，就没有太在意。工作的间隙，她又给老荣打了几个电话，他还是没有接。这时，秦晓云有点儿着急了。一般情况下，老荣不会这么久不接电话。可是，她正在工作，一时半会儿脱不开身。于是，她就让姐姐帮忙联系老荣，也没有联系上。到了晚上八九点钟，工作刚一结束，秦晓云就急急忙忙地赶回了家。

到了家门口，她发现屋子里一丝光亮都没有，心想："坏了!"客厅里没有人，秦晓云赶紧上楼找人，发现老荣躺在卧室的地上，身体冰凉。

在手术室工作了三十年，秦晓云积累了丰富的抢救病人的经验。可是，这一次，她却感到了前所未有的恐惧。她无论怎样拼命地做心肺复苏，都无济于事。那个笑起来憨憨的老荣，嘴角再也不会上扬了。

老荣成为大家心目中的英雄，绝非偶然。追寻台前幕后的精彩人生，令人感慨万千!

有一位战友，曾经和他生死与共，一起在高速公路上追缉毒贩。得知荣志珏牺牲的消息后，这位战友悲痛欲绝，写下了祭奠的文字。

"原本是明天去批拘留，但是核酸检测报告还没有拿到……"这是老荣在"马山打处小分队"的微信群中最后的回复。整理荣志珏的遗物时，民警们发现他的手机还在不停地接收来自微信群的消息。"马山打处小分队""滤芯专案群"……七个置顶的工作群尤为醒目。老荣是个放不下工作的人，无论是工作日还是周末，他都活跃在微信群里，在线回答战友们的问题。

"荣警官人这么好，身体这么棒，怎么就牺牲了呢?"无锡市民小唐多年前因打架斗殴被公安机关处理过。当时，他的案子是老荣经办的。小唐出狱后，老荣主动上门，关心小唐的工作和生活，令小唐十分感动。小唐发誓要洗心革面，重新做人。如今，小唐成了小老板，家庭幸福，日子越过越舒心。小唐得知老荣牺牲的消息后，专程找到了老荣的同事，表达了自己的心意。

“珏哥出事前，我们还相约疫情结束后一起去出差办案呢！没想到，这次出差被永远地取消了。曾经多少个日夜，他教我分析案情、侦办案件……珏哥亦师亦友。”这些年来，所里的同事们不管年龄大小，都爱管老荣叫“珏哥”。

老荣是所里的业务骨干，是全局侦查领域的“红人”，是专案组的“常客”。2019 年 9 月，老荣和战友们千里奔袭至冰城哈尔滨，抓捕了非法吸收公众存款案的主犯张某。该案涉及三万余名投资者，案值为 3.3 亿元人民币。作为“猎人”，老荣已经追踪了这个狡猾的猎物一年零三个月。老荣临危受命，从繁杂的讯问笔录、银行票据中抽丝剥茧，寻找线索。张某已经订好了出国的机票，一旦错过这次抓捕的机会，案件的侦破工作就会陷入僵局。老荣他们在某小区内蹲守了几天几夜之后，狡猾的张某终于露面了。老荣当机立断，第一个冲上去，按倒了犯罪嫌疑人张某。于是，案件的侦破工作取得了关键性的突破。

这些年来，所里新分配来了一些年轻小伙子，所领导让他们先跟着老荣学“手艺”。沈彬每次回忆起荣志珏，都会泣不成声。沈彬是 2019 年被分配到马山派出所工作的，是老荣新带的徒弟。

11 月 20 日，沈彬第一次跟着师父老荣出差办案。他们此行的第一站是广东惠州。下了飞机，老荣在机场取了事先租好的车，带着小沈上路了。这一天，他们的运气似乎不太好，刚把车子开出去十分钟，就被人追尾了。小沈长这么大，第一次遇上车祸。当时，开车的是老荣。从后面追尾的汽车冲击力巨大，直接把后座上的小沈撞晕了过去，半晌才缓过神儿来。等交警处理完毕，又耽误了一些时间。这是一次大规模作战，他们得赶在行动之前到位。于是，他们两个人就先赶到几十公里以外的博罗县，找当地公安机关协调工作去了，小沈也没顾上去医院检查。就这样，两个人一直忙到了晚上 7 点多。

老荣是同事们公认的“暖男”。每次出差，他都会提前做好攻略，还会包揽一些细碎的事务，比如订机票、订酒店、租车等。遇到气温骤降的情况，老荣怕年轻同志冻坏了身体，就会悄悄地跑到商场去，给他们买来御寒的衣服。出差的途中，有同事感冒了，老荣就会半夜起来到药店去买药。

在旅馆安顿下来以后，老荣就拉上小沈，到路边的小店去吃夜宵。那天晚上，两个人聊了很久。聊起在香港科技大学读研究生的品学兼优的儿子时，老荣的脸上写满了自豪。

老荣又点上了烟，回忆起了一次难忘的追捕经历。当时，禁毒部门的工作人员从线人那里得到了消息，一个毒贩正开车去广东惠州进货。老荣他们当机立断，当天就乘飞机去了广东惠州。他们抵达惠州时，已经是晚上 8 点钟了。他们立刻与广东惠州的公安部门取得了联系，获得了当地警方的支援。老荣和同事们在当地租了一辆车，和当地的民警们一起到高速公路的收费站布控。夜里 12 点左右，毒贩在惠州完成了交易，并绕过布控点，上了高速路。老荣他们一路追赶，直到凌晨 3 点 30 分左右才追上了毒贩的车，准备在前面进行堵截。惠州警方的两辆车继续跟在后面，准备和老荣他们一起前后夹击。可是，没想到毒贩在途中去了服务区，还接连撞坏了惠州警方的两辆车，然后继续逃窜。于是，老荣就把车开得飞快，一直追到了前面江西境内的省际收费站。凌晨 5 点 30 分左右，他们成功地将毒贩的车逼停，人赃俱获。老荣眉飞色舞地讲述了这五个半小时惊心动魄的经历。小沈听得津津有味，车祸后的恐惧心理顿时烟消云散。

闲聊中，老荣乐呵呵地打趣说，他们一家三口都属鼠，过年时都要去买“红裤头”。巧的是，小沈和老荣的儿子同岁，也属鼠。师徒二人聊着聊着，觉得特别有缘分。于是，老荣说：“过年的时候，咱们爷儿俩一起喝顿酒吧！”后来，疫情突然发生了，这件事就暂时放下了。

当时，他们要抓的犯罪嫌疑人在博罗县一个小镇上的临街小店里。小店的门口有一条马路，经常有大货车来来往往，尘土飞扬。人坐在车里，隔着马路，根本看不见对面屋子里的人是男是女，只能看到人影在晃动。为了便于侦查，他们化装成当地的打工仔，蓬头垢面地在小店附近转悠。当地的气候和环境非常恶劣，他们一张嘴就吃了一嘴沙子。小沈穿的那件黄白格子的衬衫，到了晚上就变成黑黄黑黄的了。回到宾馆，小沈累得瘫倒在床上。起来时，他把裤子一抖，床单上立马出现了厚厚的一层沙子。就在这样的条件下，他们蹲守了两天两夜，终于等来了集中统一的收网行动。冲进去抓人时，老荣让小沈跟在自己的后面：“你还年轻，我先上！”小沈的心里顿时涌出了一股暖流。因为是异地办案，所以老荣和小沈都没有带武器。抓捕的对象是涉嫌在网上兜售枪支弹药的犯罪团伙成员，手里有枪，风险很大。

老荣早已习惯了连续作战的工作状态。成功抓捕了第一个犯罪嫌疑人之后，还没来得及休整，他就带着小沈上路了。

接下来，他们要寻找一起经济案件的线索，要找到广州的一个仓库。在当地，有很多仓库都改了名字，又没有路标，找起来非常困难。他们问了很多人，跑了很多地方，最终找到了这个仓库。

第三个要抓捕的是某犯罪团伙的成员——一名网上销售人员。根据线索，他们断定犯罪嫌疑人在当地的一套房子里活动。可是，出乎他们的意料，这间屋子有很多信号进出，很可能是犯罪团伙的窝点。通过进一步侦查，他们发现，这是一场虚惊。这些信号出自同一个 IP 地址，是楼上、楼下的邻居在“蹭网”。

这一次出差，他们连续奔波了十七天，转战了三个城市，侦办了三起案件。小沈第一次出差办案，就累得只想睡觉。他一直憧憬的刑警生涯，是抓捕犯罪嫌疑人的高光时刻。没想到，真正的刑警生活，只有平淡和艰苦。在边远的小镇上办案时，屋子里有老鼠，床单上污渍斑斑。半夜翻个身，他差点儿从床上掉下来。就在这样的恶劣条件下，老荣工作起来却总是那么元气满满。

“珏哥出事了!”3 月 20 日，正好是沈彬值班。听到消息的那一刻，他实在无法接受这个事实。那天晚上，他看到和他一同值班的副所长杭永旦凶猛地抽着烟。“怎么就走了？说走就走了!”杭永旦一边自言自语，一边焦躁地在楼道里走来走去。

第二天，所里安排沈彬到机场去接老荣的儿子正浩。这一天，两个同龄的年轻人以这种特殊的方式见面了。“父亲走了，我就是家里的顶梁柱。我一定会好好照顾妈妈!”正浩的话不多，但却字字有力。沈彬很想告诉正浩，老荣一直以他为荣。浩然正气——这是父亲对他的殷切期望。

事实上，因为父母都忙于工作，童年时正浩经常一个人在家，渐渐形成了独立的性格。到了高中，正浩经常利用暑假到外地去做义工。上了大学之后，正浩到摩洛哥等地去支过教，还到医院去做过“义务导诊员”。有了这些宝贵的人生经历，他的团队合作能力和沟通能力大大增强了。整理父亲的遗物时，正浩发现了一封信。信是中国扶贫基金会寄来的，收件人是“景志珏”。正浩这才知道，这些年来，父亲一直在偷偷地用化名捐款助学，还在“手机轻松筹”和“水滴”等平台上捐款助人。有一天，正浩打开手机，扫了中国扶贫基金会的“城乡儿童一对一成长”二维码，捐了自己的第一笔助学款。他想帮助父亲实现这个心愿，一直捐助下去……

2020 年 3 月 20 日，无锡市公安局滨湖分局马山派出所民警荣志珏因公牺牲在新冠疫情防控第一线。

荣志珏曾经荣立个人三等功四次，荣获嘉奖七次。这一次，他被追授了“无锡市五一劳动奖章”，并且被评为“无锡市优秀共产党员”和“无锡市新冠疫情防疫防控工作先进个人”。

2020 年 5 月，由荣志珏和秦晓云组成的家庭被评为“全国抗疫最美家庭”和“江苏省抗疫最美家庭”。

三个援鄂警医家庭的“战地交响”

殷 毅

“我们挺过来了!”

钟南山院士冒雨迎接广州医科大学附属第一医院驰援武汉的八位“勇士”回来时说的这句话冲上了热搜，让无数网友热泪盈眶。

2020年年初，在党中央的坚强领导下，全国人民众志成城、团结一心，打响了疫情防控的阻击战。一批批医疗队风雨兼程，从全国各地赶赴新冠病毒肆虐的“风暴眼”。

在这些驰援武汉的勇敢逆行者中，有三位来自江苏盐城的年轻护士。她们是女儿，是妻子，是母亲。她们有一个共同的称谓：警嫂。

白衣天使，藏蓝卫士。三个家庭，两种职业，一样的热血。如果说生活中的“厮守”是最长情的告白，那么抗疫中的“分别”就是他们最激越的乐章。

这三个普普通通的援鄂警医家庭，共同奏响了荡气回肠的“战地交响曲”。

“今天是个好日子，你保重!”结婚纪念日，吉同庆和薛冬娉携手出击，一起奔赴战疫第一线。

丈夫：吉同庆，1988年4月28日出生，盐城市公安局环境警察支队主侦民警，中共党员，先后三次荣立个人三等功，获得过四次嘉奖。

妻子：薛冬娉，1986年12月22日出生，盐城市第一人民医院手术室护士，先后四次被医院评为“先进个人”。

“这是我的请战书，写得怎么样?”薛冬娉转过脸，问身后的丈夫。

吉同庆探头看了一下，说：“难怪有人夸你是才女护士，写得挺好呀！要不，你把去武汉的请愿书写得再恳切些?”

薛冬娉想了想，说：“我虽然不是医生，只是一名护士，但是我要让自己化作一盏灯，一盏点亮新冠肺炎患者希望的灯……是不是太抒情了?”

“我觉得没关系。你怎么想就怎么写，写出真情就好了。”吉同庆搂了搂妻子的肩膀，“老婆，你可得想好了，要做好思想准备。”

薛冬娉停下来，拉住了丈夫的手：“有你的理解和支持，就足够了。”

“你既然选择去武汉，肯定有你的道理。我支持你，可是……”吉同庆欲言又止。

“你怎么说一半、留一半呢？把后半句话说出来!”

“我可能要出一趟差。究竟去几天，还不好说。我们的宝宝，只好请我姐姐照看了。”

“现在到处都在防控疫情，你还出差？”

“我们正在办的这个案子，跟防疫有关。具体是什么案子，我就不跟你说了。”

薛冬娉心里大致有了数。丈夫在市公安局环境警察支队工作，能办什么案子呢？

作为警察的妻子，薛冬娉已经适应了丈夫的工作。在家里，她以一个护士特有的勤勉和坚忍，用柔弱的双肩默默地为丈夫撑起了一片天空。在医院，她恪守着南丁格尔誓言，视病人如亲人，用一颗炽热的“医者仁心”温暖着病人。当疫情突然来袭的时候，她在丈夫的支持下，毅然选择了逆行。

2 月 20 日，是吉同庆和薛冬娉结婚八周年纪念日。就在这一天的上午，在盐城市第一人民医院举行了出征仪式，为薛冬娉他们这些驰援武汉的医护人员送行。

吉同庆和薛冬娉拎着行李箱，来到了医院的大门前。

“今天是个好日子。你保重！”丈夫说。

“今天是个好日子。你保重！”薛冬娉嫣然一笑，重复了一遍丈夫的话。

临别前，他们相互之间没有太多的叮嘱，因为八年中形成的那种默契，已胜过千言万语。他们深情地拥抱了一下，就奔向了各自的岗位。

薛冬娉所在的江苏省第八批援鄂医疗队，当天就抵达了武汉。

薛冬娉战疫的岗位在武汉市中心医院的二十一楼。来自盐城的医护人员接管了该院两个病区的新冠肺炎患者。薛冬娉在呼吸科的二区，比一区患者多。危重病人都在二区，有的患者还伴有各种基础性疾病。

她在当天的援鄂日记里写道："作为援鄂的医护人员，这里就是我的战场。作为警察的妻子，更应该有奉献的精神。"

一到病区，薛冬娉就在自己的防护服上写下了"警嫂"两个字。病区里到处都是忙碌的白色身影，她身上的"警嫂"两个字格外耀眼，向患者们传递着一种特殊的力量。

二十床住着一位老奶奶，因为患上了新冠肺炎，在这里住过院。经过治疗，她的核酸检测结果转为了阴性。可是，出院后，她在隔离的第二天就摔了个跟头，骨折了。于是，老奶奶又被送了回来。

身体虚弱的老奶奶躺在病床上，一动也不能动，还生了褥疮。薛冬娉每隔一个小时就给老奶奶翻一次身，每天都为老奶奶换衣服、擦身。床单脏了，她就立即给老奶奶换上干净的。

老奶奶感动地说："闺女，我的亲生儿女也没有你这么细心啊!"

薛冬娉微微一笑，说："奶奶，您别这么说。在这里，我就是您的亲人。"

为了帮助老奶奶尽快康复，薛冬娉向领导请示之后，特意为老奶奶换了一张气垫床。

病区里有一位七十多岁的重症病人，全身瘫痪，不能说话。他除了有一点儿痛觉以外，没有其他知觉，处于浅昏迷状态，就像个植物人。

这位生命垂危的病人，是薛冬娉重点护理的对象。每隔两个小时，她就要为这位病人做一次"鼻饲"。

所谓"鼻饲"，就是通过一种专用的管子，将食物直接输送到胃肠道，保证病人的基本营养需求。

每次操作，薛冬娉都非常细心。她先把病人家属送来的蛋白粉、米粉用温水调成营养液，再将营养液慢慢地注入细长的鼻饲管。

在病床上，病人一直戴着 N95 口罩。为了防止病人的双耳被口罩带勒出“压疮”，薛冬娉在病人的耳根部位贴上了防压贴。除了定时给病人翻身以外，她还为病人做了臀部防压护理。

经过精心的护理，这位高龄的重症病人终于恢复了一点儿知觉，核酸检测结果也转为了阴性。

病人的家属得知这一消息后，非常激动，再三在微信中表示感谢。他们一定要和薛冬娉合影，留下美好的回忆。

病区最里边的病房里住着一位三十岁左右的男病人。这个病人到一家超市购物以后，被确诊为新冠肺炎患者。入院治疗后，他的症状逐渐减轻了，但是核酸检测结果却时阴时阳。

刚开始，薛冬娉给他输液时，他会很客气地和她打招呼，精神状态很好。可是，过了一段时间，他就不太正常了，一会儿喊头疼，一会儿说胃不舒服，一会儿又说拉肚子。夜深人静的时候，这个病人经常按铃呼叫护士站的护士。每次给他检查，都没有发现问题。

薛冬娉经过分析，认为这个病人可能是因为住院治疗的时间比较长，产生了焦躁的情绪。

薛冬娉来到这个病人所在的病房，想治好他的心病。

“我感觉我的身体已经很好了，为什么不能出院?”

薛冬娉心平气和地说：“因为你还没有达到出院的标准啊!”

“我不发烧也不咳嗽，能吃能睡。医院是不是搞错了?”

“检测的结果是准确的，你应该相信。”

“我一直在怀疑。”

“你的心情，我们能够理解。但是，你如果出院了，传染给别人怎么办?”

这个病人知道自己的要求有些过分，便从床头上拿起一本书，翻看起来。

薛冬娉看了一眼封面，书名是《平凡的世界》。

“你喜欢路遥的作品?”

病人抬起头，斜眼看了一下薛冬娉，然后继续翻书。

“这书不错，说出了生活的真谛：‘人的生命力，是在痛苦的煎熬中强大起来的。’”

病人又抬起了头：“读过?”

“读过。”

“你不是护士吗?”

“护士就不能喜欢读书了吗？这本书让我知道了，无论遇到了什么困难和挫折，都要热爱生活。”

病人仔细打量了一下这位护士，看了看防护服上写的“警嫂”两个字，竖起了大拇指：“警嫂，说得好!”

“你我都是平凡的人。书中说了，平凡的人生，总有风雨相伴。就拿你来说吧，去了一趟超市就感染了新冠病毒，自然会感到憋屈。你一定要调整好心态，积极配合我们的治疗，否则就会影响你的健康。”

这位病人不好意思地说：“我在武汉没有亲人……看到其他病人的家属经常给他们送吃的和换洗衣服，我就浑身不舒服。你这样陪我聊一聊，我感觉好多了。谢谢你!”

薛冬娉认为，应该给予这位外地病人更多的关心，消除他的孤独感。于是，她就把这个想法对带队的领导说了。领导决定，安排专门的护士重点关照这位病人。

关爱是雨露，真情是阳光。进行心理疏导之后，这位病人重新振作了起来。经过一段时间的治疗，他的核酸检测结果为阴性，CT 检查也未见异常，达到了出院的标准。

出院时，这位病人朝警嫂薛冬娉连连鞠躬致谢。这一刻，薛冬娉觉得，防护服再憋闷，消毒液再刺鼻，也值了！

“武汉的黑夜和白昼，都是如此寂静。生活上，我已经适应了……病区的工作井然有序地进行着。在武汉市中心医院，我们二十四小时轮着班地工作，每个班都有故事……”

每治愈一位病人，薛冬娉都会在日记本上写下一段文字。

就在薛冬娉披挂上阵，奋战在防疫一线的时候，她的丈夫吉同庆正和战友们一起侦破跨区域制售假冒伪劣医用器材案。

新冠肺炎疫情发生以后，几名犯罪嫌疑人假冒名牌，大肆生产劣质口罩，非法牟利，给疫情防控带来了很大的隐患。

专案组迅速展开侦查，摸清了犯罪嫌疑人的踪迹。随后，主侦民警吉同庆带队长途奔袭，抓获了销售环节的重要犯罪嫌疑人侍某。

苏鲁两省的交界处，大雪纷飞。在当地警方的配合下，抓捕组很快就锁定了侍某的藏匿地点——某小区的一套出租房。这个小区虽然已经实施了封闭式管理，但是四周的铁栅栏有多处破损，留下了许多缺口。

在疫情防控的敏感时期实施抓捕，必须慎之又慎。为了防止侍某拒捕或者逃窜，吉同庆决定在小区物业工作人员的配合下化装行动。

“你好，请开一下门！”

“你们是谁？”侍某通过“猫眼儿”看到了两位戴着口罩、穿着防护服的工作人员。

“我们是小区物业的工作人员。根据上级的要求，我们要对你的房间进行灭菌处理。”

侍某迟疑了一下，还是开了门。

进屋后，吉同庆迅速扫视了一下两个房间，发现房间里堆放着十几只装有口罩的纸箱。

侍某在毫无防备的情况下被民警戴上了手铐。专案组顺藤摸瓜，一举捣毁了这个窝点。

成功侦破了这起案件之后，吉同庆他们马不停蹄地赶赴北京，去侦办一起跨省非法出售珍贵濒危野生动物的特大案件……

打电话成了薛冬娉和吉同庆沟通的唯一渠道。夫妻俩工作的时间不一致，常常要靠微信留言。

“你看，我剪掉头发的样子，像不像假小子？”

“今天又有一位病人出院了，我好开心！”

“我想宝贝了……”

“你一定要照顾好自己。”

……

每次看到妻子微信头像上的红点，他都会既激动又担心。激动的是，有了妻子的消息。担心的是，妻子的健康可不要出问题。

“家里一切都好。宝宝让我姐姐带着，放心！”

“我在北京的平谷区办案。吃饭都是点外卖，由机器人送到酒店的房间，挺好玩的。”

“你自己多保重，一定要注意安全！”

“等到你凯旋的那一天，我做你喜欢吃的红烧鱼。”

……

明知道妻子无法第一时间看到信息，吉同庆还是执着地给妻子留言。

“蓝衣为你，警徽熠熠；白衣为我，救死扶伤。蓝为忠诚，白为纯洁。携手抗疫，共渡难关。风雨同舟，同甘共苦。春暖花开，团圆有时……”

在微信里，才女护士薛冬娉写了一首诗，与丈夫相互鼓励、互诉衷肠。

“老婆，我等你平安归来！”陈军和袁园的战疫浪漫就是共同坚守，一起迎来春暖花开的日子。

丈夫：陈军，1989年出生，东台市公安局农干桥派出所副所长，中共党员。曾在盐城市社区民警岗位技能比武中获得“优胜奖”，多次被评为“全市优秀社区民警”“优秀共产党员”。

妻子：袁园，1987年出生，东台市人民医院感染科护士，中共党员。获得过东台市“最美巾帼奋斗者”“优秀护士”“十佳警嫂”“三八红旗手”“青年岗位能手”等荣誉称号。

2020年1月下旬，江苏省境内出现了个别输入病例和少数疑似患者。为了防止疫情蔓延，东台市人民医院以最快的速度把感染科病房改造成了隔离病区。

感染科的护士大多是“80后”，没有抗击“非典”的经历，难免会紧张。作为一名党员，袁园第一个申请进入了隔离病区。

那些隔离的疑似患者十分恐慌，心理压力比较大。

一位姓王的大姐与东台市首例新冠肺炎患者有过密切接触，隔离后躺在床上一动不动，不吃不喝。

袁园在隔离窗外叫她，她根本不回应。

这位大姐一定有心事！

袁园叮嘱了一下同事，便穿上防护服，进入了病房。她对姓王的大姐说：“王姐，怎么不吃饭呀？”

王姐低着头，不停地抽泣。

“你这是怎么了？有什么烦心事，能告诉我吗？也许我能给你出主意呢！”

王姐哭得更厉害了：“我得了这种病，还吃什么饭哪！我的老公和孩子怎么办？”

原来，王姐是担心自己会离开这个世界。

“你不要太过紧张。据我所知，新冠肺炎虽然有传染性，但不是每个接触者都会被感染。目前，你只是在发低烧，隔离观察一段时间才能确诊。你如果不吃饭，免疫力就会下降。”

就这样，她们聊了十几分钟。王姐说，她没胃口，不想吃米饭。于是，袁园便让同事从缓冲区拿来了她自己带的面包和水果。

王姐吃过了饭，袁园便用手机与她老公取得了联系：“我们需要被隔人员家属的支持。现在，王姐最需要的是丈夫的关怀。只有真切地感受到亲人的爱，她才有勇气面对……”

随后，王姐的老公与王姐通了电话。下午，他给王姐送来了一些食品和生活用品。王姐情绪稳定之后，便开始积极配合医生进行检查。看到这些，袁园心里的石头终于落了地。

袁园的丈夫陈军是东台市公安局农干桥派出所的副所长。妻子在东台市人民医院的隔离病区工作，他在辖区内忙碌，只好把八岁的女儿陈碧浛托付给了爷爷、奶奶。

农干桥派出所只有四名民警和四名辅警，日常工作十分繁忙。辖区内有八个农业生产区、三个居委会、四家国企、十二家涉农中小企业，还有旅馆、饭店、学校、医院等防疫重点单位。

多年的基层工作经验告诉陈军，排查是最好的防范。他把全所的人员和辖区内的党员干部混合编组，分成十八个小组，对外来人员进行摸排，对出租房屋进行清查，并在辖区的进出口实行临时管制。他白天汇总数据、梳理疫情防控情况，晚上带队巡逻。困了，他就在车上眯一会儿。

晚上9点钟左右，陈军他们巡查到百家村，发现一户居民家的灯还亮着。

“我们白天摸排过这户人家！他们全家都在广东居住，并没有返乡啊!”

陈军立即敲了敲门。

户主的儿子小王打开了门。

原来，小王是因为就读的大学推迟开学，才暂时回家的。陈军详细地询问了小王最近的行踪，并给他测量了体温。随后，他向当地的疫情防控指挥部进行了汇报，及时让小王进行了居家隔离。

春雷响，万物长。在疫情防控的关键时期，农时不能误!

老张家有三十多亩西瓜田，与其相邻的老陆家也承包了二十多亩西瓜地。西瓜的种植有一定的技术要求，本地掌握这项技术的人不多，需要外地人员的支援。因为疫情，预约的八位外地技术人员来不了，老张和老陆非常着急。

这里是西瓜产区，像老张和老陆这样的种植大户有一百多家。不能因疫情影响收成！

陈军立即与相关负责人取得了联系，了解了西瓜种植户的情况。针对使用了本地临时工的种植户，他逐一上门宣传，讲清了“只有本地不出现疫情，西瓜才有销路”的道理，组织他们就近划分区域，解决了西瓜种植户用工难的问题。

2 月 18 日晚上，正在卡口执勤的陈军收到了妻子袁园发来的一条信息：我要去武汉。

陈军的第一反应就是，老婆在开玩笑。随后，袁园发来了一张照片，漂亮的“长波浪”变成了齐耳短发。

陈军这才相信，妻子确实要去武汉。此时，他不免有些担心。不过，他还是给妻子点了赞，并且回复了一段文字：“英姿飒爽，瞬间感觉你好伟大！我也是党员，觉悟并不比你低。你既然决定了，我肯定支持你。”

袁园回复道：“我在学校就入党了，又是带教老师，我不去谁去？我们后天就出发，别告诉丫头和爸妈！”

陈军回复道：“你毕竟是我老婆，我还是有点儿不舍。放心去吧，那里更需要你。家里的事，我来担！”

“尊敬的白衣天使们，现在我们已经在武汉的上空了。请允许我代表全体武汉人民，向你们致以崇高的敬意！”客舱里，机长的声音沉稳而有力。

舷窗外，云海茫茫。

这时，三位穿着防护服，戴着口罩、护目镜的工作人员依次走进了机舱。“各位白衣天使，飞机就要降落在武汉天河机场了。请大家戴好口罩，系好安全带！谢谢！”

机舱内一片寂静。袁园和队友们对视了一下，默默地换上了防护服，戴上了口罩。

脚下就是涉疫地区，袁园和队友们即将投入这场没有硝烟的战争……

武汉市中心医院后湖院区重症监护室里，袁园在紧张地工作着。

白衣天使的责任与使命驱使着她迅速调整好心态，立即投入了紧张的救治工作。

每四个小时轮一次班，巡查、输液、鼻饲、擦身……

她每天两点一线，白班接着夜班……

为了节约防护用品，袁园坚持在病区内不喝水、不上卫生间。密不透气的防护服湿了又干，干了又湿。有时，她会感到胸闷。稍作休息，调整一下，她便重新开始工作了。

到武汉的第六天中午，袁园给二十二床的张大爷输完液，张大爷突然叫住了她：“姑娘，我看手机上……武汉又有疫情了……”

袁园连忙打岔：“爷爷，您这两天气色不错，饭量也上来了。再坚持一下，指标一定会恢复正常的。”

“姑娘，你就跟我说句实话吧！我这病能治好吗？”

“您看，这不是有很多人都出院了吗？您只有发烧的症状……要相信医生，相信您自己。我们一起加油！”说着，她举了举拳头。

看着护目镜里那双明亮的眼睛，张大爷放宽了心。

经过一段时间的治疗，张大爷可以出院了。袁园立即把这个好消息告诉了张大爷。张大爷激动地说："姑娘，我要感谢你们！你们不远千里来武汉救助我们，我们一定会记住！"

"大爷，这是我们应该做的。"说完，袁园又叮嘱张大爷："您回到社区，还要集中隔离。医生开的药，一定要继续服用。有什么不清楚的，随时通过微信联系我。"

张大爷出院后，医院里来了一位八十多岁的重症患者李大爷。

一级护理，病危！鼻饲、导尿……李大爷躺在病床上，身上插着许多管子。

李大爷很瘦，长时间躺着，极易生褥疮。于是，袁园和同事小薇给李大爷换上了气垫床。

李大爷指了指桌上的纸和笔。袁园顿时明白了，李大爷要写点儿什么。于是，她就把纸和笔递给了他。

李大爷颤颤巍巍地写下了四个字：家里视频。

袁园用李大爷的手机和李大爷的家人取得了联系。视频通话时，李大爷一见到老伴儿，就忍不住热泪盈眶。老伴儿鼓励李大爷，孙女给李大爷唱歌……

看着这充满温情的画面，袁园的眼眶湿润了。又到了翻身的时间，袁园突然发现监测仪上的心率、血氧数值出现了异常。

李大爷的气管被痰液堵住了！她立即给李大爷拍背，终于把痰液拍了出来，监测仪上的数据恢复了正常。

过了一会儿，袁园给李大爷做了鼻饲，换了药，处理了大便。

这时，李大爷又指了指纸和笔。

袁园把纸和笔递给了李大爷。

李大爷写道："姑娘，谢谢你！"

简短的一句话，道出了深深的谢意。

袁园是传染科的护士，做着平常的护理工作。她和患者心连着心，手牵着手……

“姑娘，你慢点儿，我不着急！”

“姑娘，你先歇息一下，喘口气！”

“谢谢你们！”

……

听着这一句句发自肺腑的话语，袁园的心里暖暖的。

其实，陈军和袁园十分牵挂他们的女儿。女儿常常打电话问他们，什么时候能回去陪她。

两个人都无言以对。

袁园不忍心和女儿视频，怕她哭着要妈妈。实在想女儿了，她就悄悄地让家里人把手机的镜头转向女儿，偷偷看上几眼……

有一天，袁园收到了丈夫陈军写给她的一封“电子家书”，字里行间透露着对袁园的思念与牵挂：

园，初八是你的生日。我不在你身边，心里很不是滋味。你在微信上问我想你吗，我说“想啊”。你说，你的愿望是能见到我。我说，疫情结束后，天天见。就怕你嫌我烦！你发来了一张照片，上面是你在隔离病区吹蜡烛许愿。院领导特意给你买了蛋糕，同事们陪你过了一个不一样的生日。看到这些，我心里好受了许多。我问你许的什么愿，你说希望疫情早点儿结束。

你驰援武汉，我心里真的舍不得。虽然你是传染科的老人了，但是武汉毕竟是前线，风险还是有的。那天早上，我向领导请了假，早早地来到了医院，帮你搬行李。我当时想哭，怕你笑我，只好忍着。你们举行出征仪式的时候，我站在花坛边，远远地望着你，偷偷地抹去了眼泪。11 点，你发信息给我，说已平安到达武汉。我发了一张图片给你，我在工作。

我已经习惯了，每天早、午、晚各发一次信息给你，问你吃了没，累不累……你总是不接我的茬儿，说丫头的老师在群里发信息了，你要及时回复。我说，你安心工作，丫头的事情我全部接管了。你不让我告诉你爸妈，其实他们已经知道了，觉悟还挺高的。你爸说，你是共产党员，肯定要带头。只是，要好好保护自己。

老婆，记住我们的约定：一起坚守，共同迎来春暖花开。我等你平平安安地回来……

读着读着，袁园的视线模糊了……

“我本柔弱，嫁你则刚。”
“你守好病房，我守住片区。”
面对疫情，朱俊勇和刘佳相互鼓励，并肩作战。

丈夫：朱俊勇，1989 年 8 月出生，中共党员，盐城市公安局盐南高新区分局伍佑派出所民警。三次被评为“优秀公务员”，获得过两次嘉奖。

妻子：刘佳，1988 年 8 月出生，中共党员，盐城市中医院血液净化中心主管护师。三次被评为“先进个人”，获得过“优秀护士”“三八红旗手”等荣誉称号。

“我是医护人员，也是一名共产党员。国家有难，我必须顶上去！”

“去吧，我支持你！爸妈那边，我来做工作。”

夫妻间有太多的不舍！面对突如其来的疫情，他们二人选择了抗击到底，决不退缩！

一向柔弱的妻子，竟然冲到了前方，奔赴抗疫的最前线。朱俊勇说不出心里的感受，有不舍，有担忧……也有骄傲。

分别时，朱俊勇对妻子说：“你守好病房，我守住片区。我们来一场抗疫竞赛！”

一到达武汉，刘佳就和同事们一起接受了自我防护培训。班组的成员来自不同的医院，要经过磨合才能形成默契。虽然一天只上四个小时班，但是他们必须提前一个小时穿上防护服。脱防护服的时候，程序就更复杂了，要彻底灭菌之后才能出病区。

面对那些新冠肺炎重症患者，要说一点儿都不紧张，那是假话。第一次走进病区的时候，不知为什么，刘佳突然很想家，眼前浮现出了远方的父亲、母亲、女儿和丈夫的身影。

做了几次深呼吸之后，刘佳很快就平静了下来。这些患者来自不同的家庭，家里的亲人正期待着他们能够战胜病魔。作为一名医护人员，病区里的患者就是她的家人，需要她的关心和帮助。她必须倾尽全力，减轻他们的痛苦，帮助他们早日康复，早日与家人团聚。

刘佳精心护理着每一位病人，除了为他们输液、翻身、擦洗，还要给他们喂饭和处理生活垃圾。

住在十三床的病人，是一位中年男子。一天晚上，刘佳值夜班。半夜，病人按铃呼叫，把她叫到了病房。

“护士，我戴口罩憋得慌，喘不过气来。”

刘佳检查了一下，准备给他吸氧。她刚要摘下患者的口罩，患者就伸手制止道：“请你离我远些，让我自己来！”

刘佳十分感动，她知道患者是怕摘掉口罩之后，将病毒传染给她。

刘佳在心里默默地祝福，希望患者们能早日康复！

一位无子女老人的爱情故事，让刘佳感受到了生命的分量。

三十七床住的是一位因中风而偏瘫的老年患者，身体十分虚弱。刘佳给老人擦身子时，发现他戴着一条有机玻璃项链，显得很粗糙。

“爷爷，这项链挂着碍事，要不要先拿下来？”

老大爷闭着眼睛，紧紧地攥住了项链：“不要拿，那里面有我老伴儿的照片！”

刘佳心头一热，被老大爷感动了。

原来，老大爷是一位退休教师。他的老伴儿是他的大学同学，他们还没毕业就一起到云南边陲插队落户了。两个人在陌生的大山里相依为命，产生了感情。一次意外的事故，使他丧失了生育能力。后来，他的女友先回了武汉，一直苦苦地等待着心上人。

几经周折，老大爷终于回到了城里。他的女友不顾世俗的偏见，坚决和他结为连理。老人家戴的那条有机玻璃项链，是他当年亲手打磨的，里面夹着老伴儿青春的倩影。

老大爷中风偏瘫后，老伴儿精心照料他，经常用轮椅推着他看风景。1 月份，老大爷住院时，感染上了新冠肺炎，立即就被转到了隔离病区。他的老伴儿也被隔离了，幸好无恙。他担心自己躲不过这一劫，一直闷闷不乐。

老大爷的故事感动了刘佳。她相信，愈久弥坚的爱情力量一定会促使老大爷战胜疾病。

为了彻底打消老人家的顾虑，刘佳主动和管床的医生联系，通过视频与老大爷进行沟通。第二天，刘佳和老大爷打招呼时，老人家的脸上挂满了笑容。其实，老大爷是个热爱生活的人。他一旦走出阴影，心情就会好很多。

一到病区，刘佳就会安排老大爷与老伴儿视频。每次视频之前，老大爷都会让刘佳帮他“打扮”一下。

“今天你咋样了?”

“我挺好的，有江苏的姑娘照应着呢!”

“要听姑娘的话!”

“嗯，我听话……今天又多吃了几口饭。你也要照顾好自己!”

“学校里的樱花又开了。我把轮椅准备好了，等你一起去看花。”

……

经过精心的治疗和护理，老人身体逐渐恢复了，终于可以出院了。

刘佳开心地收拾好了老大爷的随身物品。老大爷由于偏瘫而关节僵硬，刘佳就慢慢地从里到外给他换上了衣服。忙完这些之后，刘佳已经是汗流浃背了。

老大爷还要隔离一些日子，刘佳就为他叫了车，把他扶了上去。分别时，老大爷拉着刘佳的手，几度哽咽：“好孩子，我会记住你的。谢谢你们!”

医院的大门外，老大爷的老伴儿身着红色外套，向他们频频招手。

此时此刻，刘佳的内心很不平静。她为老大爷的康复而感到高兴，更为他能够回到老伴儿的身边而感到欣慰。

朱俊勇的母亲身患癌症，刚动过手术。他的岳父和岳母家住响水县，离他们很远。他的妻子去了武汉，无法照顾他和孩子。幼儿园还没有开学，七岁的女儿只好跟朱俊勇一起吃住在派出所。

曾红军所长特意向大家交代："俊勇的爱人驰援武汉去了，丫丫现在就是我们的孩子。大家轮流照看一下，不能让她冻着，也不能让她饿着。"分局的领导买来牛奶、面包和水果，送给了小丫丫。

领导和同志们的关心，让朱俊勇备感温暖。他负责的区域在城乡接合部，情况比较复杂，防疫的压力比较大。他既要走村串户地核查人员情况，又要及时处理各种突发事件，工作十分繁忙。

"是朱警官吗？我们村的卞大爷昨天下午去世了。他家里来了好多亲戚朋友……按照疫情防控的要求，人员不能聚集。可是，有些亲戚情绪激动，不配合我们的工作。"宏心村的村干部孙万标打来了电话。

"卞大爷去世的事情，我知道。他的儿子在上海工作，是我从高速公路的卡口把他接回来的。你们不要激化矛盾！我正在对一个外来人员进行核查，一会儿就到！"

十分钟后，朱俊勇驱车赶到了宏心村。

卞家的门口有好几十个人，忙着搭帐篷、搬桌椅，或者看热闹。

朱俊勇思忖了一下，便一声不吭地走到了厅堂里。他向逝者卞大爷的遗像深深地鞠了三个躬，然后把卞大爷的儿子叫到了屋外。

“现在是疫情防控的非常时期，请你配合我们的工作，让他们不要聚集。”

“你是知道的，按照我们家乡的风俗，有人去世了，两边的亲戚都要过来吊唁。这是人之常情，我怎么能撵走他们呢?”

“你是孝子，我非常理解你的心情。要不，我就不会到防疫卡口接你回来了。”

“我真的非常感谢你，朱警官!”

“感谢就不需要了，这是我应该做的。你在上海工作，应该清楚疫情防控的严峻形势。我是这个片儿区的民警，不能不管……希望你能理解。”

“可是，那么多人，我怎么开得了口?”

“你看能不能这样……大爷至亲的人可以留下。其他人即来即走，不要聚集。”

朱俊勇的建议既合情合理又符合规定，卞大爷的儿子也就不好再说什么了。

朱俊勇趁热打铁:“那就请你配合一下村干部老孙，把所有人的信息登记下来，再给他们测一下体温。万一出现了什么情况，我们好追根溯源。”

朱俊勇耐心细致地做了工作，避免了因人员聚集而导致疫情蔓延的风险。

一次，朱俊勇入户调查人员流动的情况时，有一位村民悄悄地告诉他，在昆山工作的老黄他们一家三口驾车到湖北省黄冈市英山县去过春节了，要在当晚七点左右回伍佑镇的老家。

黄冈与武汉毗邻，也是重点地区，十分危险。朱俊勇立即向上级报告了这一重要信息。随后，他和村干部一起做了预案，准备在高速公路的出口处拦截老黄他们一家。

把老黄他们一家三口拦下之后，朱俊勇和村干部立即给他们测量了体温，一切正常。

老黄一脸疲惫地说："我们两口子轮流开了十几个小时的车。请你们快点儿，家里人等着我们回去吃饭呢!"

朱俊勇十分体贴地说了一句："你们辛苦了!"

"谁说不是呢！我们连服务区都不敢进，就怕半道上被截住。"

朱俊勇顺势说道："你怕被拦在半道上，我怕疫情蔓延到我的片区。你们从涉疫地区回来，应该事先对村干部说一声啊!"

"这个……"老黄不好意思地挠了挠头。

"既然已经到了家门口，就不能让你们再去昆山了。这样吧，请你们一家三口到隔离酒店暂住一下。吃的、喝的、用的，我们都给你们准备好了。不出意外的话，十四天以后就可以回家了。"

"可是，爷爷、奶奶很想念孙女，我们能不能在家里隔离呢?"

"新冠肺炎是有潜伏期的，你们不可以在家里隔离。再说，邻居们要是知道了你们是从涉疫地区回来的，会怎么想？这是规定，不能违反。"

在朱俊勇的劝导下，老黄他们一家三口在指定的酒店隔离观察了十四天。

3 月 5 日晚上，伍佑派出所的值班室里，朱俊勇、刘佳和七岁的女儿小晗语进行了"三方连线"。这一次，小晗语没有哭。她用稚嫩的童音喊道："妈妈加油!"

随后，刘佳给丈夫发了一条信息："命中注定，我会奔你而去。我本柔弱，嫁你则刚!"

朱俊勇回复："今年的冬天有点儿特别。我守好城，你守住病房。寒冬将要过去，我们一定会迎来盎然的春色！"

……

就这样，这对警医夫妇成了并肩逆行的"战友"。一句"加油"，相互鼓励；一声"平安"，心心相印。千里之外，隔空出击！

疫情期间，江苏共有十一对援鄂警医夫妇战斗在防控疫情的第一线。"警医家庭"作为特殊的"战斗群体"，在抗疫中体现着责任与担当。

致敬，同心战疫的警医家庭！

逆　行

王向明

一

蒋杰从来不曾想过，有这么一天，他会站在舞台上讲述自己的抗疫故事。

“江苏省政法系统疫情防控先进事迹报告大会”举办得十分隆重，规格很高。对很多人来说，能在台上露个脸，就感到很光荣了。蒋杰不但参加了会议，而且上了台，还立了功。

舞台下面，座无虚席。舞台上面，灯光闪烁。蒋杰讲得绘声绘色，每一句话都发自肺腑。他在台上讲得动情，观众在台下听得落泪。

在很多人眼里，这是蒋杰的高光时刻。的确，那么多人参加了抗疫，真正受到表彰的凤毛麟角，就连蒋杰自己都觉得组织上给他的鼓励太过厚重了。在他看来，既然穿上了警服，就应该主动冲到前线去战疫。

2020 年 1 月 23 日，阴历腊月二十九。过了这一天，就是除夕了。能在这一天值班，蒋杰十分满意，因为值完班就能回去陪家人过年了。干了十几年警察，除夕夜不值班的年头屈指可数。老百姓举家团圆是常态，可对穿警服的人来说却是一种奢望。

那一天，蒋杰走出家门的时候，简直是心花怒放，因为陪家人过除夕的愿望就要实现了。看似简单的一件事，他却连续好几年都没有办成。

在上班的路上，他下意识地吹起了口哨。可是，他吹着吹着，便戛然而止了——收音机里播报的全是疫情。马上就要过年了，疫情要是控制不住，可是要蔓延的。

到了所里，一切如常。作为副所长，蒋杰与上一个班的值班领导进行了交接。接下来的二十四小时，一切事情都由他来负责。副所长虽然挂个“长”，却是派出所里最苦最累的角色。就拿值班来说吧，他要到一线去处警。无论出了什么事，他都要承担所领导的责任。遇到了难事、险事，他要冲在最前面。

一天，蒋杰刚到所里没多长时间，值班室的电话就响了起来。从电话的另一头传来了十分焦急的声音：“三院的一名新冠肺炎患者跑了，请立即前往处置！”

听到这个消息，蒋杰立刻就感到了压力。刚才还只听说武汉有疫情，怎么常州也说有就有了？挂上电话之后，他叫上值班的同事，抓起警车的钥匙，向停车场跑去。

同事刚钻到车里，屁股还没坐稳，蒋杰就挂上了挡。听专家说，这种病毒传播得非常快，必须尽快找到孙某！

警车在路上狂奔，响着警笛。蒋杰快速地回忆着接警员在电话里传递给他的每一条信息：患者孙某，从湖北返乡，核酸检测结果为阳性……

人跑了！跑到哪儿去了？

患者在外面待得越久，病毒的传播范围就越大。关键是要找到人！

蒋杰是刑警出身，每年都会参与侦破大案要案，是侦查的好手。直觉告诉他，孙某在绝望中，肯定会和家人取得联系。

蒋杰想办法找到了孙某的老婆，想让她劝她的丈夫回医院接受治疗。孙某的妻子认为，新冠肺炎是一种很严重的病，丈夫一旦去了医院，就凶多吉少了。

孙某的妻子越想越害怕，根本听不进蒋杰的劝说。刚开始，她支支吾吾，隐瞒了一些信息，话没说完就挂上了电话。

于是，蒋杰就接着给她打电话。就这样，八分钟之内，蒋杰给她打了三次电话。蒋杰说："姐姐，你别急。大哥在外面跑的时间久了，无论对他自己还是你们这些家人来说，都不是好事。出了问题，咱们别怕。早治疗，就会早康复。咱们常州的经济状况很好，医疗水平比较高，你就放心吧。"

蒋杰的诚意打动了孙某的妻子，她终于同意劝自己的丈夫回医院治疗了。

等待是一种煎熬。

蒋杰攥着手机，久久地等待着。电话终于响了，蒋杰发现不是刚才的号码，便挂掉了。过了一会儿，电话又响了。他看了一眼，发现是家里打来的，又给挂了。他要是接通了其他电话，孙某妻子的电话就打不进来了。他必须保持电话畅通，少耽误一秒钟，就多一分希望。

电话挂了一个又一个，时间过去了一个多小时。终于，孙某的电话打了进来。隔着电话，蒋杰都能感觉到孙某的情绪很激动。

"我告诉你们，我在医院检查了三天，一点儿事也没有。谁都不要再烦我了!”

蒋杰要是硬来，事情就会朝相反的方向发展。蒋杰说：“你先别激动！我是派出所的，叫蒋杰。你说话这么有底气，肯定没多大事儿。你先告诉我，你在哪儿？咱们俩见面聊!”孙某根本听不进蒋杰的话：“不用你管！我哪儿也不去，就想回家。”蒋杰心里急，嘴上却不能急：“咱们再去医院检查一下吧！没有准确的结果，咱们都不放心。”

沉默了好一阵，孙某说：“检测之后，要是没事的话，可得让我回家!”蒋杰说：“那当然了！你要是没事，医院也不会收你呀!”

于是，两个人约好，在医院门口见面。蒋杰早早地就到了，却不见孙某的人影。蒋杰等了很久，快熬不住的时候，孙某才出现。

孙某显得很自信，连口罩都没戴。他说：“我的身体，我还不了解吗？我一不咳嗽，二不发烧，跟电视里说的新冠肺炎根本搭不上边。”他说话的时候，离蒋杰很近。

蒋杰心里很紧张，表面上却装作没事。他说：“你先把口罩戴上，我陪你到医院去做检查。有病趁早治，没病就回家陪老婆、孩子。左邻右舍要是天天防着你，那滋味可不好受。”话说得既风趣，又有道理。听了这些话，孙某整个人都轻松了下来。他戴上口罩，跟着蒋杰去了医院。

得知孙某的核酸检测结果是阳性，蒋杰的内心真是五味杂陈。成就感是有的，因为孙某要是没有被及时送进医院，就会有无辜的常州百姓被感染。恐惧感也是有的，因为他心里很清楚，与孙某近距离地接触，风险很大。

与新冠肺炎患者密切接触之后，蒋杰的核酸检测结果出来了——阴性。回到所里，他给妻子打了个电话。他说，最近工作很忙，回不了家了。妻子没说话，儿子跑过来说："爸爸又说话不算话了！"

望着街道两旁的万家灯火，蒋杰的心里泛起了一阵酸楚。

二

忙完了工作，蒋杰回到派出所，已经是夜深人静了。他喜欢这种宁静，因为这个时候不再有白天的纷扰。春节刚过，寒风吹来，冷飕飕的。他站在院子里，下意识地向远处望去。他本想从繁忙的工作中逃脱出来，却情不自禁地把目光投向了离派出所不远的十二号楼。

十二号楼是常州市第三人民医院的一幢楼，与医院里的其他楼房没有任何区别。疫情发生以后，十二号楼被指定为常州市唯一的一家新冠肺炎定点医院的核心诊疗区。于是，这幢不起眼的楼房便成了全市人民关注的焦点。孙某从这里离开后，被蒋杰他们找到并重新送到了这里。一个星期过去了，孙某的身体恢复得很好。

2 月 1 日，蒋杰回到所里，已经接近凌晨 1 点钟了。他身心俱疲，一躺下就睡过去了。

凌晨 5 点钟，他睡得正香，报警电话就打过来了。夜深人静，电话铃声分外刺耳。熟睡中的蒋杰一激灵，坐了起来。作为警察，他有个毛病：值班那天，但凡有点儿动静，睡得再死也马上就精神了。

蒋杰一骨碌爬起来，下了床。电话里传来了急切的声音：“常州三院十二号楼，有人要跳楼！”

常州三院就在蒋杰负责的辖区内。孙某被送回医院的那天晚上，“抗疫先锋”战时党支部在兰陵派出所成立。蒋杰主动请缨，担任了应急处突小组的组长。蒋杰是分管刑侦的副所长，平日里冲锋陷阵的机会很多，心理素质绝对过硬。

打那以后，蒋杰就经常往十二号楼跑，先后处理了十几起事件。

这天，蒋杰从所里赶到十二号楼的时候，患者高某情绪很激动。医生说，“确诊患者病房”不能随便进，只能在一楼“隔空处置”。蒋杰在一楼扯着嗓子劝了半天，没有什么效果。高某的反应更强烈了，甚至拿出水果刀来威胁。

十二号楼里住的全是确诊患者，高某这么一闹，很可能会影响他们。于是，蒋杰准备穿上防护服，进入“感染区”。考虑到安全问题，医生坚决不同意。蒋杰对医生说：“警察和医生一样，是逆行者。我不进去，问题就解决不了，你们更被动。”

蒋杰说话的语气果断而坚决，医生没有再阻拦，还为他找来了一件防护服。在此之前，他虽然多次进出十二号楼，但却从未进过“确诊患者病房”。病房里，医生和护士已经连续奋战了二十多个小时，身心俱疲。

高某站在“确诊患者病房”的窗台上，威胁说：“你们过来，我就跳下去！”蒋杰他们停下了脚步，问高某为啥这么激动。高某说，他不想死在这儿，他要见家人。蒋杰说：“你这个人呀，真是多虑！我还以为多大的事儿呢，你连命都不想要了！你知道常州的第一例确诊患者吗？”

高某说："知道。他跑出去了，闹得轰轰烈烈。"蒋杰说："后来，我把他送回了医院，就住在十二号楼。人家听劝，配合医生的治疗，再过两三天就能出院了。"

"真能出院?"高某不相信。

"我穿着防护服进来，可不是来跟你开玩笑的。你病得不是很严重，过不了多久就能回家了。"

"真的?"

"真的!"

蒋杰见劝说有效果了，便冲高某招了招手："你下来吧，别在上面站着了！我都替你累得慌!"

高某迟疑了一下，主动把手伸了过来。蒋杰没有犹豫，上前一步，抓住高某的手，把他拉了下来。在这个特殊的时刻，蒋杰握住了高某的手，给了他信心和勇气。

三

对不法商人来说，利益是第一位的。有了利益的诱惑，他们的胆子就会变得越来越大。

疫情期间，涉疫案件呈高发态势，蒋杰一天比一天忙。身为分管刑侦的副所长，他既要做好社会面的疫情防控工作，又要打击违法犯罪，忙得不可开交。

通过侦查，蒋杰发现，常州籍的蔡某从湖北省仙桃市购进了大批"三无"口罩。他把这批口罩运到常州后，卖给了将要复工的企业。口罩的质量很差，价格却不便宜。一进一出，蔡某从中牟取了暴利。

把没有质量保障的口罩发给工人使用，不但起不到防护作用，而且会造成安全隐患。

抓不抓？怎么抓？蒋杰通过调查分析发现，疫情防控期间，要把物品运进常州，必须经过高速路的出口。于是，他决定利用检查车辆的机会，把嫌疑人控制住。负责追踪的同志很快就锁定了信息，蔡某将于当天中午到达常州。

高速路的出口车辆很多，执勤的民警也很多，便于抓捕蔡某。蒋杰布置好任务之后，便带着民警们在高速路的出口处守株待兔。刚到中午，蔡某的车子就出现在了警方的视线里。车子被拦下来之后，蔡某以为只是测量体温和例行检查，并没有当回事儿。被警察控制住的时候，他才意识到自己落网了。

疫情期间，考虑到安全问题，有涉疫地区旅居史的犯罪嫌疑人必须进行检测并且隔离。在隔离点，蔡某刚待了两天，就成了热锅上的蚂蚁。他情绪暴躁，不遵守纪律，嚷嚷着要见蒋杰。

蒋杰知道，犯罪嫌疑人一旦被警方控制住了，就会有两种心理：一种是畏罪心理，一种是侥幸心理。当天晚上，蒋杰忙完手头的工作，便穿上防护服，来到了隔离点。蔡某看见蒋杰，情绪又开始失控，嚷嚷着要出去。蒋杰一脸的严厉，说话时提高了嗓门儿："隔离的时间不够，就别想出去！这是对你负责，也是对社会负责！"蔡某见没有缓和的余地，就彻底放弃了。

疫情发生后，快一个月了，蒋杰一次家也没回过。原因有两个：一是工作忙，二是怕把病毒带回家。那时候，他有两个梦想：一个是好好睡一觉，一个是回家陪儿子。他这个当父亲的，天天教孩子不能撒谎，自己却经常说话不算话。孩子还小，不懂什么是责任和使命，他也解释不清楚。一想起这些，他就会心酸。

蒋杰忙了一天，躺在宿舍的床上，怎么也睡不着。妻子打来电话，还没和他聊上几句，就被儿子把电话抢了过去。儿子自豪地说："爸爸！原来，你不回来，是去当大英雄了！"

妻子说，她和儿子看到了蒋杰寻找常州首例新冠肺炎确诊患者和抓捕涉疫犯罪嫌疑人的感人事迹。此时，儿子十分崇拜爸爸。

蒋杰把这些感人的故事讲给了台下的每一位观众。演讲快要结束的时候，蒋杰说："有人问我，如果再让我选择，我还会在疫情面前如此勇敢吗？我的答案是肯定的。身为人民警察，在疫情面前，我要勇往直前………"

“王老憨”家的战疫

殷 毅

“王老憨”的战疫宣言是：“我们父女三人是亲人，更是战友。我一定会站好自己的岗，给女儿们做个榜样。”

老王是个警察。说具体点儿，老王是个交警，乡镇交警中队的一个快要退休的交警。

五十九岁的老王，既实在又憨厚。黑乎乎的脸膛，敦实的身板……个子不高，背还有点儿驼。脱下那身警服，他简直和村民没有两样。

其实，也没啥可奇怪的。老王原本就是种田的，老家在海安市曲塘镇的一个长了许多银杏树的村子。这个村子叫“果木村”，后改名为“富民村”。

曲塘镇位于南通市的西部，与泰州市的姜堰区接壤。这个镇的面积不是很大，却是个有着千年历史的名镇。

清幽的曲塘镇像个世外桃源，既有苏北里下河流域的夕阳帆影，又有江南水乡的小桥残雪。小河弯弯，荷塘点点，“曲塘”之名由此而来，素有“金姜堰、银曲塘”之美誉。

老王的父母是种田的乡下人。家中有兄妹七人，他排行老五，小名叫“王小进”。他从小就少言寡语，像个闷葫芦，乡邻们都叫他“王小憨”。比他大十一岁的大姐读过几年书，说“憨”和“汉”谐音，干脆就改名叫“王汉文”吧。

后来，老王当了几年兵。他回到家乡时，正赶上全国交通管理体制改革，组建了乡镇公路交警队。就这样，他穿上了警服。

镇上的人说，老王有两个特点。

一个特点是顾家。只要不加班，他一准儿在下班后到农贸市场转上一圈儿，然后回家烧饭做菜，过着“老婆、孩子，热炕头”的舒坦日子。

老王有两个漂亮的女儿。大女儿叫“王丽”，小女儿叫“王群”。他把这两个女儿视为掌上的一对明珠，呵护着哩！她们要是有个头疼脑热的，他可得心疼好几天。当初，王丽到南通市读书，他哭了一场。后来，王丽出嫁，他又哭得稀里哗啦。他和王丽结婚七年了，平时再忙，也要每天和她通一次电话，唠叨几句。身边的小女儿王群，就更不用说了。街坊邻居都夸老王顾家，是称职的好丈夫、好父亲。

另一个特点是，老王很憨。他在曲塘交警中队，一干就是三十二年。别人都陆续调到城里了，就他没挪窝。每次到了论功行赏的时候，他都要把那帮小兄弟往前推。几十年过去了，他获得的最高荣誉也就是局里的“十佳交警”。

老王认为，干好本职工作就是了，把荣誉让给年轻人吧，他们的路还长着哩！

老王因此而落了个外号：王老憨。瞧，当上警察以后，他又把“憨”字给“捡”回来了！

虽然王老憨这辈子没干出什么惊天动地的事儿，但是他这风里来、雨里去的，在公路上“闯荡”了这么多年，也练就了一身

“武艺”。出了交通事故，进行调解的时候，他坐下来一聊就是大半天。最后，连当事人都坐不住了。你说他憨不憨？

“他的那把尺子，公平！”案子结了，双方当事人都会这样感叹。因此，镇上一有难以调解的矛盾纠纷，就会请他来当“老娘舅”。

前不久，一向不出名的老王竟然出名了，成了“网红”！

不信，你上网搜一下！噢，忘了告诉你关键词“江苏最美防疫先锋——王汉文”。

“王老憨”吹响了集结号

2020 年的春节，注定不寻常。

面对突如其来的新冠肺炎疫情，全国的交警一起按下了转换键，从“春运安保”模式跳到了战疫模式。

1 月 23 日上午，曲塘交警中队召开了紧急会议。

中队长王勇传达了上级的部署，然后说：“武汉的新冠肺炎疫情很严重，我相信大家都已经知道了。上级交给我们的任务是，在启扬高速公路的曲塘出口处设立市际疫情查控点，坚决守好南通的西大门！”

话音刚落，弟兄们便开始摩拳擦掌了。

“我来打头阵吧！”坐在后面的“王老憨”不紧不慢地说。大家都转过身子看着他。

“疫情来得很突然，现在还没有形成完善的防护体系。查控点的人员要直接面对从涉疫地区来的人，劝返工作有一定的难度。同时，他们有被感染的危险。我是个老党员，还有一年就退休了，就让我站好这班岗吧！”

大伙儿被“王老憨”诚恳的话语感动了。

“我先上！”

“我先上！”

“还是我先上吧！”“王老憨”站了起来，“一是，我参加过抗击‘非典’的‘战斗’，有经验。二是，我的两个女儿都是学医的，所以个人防护的那些事，我多少知道一些。三是，我家就住在镇上，离查控点最近，能节省时间。另外，我在那里的交通卡口干过，不管是大路还是小道，我闭上眼睛都不会走错。附近的村民，我也熟悉。”

大家都知道，“王老憨”要么不说话，要么语出惊人。他说的这几个理由，都是他的优势，谁都比不了。

王勇和中队指导员杨余田商量了一下，作出了决定。面对来势汹汹的疫情，负责查控的人员会遇到各种各样的问题。老王经验丰富，做群众工作有一套，是最合适的人选。

杨余田关心地问“王老憨”：“在中队里，你年龄最大，脚又受过伤……这寒冬腊月的，一个班就是二十四小时，你撑得住吗？”

“撑得住，撑得住！”“王老憨”连连点头。

经过慎重考虑，中队领导最终同意了“王老憨”的请求。

“王老憨”想到的可不仅仅是这些。

“小丽吗？都腊月二十九了，你们还在忙吗？”“王老憨”拨通了大女儿的手机。

“爸，您听说武汉的新冠肺炎疫情了吗？”王丽没有正面回答父亲的问题，把话题扯到了千里之外的武汉。

“知道一些。我们中队刚开会传达了。”

“爸，我们医院也传达了。现在，我们正处于临战状态。”

“什么临战状态?”“王老憨”明知故问。

“这个嘛……我明天回家一趟，见了面再说吧。”说完，王丽把电话挂了。

“王老憨”见大女儿欲言又止，似乎察觉到了点儿什么。按照南通的风俗，大年三十那天，出嫁的女儿应该在公婆家过，初二才回娘家。她突然回来干什么？一定是……

“王老憨”笑了：“这丫头知道我疼她，在跟我斗心眼儿哩!”

王丽确实在和她的父亲“斗心眼儿”。

就在这天上午，医院下发了一个紧急通知。为了驰援武汉，江苏要组建一支医疗救护队，要求大家在一个小时内自愿报名。

王丽是南通市第一人民医院急诊科抢救室的护理组组长、护士生导师。她接到通知时，丈夫张文君正好在她身边。虽然张文君有些担心，但是仍然支持妻子到武汉去，因为他了解妻子的性格。她是一名共产党员，又是医院的护理骨干，肯定要冲在前面。

于是，王丽立即报了名，并且递交了“请战书”。此时，她既激动，又有点儿纠结。武汉是“重灾区”，非常危险。她该怎么把这个消息告诉自己的父母呢?

这时，“王老憨”把电话打了进来。她犹豫了一下，还是把到了嘴边的话咽了下去。不过，她稍微透露了点儿信息，好让父母有个思想准备。

下午5点，省里确定的第一批援鄂人员名单发下来了。全院共有六个人在这个名单里出现，其中就有刚满三十岁的王丽。

护士长任玉琴拥抱了一下王丽，说：“六个人中，你最年轻。

这次外出可不是平时的考察交流！这么大的事，你必须跟父母说一声。”

“姐，电话里说不清楚。我想，还是当面跟他们说一下吧。”

任玉琴想了想，说：“这样吧，你们说走就走……今晚的班，我来值。你抽空回海安一趟，和家里人告个别。”

第二天上午，王丽把五岁的女儿张梦一留给公婆，和丈夫一起驱车赶回了海安。

中午，他们一到家，王丽的母亲就问：“你爸说，你们要回来吃年夜饭，叫我多烧些菜。怎么，梦一没和你们一起回来？”

“她在南通的爷爷奶奶家呢。爸和小群呢？”

“你爸把小群带到高速公路的出口去了，说明天中午才能回来。”

“他们到那里去干吗？”

“外面不是在闹疫情嘛，那里设了一个疫情查控点。小群本来在社区医院……你爸非拉她过去，说那里也需要医护人员。”

“是啊，防止新冠肺炎病毒扩散是头等大事。”知道了父亲的态度，王丽有了底。可是，妈妈这边……

根据上级的要求，疫情查控点必须在次日零时启动。

前一天，“王老憨”一开完会就想回家一趟，先向老伴儿透透风。可是，时间太紧，他怕来不及，就和镇防疫指挥部的人一起到启扬高速公路曲塘出口处去选址了。接着，他们搭建了帐篷，安营扎寨。

听说，这个查控点很重要，公安部门、卫生部门和交通运输部门都派人来了。这时，他想到了在曲塘社区医院当医生的小女儿王群。尽管有危险，两个丫头也必须上，谁让她们都是学医的呢！大丫头说要回来一趟，应该是有想法了。也好，就当面给她鼓鼓劲儿吧！小丫头不是入党积极分子嘛，就让她经受一次考验，到疫情查控点去锻炼一下吧！

镇防疫指挥部的同志答应了“王老憨”的请求。就这样，王群随父亲来到了疫情查控点。

父女俩一到查控点就忙得不可开交。“王老憨”负责拦车，王群负责测体温和登记人员信息。他们家离查控点不到五分钟的路程，他们却顾不上回家吃年夜饭。一直到大年初一的中午，他们才回到家里。

“王老憨”的老伴儿一直在流泪。满桌子的菜，几乎没有动，气氛有点儿沉闷。

“唉！人哪，还真别不服老！刚当警察那会儿，我还不到三十岁，经常和同志们一起巡逻、值勤。晚上收队了，几个人轮流做东，吃点儿，喝点儿，一天的疲劳就没了。当初的那几个人，退休的退休，调走的调走，只有我还在曲塘。快要退休了，真有点儿舍不得这身警服呢！”“王老憨”一边打岔，一边往老伴儿的碗里夹了一个肉圆儿。

“我自己会夹，用不着你献殷勤！”老伴儿头也不抬，用筷子把碗挪开了，“又来了一个先斩后奏的！你肯定事先跟两个丫头串通好了！”

“王老憨”赶紧赔笑脸：“冤，我比窦娥还冤！我也是刚听小丽说要去武汉，不放心……不过，话又说回来了，两个女儿都在医院工作……现在疫情这么严重，正是她们大显身手之时。”

“你还笑得出来！小群跟着你去查控点也就算了，相互之间有个照应。现在，小丽又要到武汉去。那可是疫情最严重的地方，万一感染了怎么得了？我看，你是假疼女儿！”

“小丽不是都说了嘛，武汉那边的压力很大。情况紧急，需要各地的支持。实话告诉你吧，我昨天给小丽打电话，就是要问抗疫的事。没想到，她比我还积极。我们应该感到骄傲！”说着，“王老憨”又把那个碗推给了老伴儿。

“妈，都怪我们！昨天，小丽准备在电话里说……想了想，还是当面说吧。”张文君解释道。

连女婿都这么说了，丈母娘肯定是要给面子的。小丽是特意赶回来吃团圆饭的，当妈的总不能让女儿心事重重地上路吧。她一边往女婿和女儿的碗里夹菜，一边说：“你们快吃，还要赶路呢！”

“王老憨”赶紧伸出了大拇指：“看看，还是我老伴儿明事理！”

曲塘的女人一旦嫁给了男人，就会把男人当成自己的“天”。男人说啥，她就得听啥。老伴儿擦了擦眼角，说：“好像就我落后，拖你们的后腿！”她知道，大丫头从小就跟她爸一个德行。现在，有她爸撑腰，她丈夫也支持她，她根本就不会回头。

“王老憨”转过身来，对王丽说：“其实，作为父母，我们十分担心。但是，我们知道，你应该在危难时刻挺身而出，到最需要你的地方去。”

王丽含着泪，点了点头。“王老憨”又说：“当初，我为什么让你学医？你六岁那年，因发烧而打点滴……年轻的护士连插了四次都没成功。后来，换了个老护士——成了。当时，我就希望你长大以后当护士，做到‘一针见血’，不让病人痛苦。这一次，你要面对的是看不见的敌人。爸爸当过兵，送给你八个字：保全自己，消灭敌人。”

医疗救护队随时都有可能出发，一家人匆匆地吃完了饭。临行前，“王老憨”叮嘱大女儿：“一定要做好防护，千万不能马虎。每天都要报平安……我会一直开着手机。”

“知道了。每天下班后，我都给您发信息。”

“记住，我们是你的坚强后盾！”“王老憨”举了一下拳头。

在大女儿面前，“王老憨”显得很硬气。可是，大女儿一上车，他就立即转过身子……

一向顾家的“王老憨”，吹响了战疫的集结号：全家齐上阵，老伴儿做好后勤保障，同时帮社区做好防疫宣传工作。父女三人奔赴抗击疫情的第一线……

重症病区的美丽天使

大年初一的深夜，由一百三十五名医护人员组成的江苏第一支医疗队，带着党和国家的重托，带着全体江苏人民的深情厚谊，乘包机逆行驰援武汉。

飞机一落地，这批援鄂的医护人员就被混合编组，奔赴各个指定的医院。

王丽和十六名南通的同伴要接管的是武汉市江夏区第一人民医院。一到下榻的酒店，女医护人员就剪掉了一头秀发，然后匆匆地来到了江夏区第一人民医院。

发热门诊的大门前，排着长长的队伍……

重症病区的护士长一见到他们，就热泪盈眶地说：“感谢你们连夜从江苏赶过来！”看得出，这位四十多岁的护士长非常疲惫，声音十分沙哑。

王丽和同伴们穿上从南通带来的防护服，跟着这位护士长进入了病区。病房里都是新冠肺炎患者，求助的眼神让人揪心。

过道里，一位护士在椅子上“葛优躺”着。

王丽轻轻地推了她一下，说：“你怎么了？是不是哪里不舒服？”

她推了几下，这位护士才无力地睁开双眼，说：“你们是不是来帮助我们的？”

“是的，正在办交接手续。”

“你们来得太好了，谢谢你们！我们实在撑不住了……”护士轻声抽泣着。

王丽的鼻子直发酸。她强忍着悲伤，再次关切地询问道：“你哪里不舒服？”

“我没事，就是太累了。”

办完交接手续，护士长双手合十，说：“新冠肺炎疫情发生以来，我们一直坚守在这里……已经有好几个医护人员被感染了，上级要求我们立即休整。这边的工作就交给你们了！拜托了！”

但是，第二天一大早，这位护士长和那个“葛优躺”的护士又回到了病区——她们都被确诊感染了新冠肺炎！

后来，王丽他们才知道，一开始，江夏区第一人民医院不是治疗新冠肺炎的定点机构，却收治了许多“不明原因的病毒性肺炎”患者。1 月 21 日，武汉被感染的人数一下子增多了，该院才被列为“住院隔离治疗点”。

王丽在急诊抢救室当了很多年护理组组长，应该说见惯了生死。但是，眼前这悲壮的一幕幕，仍然让她感到格外震撼，甚至有些恐惧。她心里明白，她是护士，更是战士，是抗疫一线的“南丁格尔”。她深信，晨雾终将消散，阳光会普照大地。

最终，这种信念化作了战胜恐惧的“解药”。在这场灵与肉的撕扯中，在生命和死亡的博弈中，白衣天使的神圣责任驱使着她勇敢向前，义无反顾地与疫情赛跑，和看不见的病毒战斗！

她时刻牢记爸爸的话：“保全自己，消灭敌人。我们是你的坚强后盾！”

在队长陈金亮的带领下，王丽和同伴们一边给患者治疗，一边自己动手改造病区，进行物理隔离。他们装了三道防护门，分出了清洁区、半污染区和污染区三个隔离区。王丽把穿脱防护服的流程和消毒的管理制度等规章制度打印出来，贴到了墙上，还带着武汉当地的医护人员学习了这些规章制度。

在王丽的印象中，病区里有一位很绅士的年轻病人——江夏区第一人民医院的彭银华医生。

尽管彭银华的病情很严重，但是他只要头脑清醒，就会对给他治疗的医护人员说声“谢谢”。

二十九岁的彭银华准备正月初六结婚，请柬都写好了，放在办公桌的抽屉里。不料，疫情来了，他在医院加班的时候被感染了。

接管病区的当天，王丽就发现彭银华的血氧饱和度大幅度下降，心跳也变慢了。必须立即进行“气管插管”！

所谓“气管插管”，就是将一根特制的气管内导管通过口腔或鼻腔，经过声门，置入气管或支气管，从而为呼吸道畅通、通气供氧和呼吸道吸引提供最佳条件，是抢救呼吸功能障碍患者的重要措施。

王丽立即向陈金亮队长汇报了这个情况。

这是他们第一次进行“气管插管”，稍有闪失，就极易被病毒感染。更重要的是，会让其他医护人员背上沉重的心理负担。谁上？

陈金亮在权衡……

“我有经验，我来吧！”王丽一边说，一边做操作前的准备。

“一定要注意防护！”陈金亮叮嘱道。

进入重症病区，王丽他们随时都处在被感染的危险之中。在“气管插管”的操作过程中，积聚着大量新冠病毒的痰液随时都有可能从病人的气管里喷涌出来，飞溅到医护人员的身上。

当时，防护用品奇缺，王丽连面屏都没有，只戴着护目镜。情况紧急，王丽来不及考虑太多，立即进行了“气管插管”的操作。

导管缓缓地进入彭银华的口腔，又一点点地伸进了气道。王丽戴着乳胶手套，穿着防护服，密闭的护目镜上结了一层雾气，病人的气管里又堵塞着痰液，操作起来十分困难。

平时只需要两分钟就能完成的操作，心细如发的王丽却用了五分钟。她把导管插进去之后，一时找不到固定导管的小牙垫，也没有呼吸机。于是，王丽就继续站在病人身边，一只手稳住病人嘴边的导管，另一只手捏住简易呼吸气囊，不间断地给病人进行人工供氧。

其他护士要过来替换，王丽坚决不同意。她想，她已经接触病人了，就没有必要让同伴来接替她了，这样可以降低其他护士被感染的风险。

监测仪上，病人的血氧含量在一点点地上升……

一个小时以后，医院紧急调用的呼吸机到了，王丽才松开了发麻的双手。

为了让彭银华得到更好的救治，当天下午，江夏区第一人民医院的领导把他转到了金银潭医院。

“谢谢！”彭银华离开病房时，向王丽招了招手。

几天后，从金银潭医院传来消息，病情一度有所好转的彭银华还是走了。这位常说“谢谢”的年轻医生，比王丽小一岁。她带着对亲人的不舍和对美好生活的万般眷恋走了。

王丽流下了眼泪。她和同伴们都在想，他们要是来得再早一点儿，也许就可以多挽回一些人的生命。大家的心里有一种难以言说的痛苦和自责……

从那天起，这些来自江苏南通的医护人员立下了誓言：一定不辜负党和人民的厚望，贡献出自己全部的力量。

援鄂的江苏一队一共接管了七个病区。王丽所在的呼吸与危重症病区是第三十个病区。刚接管时，这个病区只有六十五张床。后来，陆续增加了十张床，每一位护士都要负责护理十多个病人。

这里是隔离病区，病人没有家属陪同，也不能请护工。所以，王丽和同伴们不光为病人护理和治疗，还要管理他们的生活。重症病人吃饭和大小便什么的，王丽和同伴们都要管。

当时，武汉有许多家庭是“全员被感染”。

一天，王丽在病区内例行巡查时，一位新入院的阿姨对她说：“能不能帮我找点儿卫生纸？”

王丽回到护士站，拿了些卫生纸，送给了她，然后对她说：“你可以通知家里人，让他们把生活必需品送到门口，我帮你拿进来。”

这位阿姨满脸忧伤："家里哪还有人啊！都被感染了！"

王丽的心好像被什么东西猛地戳了一下！第二天，她把自己的梳子、护肤霜等物品带给了这位阿姨，还专门送给她了一篮水果。

这位阿姨看着戴着护目镜和口罩的王丽，流下了感激的泪水。她说："我虽然看不清你的脸，但是我知道，你一定长得很美！"

"美丽的天使"是这些患者对王丽和她的同伴们的最高褒奖。让病人感动的事儿，还有许多。

三十六床也住着一位阿姨。她患有心衰、糖尿病等基础疾病，几度生命垂危。

作为南通一院"妙手仁心"的护理骨干，王丽全程对这位重症患者负责。她和同伴们穿着厚重密实的防护服，动脉穿刺"一针见血"，留置胃管及置入鼻肠管"一插到位"，高难度的俯卧位通气"一翻到位"……插管、拔管，再吸氧。每次给她喂饭，王丽都要花上二三十分钟的时间。最后，他们终于把这个高危病人从死亡线上拉了回来。

这位阿姨出院时，特地跑到护士站，朝王丽深深地鞠了一躬，说了好几声"谢谢"。

王丽觉得，尽最大努力为抗疫做点儿什么，再苦再累也值得。

八十多岁的熊奶奶心脏做过手术。刚入院时，熊奶奶说什么也不愿意输液，害怕增加心脏的负担。

得知这个情况后，王丽耐心地与熊奶奶沟通，并向陈金亮队长作了详细的汇报，制订了个性化的治疗与护理方案。

王丽和同伴们的悉心关照，让熊奶奶感受到了亲人般的温暖。此后，她积极配合治疗，病情渐渐地好转了。每天下午输完液，熊奶奶都要打开小收音机，随着音乐哼唱小曲儿。老人家乐观开朗的态度感染了病房中的每一个人，也打动了王丽的心。

她每次到熊奶奶的病房，都要和熊奶奶开几句玩笑：“奶奶，今天有没有乖乖地听话呀?”“奶奶，您和爷爷的爱情真让人羡慕!”“奶奶，您唱的歌真好听!”

熊奶奶得知王丽也喜欢唱歌，几次邀请她到病房一起唱。她虽然嘴上答应了，但是由于工作繁忙，一直抽不出时间来。

从刚接管时的“一床难求”，到后来的“床等人”，这期间究竟发生了多少故事，就连援鄂医疗队的医护人员也说不清楚。一个月以后，在大家的共同努力下，王丽所在的三十病区的新冠肺炎患者全部被治愈。随后，她和同伴们转到了其他病区，继续奋战在抗疫的最前沿。

“我回来了!”拖着疲惫的身体回到宿舍，王丽立即在“南通海安一家亲”微信群里给远方的亲人发消息。由于在病区里戴着密闭的防护用品，她的脸上因过敏而起了许多小水泡，被 N95 口罩的带子勒破了。为了不让家里人担心，她一直不和他们视频聊天，发的文字也很简短，报喜不报忧。

在后方，南通医院的护士长任玉琴很不放心，非要跟她视频。看到王丽漂亮的脸被磨破了，她心疼得直流泪，立即给王丽寄来了水胶体敷料。

一天，下班后，王丽看到了父亲发给她的一段视频。

“听我说‘谢谢你’，因为有你温暖了四季。谢谢你，感谢有你。因为有你，爱常在心底，世界更美丽……”她心爱的女儿小梦一又唱又跳，捧着题为《我的妈妈去打怪兽了》的水彩画，“妈妈辛苦了，梦一想你！这是我画的……妈妈加油！武汉加油!”

王丽泪眼模糊……

她和家人们虽然相隔近八百公里，但是他们的心却时刻在一起。微信中的每一句话、每一个短视频、每一张照片，她都心领神会。父亲一直在牵挂着她，鼓励着她。她感觉有一种巨大的力量在支撑着她，她并不是一个人在战斗。

……

3 月 17 日早晨，武汉这座英雄的城市渐渐地苏醒了。

根据上级的指示，江苏省的第一支援鄂医疗队从武汉撤离了。

王丽回过头来，用那双美丽的大眼睛再一次扫视了一下空荡荡的病区——她和同伴们坚守了五十三个昼夜的战疫阵地。王丽精心护理的一百多位病人全部康复，南通医护队创造了患者“零死亡”、队员“零感染”的佳绩。

卡口的“特殊搭档”

2 月 15 日下午，大雪纷飞。这是那一年海安境内的第一场雪。这场雪虽然来得不是时候，但也是清新的雪、温暖的雪。因为，它见证了坚守的艰难。

曲塘建筑公司总经理王世如从姜堰回来，在曲塘疫情查控点测过体温后，看到了满身雪花的“王老憨”他们父女俩，感动得伸出了大拇指：“乖乖！父亲上了，又让女儿上，真的不容易！”

就在大女儿王丽奋战在抗疫最前线的时候，“王老憨”和小女儿王群并肩坚守在家乡的防疫第一线。他说：“要相信我们的国家！十几年前，我们能战胜‘非典’……现在，我们同样能战胜新冠肺炎疫情！”

疫情查控点设在曲塘镇的西边，在海安与姜堰的交界处。这里靠近启扬高速公路的曲塘出口，与 328 国道相连，还有通往李庄等乡镇的支线公路，地理位置非常特殊。守住这个查控点，就守住了南通的西大门。

每天，经过这里的大小车辆超过一千六百辆。“王老憨”他们父女俩成了这个卡口的一道独特的风景，每个班次都要连续在岗二十四小时。从除夕那天起，到 3 月 20 日全省统一撤点，这对“特殊搭档”一共值班二十八次，在岗位上坚守了六百七十二个小时，累计劝返车辆一百二十三辆。

绝大多数经过防疫检查点的人都能理解他们，配合他们的工作，如实提供自己的信息。极个别的人会故意隐瞒自己的行踪，给疫情的防控工作制造了困难。负责检查的人员要善于察言观色，辨其真伪，及时发现疑点，果断处置，确保万无一失。

大年初一早上，一辆挂着南通号牌的“大众途观”SUV 匆匆地经过检查点。

“新年好！请接受防疫检查!”“王老憨”敬了个礼，探头一看，车上只有一个人。副驾驶座上放着面包、火腿肠和饮料之类的东西，后座上有散乱的被褥。一看就知道，这辆车的司机跑了长途。

“新年好!”那个人把驾驶证和行驶证递了过来。

“王老憨”检查了一下，发现司机是海安本地人。

就在王群给司机测体温时，司机随口说了一句“我 1 月初就回来了”。

“王老憨”一听，更加警觉了：“你 1 月初是从哪儿回来的?”

“河南。”

“河南的什么地方?”

“商丘。”

“噢，商丘。在商丘做什么?”

“打工。”

“打什么工啊?”

“除了在建筑工地干活儿，我还能干什么?”

“王老憨”核对了一下行驶证，发现车主就是他本人。一个在建筑工地打工的人，能买得起近三十万元的车吗?

“王老憨”不动声色地说：“请你把过路费的票据给我看一下!”

那个人镇定自若地说：“留着那些东西干什么，又没人给报销！早就扔了!”

“请你把后备厢打开，例行检查!”

后备厢里塞满了消毒液、食物和餐巾纸等物品，夹缝中有一张武汉市区汽车快修店的小卡片。

这个人应该是隐瞒了什么！“王老憨”立即对他进行了进一步询问。在“王老憨”猛烈的“攻势”下，这个人不得不说出了实情。原来，这个人一直在武汉做灯具生意……

“王老憨”对他进行了一番教育，把他带到了隔离点。

大年初八，中午12点，一辆河北号牌的大货车慢慢地行驶到了曲塘疫情查控点。“王老憨”举起牌子，示意停车。

车里有一对夫妻，年龄在五十岁左右，显得很疲劳。

经过检查和询问，“王老憨”得知，他们是从湖北某市来的，拉了一车塑料颗粒，目的地是南通。

王群给他们测量了体温，没发现什么异常。

“你看，我们没事！可以通过了吧!”车上的男子说着，发动了汽车。

“王老憨”赶快拦住了车子：“你们是从涉疫地区来的……暂时不能通过。”

对方很激动：“我们没有走高速路，就怕被劝返。马上就要到南通了，我们怎么能回头？您就放我们过去吧！”

“王老憨”非常理解这对夫妇，但是他要负起责任，那就是守好南通的西大门，不让新冠疫情蔓延。虽然这对夫妇来自涉疫地区，但是不能把他们看成敌人。要把他们当亲人对待，想方设法让他们明白特殊时期的特殊要求，自觉地配合防疫工作。

“王老憨”想了一下，给镇防疫指挥部打了个电话。然后，他对他们说：“你们有两种选择：一是立即返回；二是跟我去隔离点。十四天后，如果你们的身体没有问题，那么经防疫指挥部同意，就可以去送货了。”

驾驶员依然非常激动，坚决不同意返回，也不肯去隔离点：“我们都不发烧，家里人也没有被感染，凭什么不让我们通过？”

“这位兄弟，你不要激动嘛！将心比心……我非常理解你们。”“王老憨”说着，叫王群从帐篷里拿来方便面、水果和饮料，送给了这对夫妇。然后，他继续耐心地劝导：“即使是我的亲人，我也不能放他们过去——这是我的职责。现在，全国上下都在抗疫，我们也不能放松。你们不发烧，不等于没有携带新冠病毒。你们应该知道，这种病毒在人体里的潜伏期很长。万一有人被感染了，你们良心上也过不去吧！我看，你们都是厚道人，肯定会支持我的工作。”

经过两个多小时的劝说，“王老憨”的坦诚和执着打动了这对夫妇。在“王老憨”他们父女俩真诚的祝福声中，他们终于掉转了车头。

就在这天下午，一辆挂着安徽号牌的小汽车行驶到了疫情查控点。车子的后排座上，一个四岁左右的小女孩儿躺在母亲的怀里睡着了。

她们和司机是一家人。孩子的母亲是海安人，是专程从安徽回来过年的。王群给他们测了体温，两个大人都正常，可是小女孩儿的体温为 39. 8 摄氏度。

王群第一次遇到这种情况，赶紧告诉了父亲。

“王老憨”说：“先不急！孩子是不是长时间闷在车里，体温偏高?”他建议一个小时后再给他们测量一下体温。

可是，一个小时后，小女孩儿的体温依然没有降下去！

“王老憨”十分镇定地让其他同志守好检查点，然后开着警车把他们连人带车护送到了曲塘医院。曹建海院长立即按照防控预案，仔细地给这三个人进行了检查。

晚上 9 点多钟，“王老憨”接到了医院的通知。这孩子在路上着凉了，是一般的发烧。

有惊无险！“王老憨”他们父女俩悬着的心终于放下了。

“王老憨”带着女儿奋战在一线，已经退休了的老伴儿也没闲着。她不是变着花样地做补充体能的饭菜，就是戴着口罩协助社区干部进行防疫宣传。

在抓捕犯罪嫌疑人的时候，“王老憨”的右脚外踝骨折了，一直没好利索。抗疫的那段时间，只要“王老憨”一到家，他老伴儿就立即端来洗脚水，递上松软的棉拖鞋。看着“王老憨”那肿得像馒头似的右脚，老伴儿总会心疼地唠叨几句。这时，“王老憨”便会嘿嘿一笑，说：“没事，过两天就好了。”

“王老憨”表面上挺轻松，心里还是挺紧张的。他一下班就听新闻，看有没有好消息，被感染的人数有没有下降。

他十分牵挂在武汉工作的大女儿，女儿的每一条报平安的信息都会给他莫大的安慰。但是，每次他都对女儿说："疫情不退，你不许回！"

虽然"王老憨"还有二十八个月就要退休了，但是他丝毫没有要歇一下的念头。他要站好最后一班岗，给两个丫头做榜样。

王丽在日记中写道："亲情永远是埋藏在人们心中最温暖的一道防线。当你感到沮丧、感到疲惫、感到低落时，家永远是你停靠的港湾。新冠肺炎疫情牵动人心，我们一家人毅然选择了逆行而上，一起站在抗击疫情的战场上。这也许是我们全家的一种默契吧！"

"王老憨"他们父女三人是亲人，更是并肩作战的战友。他们共同组成了一道抗疫的最美风景线！

家国天下，有国才有家。顾家的"王老憨"，憨得默默无闻，憨得轰轰烈烈。关键时刻，他带领全家人"该出手时就出手，风风火火闯九州"！

一个浓情的约定

江苏南通，金岛生态园。

南通援鄂医疗队的全体成员正在这里集中休养。

望着窗外一串串嫩绿的柳条，王丽的心又飞回了武汉——她有一个未了的心愿！

王丽一直惦记着病区里的熊奶奶，要和她一起唱首歌。驰援任务结束的前一天下午，她专门来到熊奶奶的病房，想完成当初的约定，却发现老人家上午就出院了。

虽然有点儿遗憾，但是她依然很高兴，因为熊奶奶康复出院了，这是她最希望听到的消息。

回到家乡后，王丽一直没有忘记武汉的熊奶奶，也不曾放下这个美好的约定。于是，她把这件事情告诉了自己的父亲。

“王老憨”自然懂得女儿的心思：“你在微信朋友圈里问一问！你不是有武汉当地的医生好友嘛！请他们帮你打听一下，也许能联系上熊奶奶。”

王丽采纳了父亲的建议，录了一段视频。

“奶奶，您好！我是王丽。不知道您是否记得我……我脱下了防护服，您有可能认不出我了。我一直记着和您的约定：和您一起唱一首歌。”

视频中，王丽饱含感情地唱了一首《祝你平安》，祝愿奶奶和家人永远平平安安。随后，她把这段视频发到了朋友圈。

“王老憨”立即为她点赞。

不承想，这段表达江苏援鄂护士心愿的视频，一下子传遍了神州大地，被许多网络平台再度制作，推送了出去。这浓浓的思念和深深的祝福，再次温暖了汉江水！

几天后，王丽接到了添加微信好友的请求。加上好友之后，对方发来了一段长长的致谢语。

原来，这是熊奶奶的儿子发来的信息。他们一家人也在寻找这位美丽的江苏护士！

王丽邀请熊奶奶的儿子进入了“南通、海安一家亲”微信群。从此以后，这个微信群的名称改成了“南通、海安、武汉一家亲”。

王丽和熊奶奶有了一个新的约定：邀请武汉的亲戚来南通相聚……

散文篇

寻找春天的脚步

卢 蓥

在陈俊的微信里，有一个“运动步数排行榜”。一个多月以来，他一直占据着众多好友的“微信运动封面”。

陈俊是真的很忙！

陈俊是江苏宜兴湖㳇派出所的一名民警。这不，从小年夜到现在，他没休息过一天。

不是陈俊不想休息，而是他忙得顾不上休息。

这个春节，陈俊原本不是这么安排的。

“上大学的闺女回来了，这个寒假可得多陪陪她！时间都去哪儿了？一眨眼的工夫，娃咋就长大了？以后，想多陪陪她都没有机会喽！”陈俊在心里悄悄地制订了一个计划，“世界这么大，我想去看看！等值完了班，我得找个时间，好好陪她们娘儿俩出去转转，来个小惊喜！”

可是，谁也没有想到，春节前夕，一场突如其来的新冠肺炎疫情将陈俊的计划完全打乱了。

2020 年 1 月 23 日，小年。江苏宜兴警方对近期从湖北武汉等地流入的人员进行了全面排查，做到了“不落一户，不漏一人，不留死角”。

这一年是陈俊的本命年，而这一天又是陈俊的农历生日。因为工作忙，他没顾上和家人一起吃生日蛋糕。白天，他穿梭于辖区内的出租房之间，一家家地上门走访。如果承租人是从外地返回宜兴的，他便立刻联系村委会，让他们派人上门核查。晚上，他还要到辖区内的旅馆、民宿去走访，确保没有从重点地区来的人入住。忙完这些，他抽空去看了一下父母，陪着他们吃了碗面，就算提前陪他们过年了。

1 月 24 日，大年三十。春节长假的第一天，陈俊像往常一样，来到了社区。他知道，非常时期，多排查一户人家，就多一些安全保障。

这一天，他和辖区内的辅警排查到了一户人家。经过询问，他们得知这一家四口都是从武汉回来的。随即，他和村委会派来的人一起劝说他们居家隔离，防止疫情扩散。

1 月 25 日，庚子年大年初一。陈俊起了个大早，匆匆忙忙地出门了。

从丁蜀到湖㳇，他沿着风光旖旎的“景区路”，一路前行。道路掩映在高大的香樟树那苍翠的拱形树冠下，像极了绿色的时光隧道。七八分钟后，眼前豁然开朗，波光粼粼的阳羡湖出现了。就在这氧气充足的湖畔山间，深藏着一个叫“城泽村”的自然村。近年来，一些有经济头脑的村民将农房改造成了民宿。这里的环境越来越宜居，吸引了不少外地的游客，甚至还有组团来过年的。

庭院深深，远山如黛。置身于大自然的山水美景之间，多么美好的“新年伊始”啊！可是，此刻陈俊却心急火燎。他顾不上驻足欣赏，直奔一家名叫“湖畔人家”的民宿。

“老崔啊，你听我说！你 13 日去了武汉，是当天回来的。按照新冠肺炎疫情防控的相关政策，从涉疫地区回来，需要在家隔离十四天。十三加十四等于二十七，也就是说，你要在家隔离到27号。今天是25号，还剩下两天！坚持一下，等风险排除了，你就可以出门了。你平安了，你们一家人就平安了，我们大家也就都平安了！”陈俊一进门，就直奔主题。

“不光你一个人，你们全家都要居家隔离。家里缺什么生活用品，我们会帮忙买。把生活垃圾放在门口，我们来处理……你们都要戴好口罩，做好防护，避免交叉感染。”前一天晚上，排查的数据显示，城泽村的村民老崔春节前去了一趟湖北武汉。疫情就是命令，防控就是责任！陈俊迅速核实了信息，一大早就带着社区干部和防疫部门的工作人员找上门来。

“对了，住店的客人也要居家隔离。”陈俊话音刚落，在一旁拉家常的几位客人就急了。

“我们又没去武汉，为啥要隔离？”

“家里有事呢！明天要回上海！”

小年夜，老崔的民宿里，从上海、江西等地来了一批客人，老老少少共有二十多人。他们是一大家子组成的亲友团，来宜兴的山里过大年。按照原计划，他们大年初二退房。听说要延长隔离时间，他们有点儿激动。

了解情况后，陈俊耐心地做起了思想工作，向他们宣传了有关政策。因为涉及隔离期间的住宿问题，陈俊迅速向派出所的领导进行了汇报。最终，经过相关部门的协调，解决了房费问题。客人们见眼前的这位警察说话有理有据，安排得细致入微，纷纷表示理解，支持他的工作。

两天后，居家隔离期满，老崔他们安全离开了。

就这样，陈俊在忙碌中度过了鼠年春节。他和村干部一起排查了三十余间出租屋和八十余家旅馆、民宿。

四十八岁的陈俊是湖㳇镇洑西村的一名社区民警，在这里工作了十几年。他用脚步丈量着这里的山山水水，对这里的一草一木有着深厚的感情。

洑西村位于宜兴阳羡生态旅游区的西南部，由城泽村等五个自然村合并而成。随着旅游业的蓬勃兴起，风景秀丽的洑西村抛出橄榄枝，引来了金凤凰。“雅达·阳羡溪山”是宜兴有史以来投资最多的生态旅游项目，藏在宜南山区的“山水小镇”和以“康养”为主题的文旅小镇坐落于此。该项目被列为 2018 年江苏省的重大项目和 2019 年江苏省的重点旅游项目，总投资八十亿元。

塔吊林立，机器轰鸣。推土机、压路机有序地施工作业，运输车在工地上来回穿梭，两千余名建筑工人在热火朝天地搞建设——这是工地上日常的生动场景。可是，这个春节，工人们纷纷返乡过年，随之而来的是让人猝不及防的疫情。整个工地突然安静了下来！

1 月 24 日，江苏省实施了“疫情防控一级响应”。地处江、浙、皖三省通衢之地的宜兴，管控形势十分严峻。市、镇、村（社区）层层设卡，社区门口和村口设立了执勤岗，严格盘查，最大限度地降低了风险。

“雅达集团的工程量巨大，目前进驻的建筑公司、装潢公司就有二十二家。现在，疫情这么严重，一定要守住疫情防控这个关口。”1 月 27 日，大年初三，陈俊有些不放心，再次来到了雅达集团的工地。

“我们都不是本地人。现在，村头、路口，走到哪儿都有卡口。我们不敢出门，怕出去了就进不来了。可是，饭总是要吃的……快要断粮了！”在工地的生活区，陈俊找到了留守的工人。这里有十八个留守工人，来自四川、云南、江西等省。他们本想早点儿开工，可是没想到疫情来袭，连温饱都成了问题。

陈俊和村委会取得了联系，由他们代为采购，妥善解决了工人们的生活保障问题。可是，接下来，新的问题又出现了。

随着疫情防控形势的好转，2 月中旬，宜兴的首批企业复工了。雅达集团的部分管理人员先期抵达宜兴，进行了复工前的准备工作。于是，陈俊往这里跑得越来越勤了。“工人安全了，安全复工才有保障！”每一次上门，他都会绷紧安全这根弦。经过“密巡”“严管”“重防”，他时刻关注建筑工地的情况，严密防控，全力做好保障工作。

2 月下旬，工人们陆陆续续地复工了。陈俊对雅达集团的工作人员进行了指导，让他们加强对外来人员的管理工作，一律注册并使用“锡康码”。每天上工前，必须对员工进行体温测试。从涉疫地区来宜兴的人员要先进行居家隔离，核酸检测结果为阴性才可以返岗复工。“有了‘锡康码’，我们就可以精准地防控疫情了……”雅达集团的工程前期负责人王超说。

连续加班加点了一个多月，忙前忙后，陈俊的老毛病又犯了，腿部又酸又疼。几年前，他在工作时被车撞伤，左腿胫腓骨粉碎性骨折，留下了后遗症。

陈俊的妻子是丁蜀镇防疫指挥部的一名干部，默默地坚守在基层防疫工作最前沿。陈俊有一个小小的愿望，等疫情过去了，好好陪她出去走一走。

这一次，他可不能再爽约了！

我是你近旁的一株木棉

朱晓纯

“我如果爱你，绝不像攀援的凌霄花，借你的高枝炫耀自己……我必须是你近旁的一株木棉，作为树的形象和你站在一起……我们分担寒潮、风雷、霹雳；我们共享雾霭、流岚、虹霓。仿佛永远分离，却又终身相依。这才是伟大的爱情，坚贞就在这里……不仅爱你伟岸的身躯，也爱你坚持的位置，足下的土地。”

舒婷的《致橡树》以内心独白的抒情方式描写了木棉与橡树的爱情：站在同一个阵地，有着同一种信念……比肩而立，自强不息……同甘共苦，冷暖相依。再次读这首诗，我不由得想起了一位警察战友——南京市公安局秦淮分局红花派出所民警赵侠。她对待爱情、婚姻、事业的态度，正如诗人笔下的木棉树。

我与赵侠他们夫妇相识快二十年了。认识她，是在军转干部培训班。听她的名字，好像一个侠义的男子汉，其实她个子小小的，皮肤很白净，有一双水灵灵的大眼睛，显得清秀又腼腆。相处熟了，我知道她是山西人，转业前是驻山西某部队医院的护士。她的爱人叫汪朝晖，是南京某部队医院的医生。为了爱情，赵侠背井离乡，转业到了南京，成了一名社区民警。

有烟火气的爱情才是真正的爱情，接地气的生活才是真实的生活。部队给他们小两口分了一间二十平方米的长条形房间，过道里的厕所、厨房公用。心灵手巧的她用蕾丝窗帘把这个房间隔成了“客厅”“饭厅”“卧室”，每天都收拾得干干净净。赵侠喜欢鲜花，小汪总会在下班回家的路上买一束百合或者康乃馨，插在餐桌上的花瓶里，让平平淡淡的生活变得温馨美好。

军嫂和警察的双重身份，让赵侠对爱情、幸福、担当、奉献有了与众不同的理解。在部队营区生活了很多年，她经历了太多的离别情、相思情，懂得了珍惜和感恩。油、盐、酱、醋、茶里的爱情才是真正的爱情，思念、等待、坚守、团聚正是爱情应有的样子。在这样的爱巢里，赵侠成了丈夫近旁的一株木棉，以树的形象和他站在一起，分担寒潮、风雷、霹雳，共享雾霭、流岚、虹霓。

在相聚相守的日子里，赵侠与丈夫汪朝晖有过两次别离。

第一次别离是在 2004 年，汪朝晖随医疗队远赴利比里亚执行维和任务。赵侠不仅积极支持丈夫，用娇小柔弱的身躯撑起这个家，而且在自己的单位干得风生水起。那时候还没有手机，唯一的联系方式就是每半个月一次在网吧用“QQ”聊天。

第二次别离，是在 2020 年 2 月。

新冠肺炎疫情发生后，汪朝晖、赵侠他们夫妻俩主动请缨，积极参战。从除夕夜开始，赵侠就在南京参加了防控疫情的阻击战，而汪朝晖则在第一时间写下了请战书：“我有维和实战经验，我上！”2020 年 2 月 2 日，他随医疗队驰援武汉。

他们一起与新冠病毒做斗争，经受了生死考验。赵侠充满感情地在微信朋友圈发了一条信息：“2004 年，你赴利比里亚执行维和任务。2020 年 2 月 2 日，你出征武汉抗击疫情。我们各自坚守，彼此珍重安好……”

木棉花是英雄花，越是经过寒冬，就越开得娇艳。

丈夫汪朝晖在武汉火神山医院争分夺秒地抢救病人，妻子赵侠则在社区抗击疫情。她像红木棉一样，困难越多，就越能迸发出能量。赵侠带领着战疫小分队，日夜奋战在抗疫第一线。

有一次，一个小孩随父亲从外地返宁，结果发烧了。赵侠得知这一情况后，赶紧与孩子的父亲取得了联系，劝他立即带孩子去医院就诊。随后，她赶到社区，和社区的工作人员一起对相关人员进行了排查。由于长时间地用手机查看疫情，她感到眼睛十分干涩。每到这时，赵侠都会滴两滴眼药水，然后继续工作，生怕一时疏忽漏掉重要信息。

社区的防疫工作十分重要，容不得半点儿马虎。赵侠连续多日开展实地摸底排查工作，并且在电话和微信里进行了确认。初春的晚上，天气有些凉。小区的门卫、保安见到赵侠，总是站得笔直，恭恭敬敬地向她敬礼，以表达敬意。

群众的心里有杆秤！社区民警有没有把群众的利益放在心上，遇到困难时有没有冲在最前面，群众最清楚。

有人享受岁月静好，也总有人要负重前行。木棉花的花语是“珍惜身边的人和身边的幸福”。于是，这对经历过两次生死考验的夫妇，更加相互珍惜了。当汪朝晖冒着随时有可能被感染的危险，义无反顾地选择了逆行时，赵侠作为他的战友、爱人，像木棉树一样，站立在他的身旁，给予他理解和支持。在视频中看到汪朝晖拖着疲惫的身躯结束工作的时候，她心疼不已。看到丈夫颈椎、面部勒痕道道、伤痕斑斑，那一道道“天使的印记”让赵侠忍不住流下了眼泪。所有的担忧和牵挂，她只能默默地独自承受，给予爱人的永远都是最灿烂的笑容和最乐观的语气。汪朝晖工作起来总是没日没夜，没有固定的休息时间。为了让爱人多睡几分钟，赵侠总是尽量缩短通话时间，唯一的叮嘱就是："你一定要按时吃降压药，要多休息。我和儿子以及家里的老人都很好，千万不要挂念……"

赵侠忙于抗疫工作，爱人正在支援武汉。他们的儿子正面临高考，做妈妈的却无暇顾及……深夜，赵侠拖着疲惫的双腿回到家中，看到了懂事的儿子给她准备的点心和牛奶，还有一个字条："妈妈，照顾好自己，别忘了喝牛奶！"看着这些，赵侠不知不觉地流下了眼泪。这孩子，一下子就长大了！儿子知道爸爸在火神山医院救助病人，妈妈也奋战在防控疫情的第一线，感到十分自豪。他在作文中写道："我热爱我的祖国！我要以爸爸妈妈为榜样，做一名有家国情怀和奉献精神的共青团员。"

4 月，红艳艳的木棉花争相开放，像一片片火红的云霞。赵侠带领着防疫小分队深入社区，不惧风险、团结奋斗，形成了群防群控的强大力量。

在防控疫情的第一线，有许多像赵侠一样的女警察。她们像一朵朵扎根在基层的木棉花，守护着社区的安宁……

她们是新时代最可爱的人！

一碗泡面的温度

葛 佳

“我知道您工作忙……一定要注意休息，把口罩戴好，勤洗手！希望疫情早点儿过去！盼望您早日回家！我永远是您最坚强的后盾……”

刚刚结束了一整夜的执勤，她身心疲惫地回到休息室，吃上一口热乎乎的方便面。想要抽空给独自一人在家的女儿打电话时，她却意外地从口袋里掏出了一张折叠得很整齐的纸条。翻开一看，女儿熟悉的字迹出现在她眼前。于是，热泪一下子就溢出了她的眼眶。

她是我的领导，是派出所的一名“85后”副所长，刚调到所里不久。她是“斗士”一样的存在，似乎一刻都没有闲下来过。在工作中，没有她克服不了的困难。在大家的眼中，她就是值得学习的榜样。

平日里，大家总能听到她爽朗的笑声，看到她脸上洋溢着的亲切笑容，以及她办事时风风火火的身影。可以说，愁眉苦脸的表情从来没有在她的脸上出现过。如果非要说出现过，那么我还记得这么一个片段……

有一次，在视频通话中，她叮嘱女儿不要吃泡面，要认真做功课。挂上电话，她仍然眉头紧锁。其实，她对女儿是心存愧疚的。星期天忙于工作，她又不能陪伴女儿了。等忙完这一阵子，她一定要亲手给女儿做一顿饭。

好不容易熬到了春节前夕，终于可以休息两天了，却突然发生了新冠疫情。她回到了单位，和同事们一起抗击疫情。

作为领导，她第一时间传达了上级的要求，喊响了“疫情就是警情，疫情就是命令”的口号。她带队对辖区内的旅馆、网吧、棋牌室等公共场所进行了排查，避免了人员聚集。除了做好信息收发、数据统计、物资保障工作以外，她主动申请到高速公路的卡口执勤。

执勤时，她常常要在风中站立十二个小时。有时，她忙到忘记吃饭，只好泡一碗方便面充饥。同事们怕她疲劳过度，劝她不要那么拼，可她却说，女子也可以像男子一样。

细细算来，她已经半个月没有回家了。读完懂事的女儿偷偷藏好的纸条，她抹去了眼角的热泪。这时，电话铃响了。

电话是女儿打来的：“妈妈，我今天很早就起床了，马上就要看书了。妈妈，我在新闻里看到了好多警察忙得没时间吃饭，只能吃泡面。你要记得吃饭！别老吃泡面，不健康……”

听着女儿那大人般的叮嘱，她感动极了，觉得女儿真的长大了。

她挂上电话，泡面已经凉了。她往泡面里加了一些热水，尝了一口，心里暖暖的。不知是家人的鼓励，还是一碗泡面的温度，使她前行的动力更足了，使她抗击疫情的信念更坚定了。

晚上 9 点多钟，我看到了她在朋友圈的留言：“疫情结束后的心愿：像模像样地做顿饭。”

逆行的兄弟们

王东海

大年三十打扫干净家里，备好了年货，把橘子、苹果、花生摆在茶几上，把红色的灯笼挂起来，就等着天黑过年了。晚上8点多，我的妻子突然说：“呀，刚看到微信！孔晨菲被召回单位上班了！”孔晨菲是和我的妻子关系很铁的派出所女民警。我的妻子说：“孔晨菲下午在微信群里说，她的小儿子得了手口足病。她晚上就被喊去加班了，真惨！”

孔晨菲他们夫妻俩都是警察，丈夫陈飞在机关保卫大队工作。她有两个儿子，大的八岁，小的十五个月。春节前，大儿子放了寒假。为了有人照顾，她把两个孩子都送到外婆家去住了。大年三十那天下午两点，孔晨菲开车回到了父母家。她本想接孩子回家过年，却发现小儿子发烧了，嘴上都是泡。她拍了张照片，发到了朋友圈。下午4点，她突然接到派出所的通知，让她去参加紧急会议。孔晨菲把两个儿子安顿好，便匆匆地赶回了单位。下午5点，会议结束了。外婆说孩子的体温更高了，孔晨菲便赶回乡下，带着小儿子去了儿童医院。医生一量体温，38.2摄氏度。她一下子紧张起来，但仔细一想，儿子最近好像没跟外来人员接触过，应该只是一般的感冒发烧。拿了药，她把小儿子送回家，便回到了派出所。那天晚上，派出所的全体民警走入社区，对外来人员进行了排查。1 月 25 日上午，小儿子身上起了红疹。她赶紧把小儿子送到了医院，确诊为手口足病，重新拿了药。从大年三十开始，她就再也没有休息过。

大年初一，凌晨 5 点，我趁着天黑，开车来到了一栋居民楼附近。五十多岁的老贡和唐主席早早就来到了小区。老贡说，人老了，睡不着。我们三个人一班，负责“禁燃禁放”。早晨，下起了毛毛细雨，空气清冷。往北一公里以外的乡镇不属于禁放区，此刻正爆竹声声。

中午，妻子发来微信说，几个叔伯要聚餐。按照惯例，各家轮流请客，从初一吃到初八。可是，疫情期间，谁还敢聚餐？接着，几个“小年轻”开始在群里转发新闻，企图说服老人。可是，老人们仍然不以为然。直到启动了“突发公共卫生事件一级响应”，老人们才终于开始警觉了，都忙着去买口罩了。

机关里的民警除了值班，又加了一项新任务，都要去派出所协助排查。看来，派出所的工作是越来越多了，人手也越来越不够了。同事周鹏已经被“下放”到了派出所。我开玩笑说：“你真惨啊！”周鹏说：“惨啥？政治处副主任姜丹辉都跟着入户核查去了！”姜丹辉去了中山路派出所，他的妻子杨华英是和平桥派出所的社区民警。这样的“双警家庭”在公安系统有很多。夫妻都在一线，孩子只好留给家里的老人照看。杨华英分管的“江南人家”小区里有两个确诊病例。小区里的群众一听，吓得把门关得紧紧的。杨华英每天都要与疾控中心、社区医院的工作人员一起入户，妥善地安置确诊患者，以及确诊患者的宠物。遇到嘴碎的老太太，她还要戴着口罩和护目镜，不停地解释。

1 月 26 日晚上，局里成立了疫情防控指挥部。几位局领导定好了分工，按照核查处置、交通管控、护送看护、舆情应对、应急处置、内部保障，每人负责一项工作。1 月 27 日，民警、辅警取消休假，全员上岗，其他部门的同志也参加了摸排、收集等工作。战友越来越多，队伍越来越庞大。后来，连社区大妈都加入了。不过，紧张中也有轻松。有时，群众一个电话，民警立刻排查，结果发现车主是本地人。所有人都绷紧了神经，必须确保排查到位，否则就有可能出现成百上千个新增感染者。

从派出所回来，听主任说，要多报道基层一线各个岗位的民警。于是，我就打电话询问，谁知碰了一鼻子灰。大家都很忙，任务一大堆，哪有空理我！我只好跑到了一线，看大家在干什么。交通管控后，在高速公路的路口设置了五个防疫查控点。交警不分昼夜地对车辆进行检查，对人员进行排查，外控输入，内控扩散。河阳中队的郑宏宇连续几天没回家，唯一一次回家是因为父亲打电话说便血了。他凌晨开车赶回家，把父亲送到了医院。经过检查，父亲被确认为胃溃疡。他拿了药，便把父亲送回了家。9 点钟，他回到了执勤的路口。

有热心群众在网上举报，某乡有人聚众赌博。在自家开个麻将馆，外面有人望风，一看警车来了，众人一哄而散，很难抓现行。于是，民警换了便装，突然袭击，抓了个现行。老板无法抵赖，个个被罚。

群众的眼睛是雪亮的，群众的智慧是无穷的。在线查询、在线核实，运用现代科技手段，大大提高了一线民警的工作效率。

派出所请了理发师傅进所给大家理发，还落实了分餐制。每人打一份饭，自己找地方去吃，彼此不见面。教导员对大家说：

“现在是特殊时期，要是做不到分餐……一旦被传染了，就真的要老死不相往来了。”

妻子发来了一张派出所的“就餐图”。五十七岁的辅警老刘出去排查了，刚回来。他端着一碗饭，站在运垃圾的三轮车旁，津津有味地吃着，让人觉得既好笑又心疼。特殊时期，顾不上那么多了。简单吃一口，下午还要去排查呢！为了控制住疫情，一定要排查到位。老刘笑着说：“腿走断了，我还能爬！”民警小杨诙谐地说：“我已经身染百毒而百毒不侵了！”他自己可以将生死置之度外，可是家里刚出生几个月的小孩却让他放心不下。为了防止传染，他干脆睡在所里，家也不回了。妻子说：“大家都不容易啊！没有什么从天而降的英雄，只有穿了警服就必须选择逆向而行的凡人。”

随着采访的深入，我又听到了一个真实的故事。1 月 29 日 20 时，后巷派出所接到群众报警，一名湖北籍男子因病去世了。经调查，该男子与妻子离婚了，平日与十岁大的女儿小芸暂住在此地。两个月前，该男子被确诊为癌症晚期。父亲突然去世，年仅十岁的小女孩如何生活，成了一大难题。女孩是湖北籍，民警周海忠送她到后巷卫生院进行了检查，又为她安排了食宿。女民警徐蕾为了陪护这个小女孩，在酒店住下了。民警王守国为女孩买了新衣服、新鞋和新书包。1 月 30 日，派出所民警联系上了女孩的母亲。目前，她居住在江苏淮安，想与女儿团聚。可是，各地都在实行交通管控，出行不便，且有被感染的风险。派出所的领导决定，由民警殷姿和民政部门、村委会的工作人员一起把她接回来与女儿相见。其实，这是一个平凡得不能再平凡的故事。这样的故事每天都在发生……

无论事情发生在哪里，警察都会立即赶到。刚毕业的民警傅金炎平时嘻嘻哈哈，无忧无虑，我总喊他“傅二愣子”。我对他说：“你做好防护，不要大意！万一感染上了，不得了！”小傅说：“感染上了……正好，你可以给我写本书了！”说完，他便钻进警车，出警去了……

你的背影

赵 舟

除夕夜，华灯初上。家家户户张灯结彩，其乐融融。做完一桌团圆饭，你理一理肩章，转身就要出门。丈夫急忙挽留："今天走得这么早?""嗯。我们得去现场疏导……"说着，你一步跨出门去，留下一抹藏蓝的倩影。

大年初二，刚值完班，你准备陪家人好好玩上一天。突然，你接到了一个电话。你丝毫没有犹豫，丢下一句"所里有急事儿，下次再陪你们"，就急匆匆地去了单位。疫情当前，容不得半刻耽搁。会议室里，所长布置完工作，你立刻穿上防护服，回到社区，开始了排查。

1 月 31 日，你听说城中辖区的人民医院北院被确定为全市唯一治疗新冠肺炎的定点医院，急需一批公安民警前去值守。身为女警，你义无反顾地递交了请战书，申请加入党员民警突击队。

2 月 11 日，寒风刺骨。这是你在小区封闭管理的卡口坚守的第十一天。当天，你的状态不是很好，头疼、咳嗽，伴有低烧。可是，你依然坚守在岗位上，心里想着："我得站好这一班岗啊！我走了，谁来堵这个缺口?"你咬了咬牙，坚持了下来。

3 月 8 日，妇女们共同的节日。往年总少不了聚会，今年取消了。因为，你正忙着给社区的大爷、大妈们申请“祥泰码”、印制纸质卡片。经过网上申请、打印图片、塑封成型，最终形成了身份证大小的卡片，正面是“祥泰码”，背面是你的联系方式。你挨家挨户地分发卡片：“张奶奶，卡片收好了，以后就凭这个卡片进小区了！有问题的话，记得打我的电话！”张奶奶拉着你的手，笑开了花。

4 月 30 日，“五一”节的前一天，你接到所里的通知，有紧急核查的任务。于是，你第一时间赶到了所里。没有人知道，你的父亲刚刚做完手术，躺在病床上。你年幼的孩子还在老家，等着你去接。你只是默默地开展工作，敲击电脑键盘。

5 月 10 日，母亲节。你兴冲冲地往朋友圈发了一条消息。照片中，你和孩子坐在昏黄的灯光下，面前摆着一幅稚嫩的画作。这一定是孩子送给你的节日礼物！他一定为有你这样的妈妈而感到骄傲！

6 月，各项工作逐渐恢复了常态。我偶然坐在电脑前，翻看着半年来拍下的一张张相片，才又想起了你那藏蓝色的背影……或坚强，或温柔；或忙碌，或安静。女警啊！你们外表柔弱，内心坚毅，用自己的肩膀撑起了半边天！

一根筋

陈 宇

口罩一夜之间紧俏起来，药店成了众人聚集的场所。

很多人天刚蒙蒙亮就来这里排队了。有人叽叽喳喳地吵个不停……

我连忙安慰大家，让他们不要急躁。其实，我比谁都清楚，这么多人拥挤着，一旦口罩脱销，肯定出事。

我一着急，大脑一片空白，一时想不出应对的办法来。

“简直笨死了！这是谁的主意？为什么口罩不能直接发放到小区，统一收费，减少接触？居家隔离本来没什么事，一聚集，这病毒……”

说话的是李老头儿，绰号“一根筋”。

镇南有一个大大的转盘，转盘口自古就是镇南门的卡口。在这里设卡，可以排查一省两市的外来人口。

李老头儿的水果店在转盘的北面，坐西朝东，而他的住处就在转盘的斜对面。李老头儿每次回家都逆向抄近路，已经成了习惯。执勤的民警见这里乱糟糟的，车来车往，就拦住了李老头儿，向他宣传交通法规。没想到，李老头儿龇着大黄牙，猛地拉开胸前的衣服，拍着胸脯说：“我老李头儿开店几十年啦，还从来没人敢教我走路呢！大家看看……我算是遇上两个嘴上没毛的了！来来来，大家评评理！我这一天要来回走多少趟啊！照他们的说法，我得去绕多少次大转盘啊！”他的话引来了一片哄笑。

执勤的民警刚要和他较真，他就把自己的胸膛拍得“叭叭”响，脑门上的青筋一张一翕。听到嘈杂的吵闹声，我赶紧跑了过去。经过一番劝说，我拉着执勤民警离开了，让他们不要再跟这个“一根筋”理论。于是，“一根筋”给我留下了深刻的印象。

调到小镇派出所以后，我对“一根筋”印象更深了。疫情发生之后，“一根筋”竟然穿上马甲，戴上红袖标，加入了抗疫志愿者的队伍。

“一根筋”说了几句气话，就离开了。我走到几个没戴口罩的人面前，问：“你们这是怎么回事啊？这是很危险的！”

一个学生模样的女孩腼腆地说：“警察叔叔，我爷爷常年卧床。爸妈在外打工，没有回家。我没买到口罩……”我鼻子一酸，摸了摸口袋，发现还有一个新口罩，是早上所里发的。所长一再关照，要省着用。

“这个你先戴着，安全要紧！”我把口罩给孩子戴上了。就在这时，又有人吵了起来。

“请大家安静！”我一边拨开人群，一边说。

“警察同志，有人插队，有人多买！说好的……”排在后面的害怕买不到口罩，也跟着吵了起来，现场差点儿失控。

就在这时，“一根筋”出现在了我身边。

“小陈警官，你让大家不要急躁，现在就跟我走……”他指了指我的对讲机说，“我有办法缓解……”

不知“一根筋”这葫芦里卖的是什么药。我向排队的人们简单地交代了几句，便赶紧跟着“一根筋”来到了他的水果店门前。没想到，嵇所长已经等在那里了。

“一根筋”见了嵇所长，就像见到了亲兄弟一样，一句客气话都没有。他三步并作两步，利索地打开门，用水果刀打开一个超大的包装袋，说：“你们看，口罩！四个‘大硬件’呢，足够周边三四个小区的住户用两个星期了。你们快去药店疏散人群，让他们回家等，一会儿就把口罩免费发放给他们。”

嵇所长热泪盈眶地望着满脸沧桑的李老头儿，一把攥住了他的双手，充满感激地说：“老李，你可救了小镇人的大急啦！”

“一根筋”开玩笑说：“这真算不了什么！我那小子从小不知吃了街上多少人家的大饼油条！他在省城开了个医疗器械厂……几天前，我教训过他……新冠肺炎疫情来了，还不赶紧援助家乡人！这几袋口罩，他是昨晚顺路带来的。”

刚疏散了人群，“110”指挥中心就抽调了两名民警，到三条省道去进行二十四小时轮流巡查。

嵇所长眉头紧皱，犯难了。所里本来就缺人手，再抽调人员去巡查，实在是难啊！

没想到，“一根筋”插嘴道：“嵇所长，你不要犯难！现在就把南转盘卡口的两位民警调走吧，南卡口由我来带人轮守。我土生土长在这里，蜢虫从眼前飞过，都识得公母，还怕我守不了？”

嵇所长想了想，感激地对“一根筋”说：“那就有劳你们这些志愿者了！这样吧，我去北门守卡。咱们一南一北，这镇子就守住了。小陈，你负责不定时巡查吧！”

忙活了一整天，我回到所里，已经是晚上 7 点了。我刚喝了一口热水，就看到“一根筋”把电动三轮车停在了门外。他像进家门一样，不管三七二十一，把手里的纸盒往接警台上一扔，说："小陈警官，这些口罩是我给你们备下的。我上岗去啦……"我追出门时，"一根筋"已经走远了。我庄重地向他的背影敬了一个礼。茫茫的夜空，一片漆黑。寒风阵阵，在耳边呼啸。

再次经过转盘时，我清楚地看到，"一根筋"直直地立在那里。细密的雨点夹着雪粒打在他身上，发出了细微的"沙沙"声。"一根筋"已经成了雪人……

我看着他，脑海里浮现出了警营里的那些熟悉的面孔。他们又何尝不是"一根筋"呢！

又一次食言

张培培

2020 年的春节来得有些早，却很漫长……

1 月 23 日，除夕的前一天，我和同事们像往常一样，坚守在工作岗位上。喝茶的间隙，我瞄了一眼手机上的新闻。“一定会没事的!”我在心里默念着。我放下杯子，转身继续干活儿。

当天下午，我和同事一起去干春节前的最后一件事——到审计大学、健康学院等涉外高校去给在校留学生送鼠年春联。我们要和他们一起贴春联，让他们感受中国的年味儿。回到办公室，天已经黑了。我刚想坐下来休息一会儿，手机就响了——婆婆发来了视频。点开视频，只见儿子无精打采地依偎在奶奶怀里，女儿则在一旁喊着：“妈妈，妈妈……”

儿子依旧无力地靠在奶奶身上，将脸转过去，背对着摄像头，不给我看。“两个孩子想你们了！今天一天问了很多遍，问你们什么时候回来。可能是上午我和你爸在家说你们下午回来，他们听见了。”

“来，看看妈妈!”奶奶一边说着，一边将摄像头对准了孩子们。

“妈妈，你什么时候回来?”儿子开口就问。

“妈妈，妈妈准备……”面对视频中孩子们期待的眼神，我哑口无言。我承认，我没打算晚上赶回去。

凭借往年的经验，下班后赶回老家，肯定堵车，半夜都不知道能不能到家。上一次回老家看他们，已经是一个月前的事了。

连续加班，我已将收拾行李的计划排在了2020年1月23日晚上，准备24日凌晨和老公一起赶回老家。可是，看着视频另一端两个孩子期盼的眼神，我毫不犹豫地回答道：“妈妈一会儿下班就和爸爸一起回去看你们!”我承认，那一刻，我无法拒绝我的孩子们。

挂断了电话，我就坐上了回桥北的班车。

18点50分，老公还没有回来。“老公，我去给两个孩子买玩具。你回来之后，赶紧收拾行李！我们在小区门口见!”我一边给老公打电话，一边放下包，奔向楼下的超市。我知道，我是在给自己找借口。也许带了礼物，就可以减轻很久没有陪伴孩子的内疚。

19点30分，老公将车开到了小区门口。“我们现在赶回去，可能要半夜才能到家。今晚肯定堵车!”老公看着我，似乎在向我暗示，我们要做好一夜不睡觉的准备。我说：“半夜也要回去!”老公看我如此坚定，说：“行，咱们这就出发!”

打开“高德地图”，看着一路红线，我们俩决定不走高速公路，走小路回家。此时，已经是19点35分……漆黑的路上，除了车灯，没有一丝亮光。我们一边开车，一边回忆着两个孩子小时候的模样，聊着有趣的事。说着说着，记忆开始变得模糊了……

23点25分，我们终于到家了。“这么晚了，两个孩子应该睡了吧。”我紧紧地抱着给两个孩子买的玩具，轻轻地推开了家门。

“爸爸！妈妈！”两个孩子见到我和我老公，兴奋地又蹦又跳。

“他们两个都不愿意睡觉，非要等你们回来，在大门口看了好多遍了！”孩子的奶奶一脸疲惫地说。

“爸爸和妈妈回来了！爷爷，这是我的亲爸爸和我的亲妈妈！”他们好像是故意在爷爷、奶奶面前炫耀。我和老公分别把他们俩抱了起来。两个小家伙像是说好了一样，不约而同地亲了亲我和我老公的脸。然后，他们都不好意思地笑了起来。那一刻，我万分激动，眼泪夺眶而出。初为人母，我第一次感受到，孩子们是那么容易满足，没有什么礼物能比得上父母的陪伴。由于我和老公工作忙，两个孩子八个月大就被送到了老家，交给爷爷、奶奶照顾。对此，我除了内疚，还是内疚……

那一晚，两个孩子一直兴奋到了凌晨1点多，可能因为等了太久。不一会儿，就传来了均匀的呼吸声。我轻轻地将他们搂入怀中，暗下决心，过年一定在家好好陪他们。

正当我和老公沉浸在和孩子团聚的喜悦中时，我的手机响个不停。大队领导发来了消息：“接上级通知，全员取消休假。所有民警，请于上午9点前准时到岗！”看着一旁正在和爸爸一起疯闹的孩子们，我知道，这一次我又要食言了。连我自己都记不清，我有多少次食言了。期盼了一年的春节长假，又要泡汤了。我有些失落，更多的是内疚。

“疫情就是命令！疫情不退，警察不退！我们在路上……”朋友圈里，同事们发来了返程的状态。于是，我怀着必胜的信心，和老公一起踏上了返程的路。

2月8日，元宵节。上岗前，大队领导拎着饭盒，一路小跑：“来，先吃两个元宵再走！元宵节了嘛，团团圆圆！”

“哦，今天是元宵节!”大家每人分了几个元宵，各自找地方安静地坐下来，谁也没有说话。他们默默地吃着，把对家人的思念埋在了心底……

“已经离开家十二天了，两个孩子大概也在吃元宵吧。下一次，我再好好陪你们!”我在心里默默地念叨着。

“走，去辖区内的美国老奶奶家看看！她一个人在家，我们不放心。”听到同事的喊声，我赶紧放下了筷子……

我知道，还有很多像我一样无法陪伴孩子的爸爸、妈妈正奋战在抗疫一线。

因为爱，他们无所畏惧。

我们既然选择了公安事业，就选择了牺牲和付出。多年以后，我们的孩子会因今天的我们而感到骄傲和自豪!

烈火真金

卢 东

是金子总要发光的，吉金就是这样的金子。

吉金，无锡市公安局交警支队高速一大队一中队中队长。胖胖的脸、胖胖的肚子、胖胖的腿，他俨然一个行动缓慢的胖小伙儿。你可别被他那胖胖的外表迷惑了，他可是单位篮球队的主力，是一名出色的警察。确切地说，他是一名出色的交通警察。

对于一名警察来说，抓获持枪的犯罪嫌疑人并不是件容易的事。对交警来说，就更不容易了。但是，交警吉金做到了！春节前的一天晚上，9 点左右，吉金在沪宁高速公路无锡东收费站的出口处检查车辆时，一辆镇江号牌的出租车进入了他的视线。车内的两名乘客看到警察时，似乎在有意地回避。吉金向来胆大心细，面对嫌疑车辆时装作漫不经心。他拦住了这辆出租车，随口说道："例行检查！请您出示驾驶证、行驶证！"出租车司机似乎不愿意配合，咕哝着："别浪费时间了，刚才已经检查过了！"吉金笑了笑，说："再查一遍吧，没问题马上就可以走！"车内的两个人听了这话，明显放松了警惕。吉金要求他们出示身份证，他们都说没有带。吉金安慰道："没关系，跟我到岗亭的电脑上查一查就可以了。"两个人对视了一下，跟着吉金进入了岗亭。

经过身份比对，确实没有发现两个人有前科劣迹。但是，他们在不经意间说了一句话：“什么都没带——身份证没带，连钱都没带。”吉金敏锐地觉察到，这两个人很不正常。乘坐长途出租车，从镇江到无锡，至少要几百块钱。他们身上没钱，怎么付车费呢（当时，手机支付尚未普及）？想到这儿，吉金问道：“没带钱，下车时怎么付费?”其中一个人说有人替他们支付，另一个人却说到时候再想办法。两个人说完，对视了一下，似乎在埋怨对方没有跟自己保持一致。这一切都没有逃过吉金的眼睛，他提出要检查一下他们的随身物品。两个人从口袋里掏出所有物品，只有手机和香烟，没有其他东西。得知他们的身份信息正常，没有可疑物品，出租车司机有些不耐烦了，一再催促警察快点儿让他们走。吉金回答道：“可以。不过，我要再检查一下车子。”驾驶员说：“那就快点儿查，我们还得做生意。”两名乘客似乎不想让吉金查车，齐声说真的有急事，要马上离开。凭借多年的经验，吉金觉察到，他们越是话多，就越是在掩饰着什么。吉金示意身边的民警看紧这两个人，然后走到出租车旁边，打开警用手电筒，查看了一下前排的座位，没有发现可疑物品。他伸手摸了摸座位的下面，不禁倒吸了一口凉气。他掏出了一个硬邦邦的东西，是一把钢珠枪，枪里有子弹。吉金没有停止检查，继续在后排座位上搜索。掀开坐垫，赫然露出了一把“六四”式手枪。两把枪的子弹都上了膛!

公安机关进一步查实，这两个人系发生在镇江的一起非法拘禁案的犯罪团伙成员。当日，该团伙的五名成员从无锡出发，前往镇江，对一名受害者进行了控制，并将人带回了无锡。他们去镇江时乘坐的轿车只能容纳五个人，所以另外三个人和受害人乘原车辆返回，上述的两个人带着枪乘坐出租车回无锡。没想到，这辆出租车刚到无锡东卡口，就被民警查获了。警方顺藤摸瓜，于案发后五个小时之内抓获了另外三名犯罪嫌疑人，成功地解救了受害人，而吉金也完成了赤手空拳抓获持枪犯罪嫌疑人的壮举。

事后，吉金回忆道：“当时，知道子弹上了膛，我直冒冷汗。一旦歹徒狗急跳墙，直接开枪，后果不堪设想。幸亏我们成功地进行了人车分离，控制得比较好，才没有发生意外。”

因在破案时表现突出，吉金被江苏省公安厅记二等功，并被无锡市公安局评为“青春榜样”。

2020 年春节前夕，新型冠状病毒疫情来袭，无锡市公安局在高速公路收费站的出口处设立了检查站。高速一大队成立了“青年党员突击队”，吉金第一时间报了名。

2 月 20 日上午，吉金在无锡东卡口执勤时，一名女子驾车来到了无锡东卡口，说要进城接自己的母亲到上海进行化疗。吉金耐心地对其进行了劝说，可是该女子不但不听劝阻，还破口大骂，撕破了吉金的防护服。吉金仍然保持冷静，继续劝阻，并想办法通知她的母亲乘车来到了高速公路的入口处。该女子情绪缓和之后，认识到了自己的错误，驾车带着自己的母亲回上海看病去了。

作为中队干部，吉金经常连续工作十二个小时以上。在现场进行检查时，他的防护服里浸满了汗水。妻子生病了，孩子无人照顾，他下了夜班来不及休息，匆匆地赶回家做饭。他坚守在执勤点，吃住在警车上是家常便饭。他勇于担当，连续奋战，带领一中队的民警们出色地完成了防控任务。

疾风知劲草，烈火炼真金。在沪宁高速公路上，吉金和几十名战友一起守护着长三角的交通大动脉。他们披星戴月、顶风冒雪，在车流中站岗。无数个像吉金这样的人民警察，通宵达旦、不眠不休，守护着一个个社区、一条条道路……

一线水警标兵

黄小龙

无锡市公安局水上分局的“卫士”们闻令而动，奋战在一线。可爱的水警们用生命捍卫使命，用平凡铸就不凡，用行动诠释最忠诚的信仰。

徐正军是水上分局刑警大队的教导员，是分局疫情防控突击队的骨干成员。他放弃了探亲假，主动请缨，加入了市局机关合成行动队。分局第一梯队的执勤任务圆满完成之后，他向分局领导请命，负责水上分局驻京沪高速无锡互通卡点执勤小组的工作，二十四小时待命。他说：“现在吃点儿苦，是为了让大家早点儿不吃苦。再累也要坚持!”他的妻子是人民医院的医生。他们夜以继日地坚守在各自的岗位上，舍小家，为大家。当藏青色遇上白色，便成了两抹最动人的生命颜色。加班加点成了常态，夫妻俩已经几个星期没有见面了，根本无暇顾及家里的孩子。“你们放心吧，家里有我们!”二老在电话里深情地说。对家人的亏欠，一辈子也还不清。他们相互理解、互相鼓励，用实际行动践行了初心和使命。疫情当前，他们挺身而出，义无反顾地选择了“最美逆行”。

郁兵是刑警大队的副大队长。多年前，他因公负伤，落下了残疾。他年龄大了，旧伤随时有可能复发。他仍然坚守在岗位上，主动要求到一线去执勤。他表面上装作若无其事，背地里却在偷偷地吃药。他心里只有一个信念，那就是打赢疫情防控的阻击战。他说："如果疫情因为大家的坚守而消退了，那么我的这点儿痛就不算什么。"个人的事再大，也是小事。工作上的事再小，也是大事——这就是一名老共产党员的心声。疫情当前，他们绝不放弃，绝不"认㞞"，全力以赴地坚守着阵地。

"我在刑警大队年龄最大，给青年民警做表率是我的责任。"五十七岁的徐明华做了静脉血栓手术，尚在恢复阶段，一直在用药。他本来可以利用春节假期好好地静养，却因看到守卡的执勤表上没有自己的名字而黑了脸。他放弃了休假，偷偷地去卡口和战友们一起执勤。一个都不能少！绝不能临阵退缩！水警们，你们的样子好帅！

钮小栋是刑警大队唯一的"85后"民警。他的妻子在经开区分局指挥中心工作。他们的家庭是水上分局的"双警家庭"之一。小栋临危受命，不怕困难："让我来，我先上！"他和妻子很少见面，各自忙着手头的工作。他们是夫妻，更是战友。完成了第一梯队的任务，小栋马不停蹄地到市局的合成行动队去领了任务。

刑警大队的辅警陈健入职不满一年，刚做完肾结石手术，便主动请缨，到卡口去执勤。他和分局的民警并肩作战，守卫着无锡的东大门。洁白的防护服把身体包裹得严严实实，护目镜、口罩、面罩之下……我们不知道他们是谁，但是知道他们为了谁。陈健平时大大咧咧，但是也有铁汉柔情的一面。当滨湖分局马山派出所民警荣志珏牺牲在抗疫一线的噩耗传来时，陈健的心情格外沉重。他眼角微微泛红，叹了口气，握紧了拳头。

分局的民警、辅警日夜奋战在抗击疫情的第一线，防护物资的供应是办公室副主任周海英同志最牵挂的事。抗击疫情的攻坚战打响以来，她脑子里想的都是防护物资。经过多方联系，口罩、护目镜、消毒液等防护物资陆续到位。改善伙食、杀菌消毒等工作，她都亲力亲为。“我的责任就是，让我的战友们在一线安全，回单位安心。”巾帼不让须眉！水警人，你们的样子好美！

在这场没有硝烟的战争中，水警人迎严寒、战风雪，奋战在抗疫的最前沿。他们很普通，没有豪言壮语，只有质朴的誓言、忠诚的本色。

水，遇寒则刚，愈寒冷就愈坚硬如铁；遇温则柔，包容天下。水警人以生命护使命，守“水”有责，守“水”担责，守“水”尽责。国有难，召即来，来必战，战必胜。他们时刻捍卫着警徽荣耀！“山河无恙，人间皆安”，幸得有你，与有荣焉！

女警风采

李竹君

她们是一群年轻、活泼的女孩，温柔的外表下藏着“巾帼不让须眉”的坚韧。面对疫情，她们选择守土尽责，喊出了“我的地盘我做主”的口号，展现了新时代女警的使命与担当。

在常州市南大街的社区警组里有三名年轻的女警。她们都刚从警校毕业，很年轻，很阳光。同时，在我的脑海里，打下了一连串的问号——南大街派出所的社区警组真像传说中的那么强吗？这些年轻女孩能挑起重担吗？

慢慢地，这些温和且坚毅的女孩给了我答案。

疫情期间，她们放弃了与家人团聚的机会，匆匆地告别了恋人。有的女警在警务竞赛中胳膊受了伤，却义无反顾地奔赴了抗疫的最前沿。她们都是我眼中的“最美逆行者”！

因为她们年轻，所以我担心她们经验不足。因为她们是女孩，所以我考虑应该照顾她们。当所领导提出所有“四合一”上门工作都由所领导带领男民警完成时，这群女孩没有退缩。她们目光坚毅，坚决不服输，向所领导说出了自己的心声：“我的地盘我做主！有困难，我们再向领导提……”

工作时，她们一丝不苟，细致入微，在电脑前一坐就是半天。

上门核查时，她们把口罩一戴，把包一拎，带领男辅警说走就走。她们语气温和地与居民交流，又表情坚定地把义务和责任传达给了他们。柔中带刚，勇挑重担——这就是“南派女警”的精气神儿！

“我的地盘我做主，我的辖区我负责。”这是所有基层女警的心声。她们守土尽责，保一方平安，终将迎来春暖花开！

小城大爱

曹伦平

这注定是一个令人刻骨铭心的冬天，也是一个让人永远铭记的春节假期。当然，只有经历过寒冬的人，才格外懂得春天的温暖！

春节期间，新冠肺炎疫情来袭，让很多人“一觉醒来，假期延长了”。但是，有一群人，虽然不在医院，但是离疫情最近。你可曾注意过他们？公安民警闻令而动，全员上岗，奋战在疫情防控的第一线。

响应党的号召，党员先行！在我身边，一名老党员的事迹深深地感动了我。

他就是镇江市公安局润州分局金山派出所社区民警高学芝。

面对危险不退缩，面对困难不退堂，面对疫情不退后——这是民警、街道办事处的工作人员、社区卫生服务中心的医生和辖区内的群众对高学芝的一致评价。

冲在最前面

老高五十六岁，从部队转业后，已经从警二十多年了。像他这样的老民警，如果提出要调整到轻松的岗位，所领导一般是会照顾的。但是，老高把自己当成了小伙子，总是冲在最前面。他经常说："这身警服穿不了几年了。能穿的时候，就要对得起它，就要珍惜!"

1 月 24 日上午 10 时，老高刚值完班回到家，正准备休息，突然接到了所长曲波的电话："老高，现在疫情防控的形势越来越严峻了。辖区内的情况，你熟悉……"

"没事，我马上回来!"没等曲波说完，老高就十分干脆地答应了。

"其实，在打这个电话之前，我想了又想。疫情当前，辖区确实离不开他啊!"事后，曲波十分愧疚。

从腊月二十五开始，老高每天都在忙。外人不知道，他的家中有年迈的老母亲需要照顾。苏北老家的亲戚想要在视频里给老高的母亲拜年，需要老高用手机操作。但是，他一次又一次地爽约了。他白天不在家，晚上回去时，母亲已经睡下了。老家的亲戚生气地对他说："你过年不在家陪老人，瞎忙什么？你又不是医生，有什么好忙的?"没办法，老高只得尴尬地致歉。老高究竟在忙什么呢？他主动值班，走街串巷……

毅然穿上防护服

1 月 30 日，从武汉回来的李先生在社区的一家药店购买了退烧药。得知了这一情况，老高很快就与社区的工作组进行了对接。但是，李先生不愿意让医生上门服务，并且拒绝去医院治疗。按照疫情防控的要求，各部门都要派人对他进行劝导。

金山派出所派哪个民警去呢？就在大家商量之时，老高主动请战："我去吧！他在我的辖区……我和他电话沟通过，熟悉一些！"当天下午，老高穿上防护服，戴上护目镜，"出征"了！

上门后，社区工作组的同志要求李先生到医院进行诊断，可是李先生担心交叉感染，拒绝前往。

老高进行了劝解："到医院就诊，并没有歧视你的意思。如果并非新型冠状病毒感染，我们都很高兴。但是，如果耽误了，你将错过被救治的机会，对自己、对家人、对社会都是极不负责的……我已经五十六岁了，要说一点儿也不害怕，那是假的。但是，人不能老想着自己。况且，到医院去是为了你好……"

后来，李先生主动加了老高的微信，告诉老高，他主动到医院去就诊了。李先生被诊断为支气管炎引起的发烧，排除了被新型冠状病毒感染的可能性。拿到报告单之后，李先生第一时间把诊断结果告诉了老高。他说："高警官，谢谢你啊！幸亏听了你的话！这下，我们全家都安心了。"

老高松了一口气，第二天夜里才敢回家。老高的妻子得知这一情况，立马火冒三丈："你多大岁数了，还往前冲！这个家，你不要了？八十岁的老娘，你也不在乎了？"老高怕母亲担心，始终没有告诉母亲自己白天不回家的原因，只说"单位加班"。

"我是一名有着三十四年党龄的老党员。现在，群众需要我，我必须往前冲！"

待到山花烂漫时

在这场疫情防控的阻击战中，三百多万镇江市民众志成城，打了一场漂亮仗。在我们的公安队伍中，有了像老高这样敢于冲锋陷阵的共产党员，还有刚做完手术就投入战斗的民警老商，以及为了守住隔离点而推迟了婚期的青年民警小刘……

当你独自徜徉在深夜的街头却不担心自身的安危，当你一遇到危难就想起拨打“110”……在这些看似平常的情景背后，有千千万万个像老高这样的公安民警在默默地付出、静静地守候。

公安民警、医护人员也是普通人，但是在当下，他们再累也要扛着、撑着，因为国家和社会需要他们。

当疫情的“子弹”打过来时，我的很多战友冒着“中弹”的危险，顶了上去。他们不是超人，却因为使命在身，放下了常人应有的顾虑，冲在最前面。

千千万万像老高一样的党员民警，将忠诚和担当化作了磅礴的力量，守护着万家灯火。

积力之所举，则无不胜也；众智之所为，则无不成也。

请记住这个即将过去的冬天！待到山花烂漫时，请不要忘记他们为春暖花开而走过的“枪林弹雨”……

暗夜出征

任韵清

2月15日的夜幕像平常一样不急不缓地降临了。湖北荆州，本应热闹的春节期间，大街上却鲜有行人。

李刚在厨房里忙活了半天，刚把一盘三鲜豆皮端上桌，手机就响声不断。他来不及擦汗，回答了一句："嗯，好的。"挂断电话的一瞬间，李刚想了一下，便快速来到了妻子的卧室。

"领导！"李刚笑眯眯地摆了个敬礼的姿势。

"哎呀，多大的人了，还搞这一套！"妻子嘴上抱怨着，却一脸的笑容，"无事不献殷勤……说吧，有啥请求？"

"领导，你太聪明了！"李刚快步上前，抱住了妻子，"其实，没有什么特别的请求。我只是有点儿难过……"

妻子立刻捂住李刚的嘴，轻声说："我知道。我是民警，怎么会不知道你在想啥？奔赴第一线，这是肯定的。只是，可怜咱们的孩子了！"

李刚和妻子都是公安民警，比普通的双警家庭过得更苦。妻子在湖北荆州工作，李刚则在一千公里以外的江苏镇江工作。夫妻二人两地分居，每个月只能团聚一次。此次一别，不知道何时才能相见。

“爸爸！妈妈！你们在干什么呢？我饿了！”李刚七岁的女儿跑进来，钻到了爸爸的怀里。

“小馋猫！”李刚轻轻地刮了一下女儿的小鼻子，将女儿扛在肩头，拉着妻子的手，走向了餐厅。

“这顿饭吃完了，你就开车去所里吧。我会在老家好好照顾自己和孩子，你放心！”妻子的表情多了几分坚定。

李刚一愣神儿，想起了许多往事。他把话咽到肚子里，转身钻进了厨房。妻子依依不舍地跟着他进了厨房。

“洗手吧，马上就可以吃饭了！”

“好。”

饭桌上，每一盘都是“硬”菜。李刚使出了浑身的解数，尽可能地让这顿特殊的晚餐丰盛一些。然而，一家三口比往日沉闷了许多。活泼可爱的女儿一言不发，只顾着往嘴里扒饭。李刚不时地给妻女夹菜，自己却没吃几口。

“听说镇江下雪了。”妻子把目光移向了窗外的点点灯火。

“……”

“李刚，你这是怎么回事？一晚上，啥话都没有！”

“不是……我……”

“人家老公都千叮咛万嘱咐，你就什么话都没有吗？”说到这里，妻子的眼泪夺眶而出。

此刻，她多么希望丈夫能说两句体己话来安慰和鼓励她啊！可是，她太了解他了。在警校，从相识到恋爱，再到结婚生子，他一直性格内向，只知道干活儿。当初，她也正是看中了他老实本分……

丈夫的脸憋得通红，拿着剪刀的手微微颤抖。妻子忽然有些心疼，觉得自己把话说重了。

李刚解开围裙，轻轻地说了一句：“好了，你看看……”妻子没理他，起身走了。路过转角处时，她偷偷地一瞥，看见李刚正拿着扫帚清理地上的头发，不禁叹了一口气。

妻子刚才说的话，如同重拳打在了他的心上。他本就不善言辞，生怕说多了、说错了，会让妻子分心，影响工作。疫情当前，妻子即将奋战在一线。他把内心的情感藏起来，默默地支持妻子、祝福妻子。

荆州的夜，寒风呼啸。两个人四目相对，嘴唇微微颤抖。

“把拉链拉上吧，太冷了！”李刚小心翼翼地给妻子整理着衣服，耳朵都冻红了。

“有很多话，我说不出口。你要保重！”妻子低下头，流下了热泪。李刚把妻子拉近了一些，迟疑了一下，紧紧地抱住了她。

“这封信，你待会儿再看。”李刚把一张纸塞进了妻子的衣兜。

收拾完行李，妻子转过身去，想要快点儿结束这场送别。望着妻子的背影，李刚鼓足勇气，大喊了一声：“好好照顾你自己和小妞，等我回来！”

出征的车渐行渐远，消失在黑夜中……

“暗夜有灯火引路，穷途花朵盛开。”妻子缓缓地展开信纸，看到了丈夫遒劲有力的字迹，再也抑制不住泪水……

她突然想起，在黑夜里出征的绝不止他们夫妻两个人。他们是勇敢的逆行者，让她有了无穷的力量。

荒寒处别有暖意，穷途上花开绮丽。再黑的夜，也终究抵不过黎明的一丝光亮。她坚信，黎明很快就会来临！

遇　见

许小莉

遇见她，纯属偶然。

在广东，初次见面，她怀抱着六个月的女婴。

警察的责任在肩，我必须奔赴广东。

“你就是小林?”按照规定，我得先确认对方的身份信息。

“是的。”她轻声应答，略低着头。

小林，1992 年出生，身高 1.55 米。她头发蓬乱，上身穿着泛黄的 T 恤衫，下身穿着灰色大裤衩，脚上穿着一双破旧的蓝色塑料拖鞋。T 恤衫上，“招财进宝”四个红色大字特别显眼。她和我想象中的不一样!

于是，我将眼前的她与诈骗犯联系了起来。

“知道我们找你有什么事吗?”这一次，小林没有立即回答。她推了推鼻梁上的黑色镜框。在她那空洞的眼睛里，我看到了一丝丝的挣扎和彷徨。

素未谋面的两个人，无论是否擅长掩饰，都会在表情上有所泄露。

欲攻其案，首攻其心。在广东警方的讯问室里，我与小林闲聊起来。口罩遮住了她的大半张脸，却丝毫没有影响我们的对话。

“去年，我到你家的时候，你有个四岁大的儿子。这个是老二?”我知道，她最惦念的应该就是她的孩子。我分明看到，她的眼神里多了一丝温暖，多了一丝愧疚。

也许是怕生，小林怀里的女婴“嘤嘤”地哭了起来。她拍了拍孩子，感叹道：“这是老三。大儿子五岁，二女儿三岁，都丢给了奶奶。整整一年，我都没有回去。我知道，你们在找我。”

二十八岁的小林是三个孩子的母亲。“90后”，花儿一样的年纪！靠勤劳的双手，虽然无法穿得光鲜亮丽，却也不至于如此“寒碜”。她说，她是为了生计，为了让孩子们过上好日子，才走上这条道的。

电信诈骗，这种“空手套白狼”的赚钱之道，也被她说得这么冠冕堂皇！

“我也是两个孩子的母亲，能够体会你做母亲的感受。但是，对于你犯法的借口，我不能苟同。只有如实交代，争取宽大处理，你才能早点儿回家见你的另外两个孩子！”母爱相通，我分明捕捉到了小林内心的一丝纠结和逃避。

“既然找到了你，就说明我们有了确凿的证据。给你个主动交代的机会，可以减轻处罚。”小林抬起头，与我对视着。她的目光中有怀疑，有忐忑，有期盼……

“相信你是一时糊涂……我们做母亲的，应该给孩子做榜样。家庭环境的好坏，对孩子的成长很重要。我希望你能抓住这个机会，争取早点儿回家，多陪陪他们。”我接过正在吃奶的孩子，搂在了怀里。小家伙竟然咧开了嘴，笑容灿烂。

家里的大丫、二丫，我有十多天没和她们见面了。为了这起电信诈骗案，我到广东惠州出了三趟差，每次都要走十多天。前一天晚上，二丫在微信视频中问我："妈妈，你什么时候回家呀？"

什么时候回家？家人是我的牵挂，抗疫是我的职责。我每天都要在卡口值勤，在社区摸排……

"唉……"我情不自禁地叹了一口气。

"许所长，你……"小林疑惑地说。

"啊，没什么！想女儿啦！我的小女儿才四岁……"掩饰不如坦诚。

"你们辛苦了！"小林泣不成声，似乎读懂了我的心思，"冲着你的贴心和坦诚，我跟你们回去。"

此情此境非无言，春风化雨已有声。

疫情期间，口罩是标配。四个小时的车程，再加上十五个小时的高铁，白天加黑夜……

小林本人自首了，还劝说她的老公、弟弟、妹妹等人去投案。至此，"家族式电信诈骗案件"告破了。

根据办案的需要，小林还会来兴化。到时候，我们还会见面。

我想我会招待她一顿水乡的特色简餐，不是以一名警察的角色，而是以一位母亲的身份。

星光不负赶路人！世间的美好，怎能不经历风雪？春花已开，春意盎然……

把白云揉碎

周子晋

词曰："画堂晨起，来报雪花坠。高卷帘栊看佳瑞，皓色远迷庭砌。盛气光引炉烟，素草寒生玉佩。应是天仙狂醉，乱把白云揉碎。"

清晨，当我醒来，窗外已是一片白雪皑皑。庚子年的第一场雪，来得迟了一些。初春，她像精灵一样，给人们焦躁不安的心裹上了一层外套。待到冰雪融化时，疫情退去，万物竞生。

由于工作的关系，我被抽调到了看守所。同事开玩笑说，我去了"最安全的地方"。来到这高墙之内，我才发现，这里每天都要接收大量的犯罪嫌疑人，没有那么安全。所有的诉讼程序都必须照常进行，而我们——在看守所里工作的民警，恰恰是保障这条道路畅通无阻的引路人。

在这里，不仅有民警，还有十分特殊的一群人——犯罪嫌疑人。对于很多人来讲，这是一个极为陌生的群体。当然，我也是这群人中的一个。毕竟，我刚工作不久。

此时此刻，这群人真真切切地站在我面前。铁窗之内，看不透他们的内心，只知道他们是因为触犯了法律才身陷囹圄，在此等待最后的审判……

昨夜，寒风呼啸。随风而走又随风而来的，是漫天飞舞的大雪。疫情之下，这场大雪给了人们希望。

所有人都在期盼，到了草长莺飞的时节，可以走上街头，看看这座车水马龙的城市，闻闻街头巷尾鸡蛋饼的香味，尝尝期盼已久的火锅、炸鸡柳。然后，找一家饭店，点一箱啤酒，一醉方休……

“天空一无所有，为何给我安慰？”身处高墙之内，接触的都是即将接受审判的人。

这些天，我总想着穿上球鞋，到篮球场上酣畅淋漓地打一场球，然后找个地方坐下，看看天空。头顶上肥大且松软的白云，过了许久才翻一下笨重的身体……

或许是苍天有意，将白云揉碎，在庚子年的春天，用一场雪来抚慰人们的心。

我想，等到太阳升起，冰雪融化，会有人告诉我：“疫情结束了……”

生命的高度

夏红胜

昨晚独处，泪目，因为央视的一档节目《挑战不可能》中讲述的两个故事。中越边境，我们的排雷战士冒着生命危险匍匐在草丛中，分分秒秒，扣人心弦。四十三年中，五次攀登珠穆朗玛峰的六十九岁老人夏伯渝，不放弃梦想，终于创造了中国首例无腿登珠峰的纪录，完成了属于他的最壮阔的老人与山的人生巨著。因为有了他们，草丛的“低”和山峰的“高”，彰显的都是生命的高度！

两个故事，讲述的都是如何挑战自我，昭示着一切皆有可能。而实现这种可能，在于奋斗和拼搏，在于细致和极致，在于坚持和坚守！联想到当下全民抗击新冠肺炎疫情，排雷战士和登峰老人的壮举，无疑是强大的精神力量和宝贵的人生启迪。特别是夏伯渝老人，历经截肢、癌症，为了实现登峰的梦想，克服了常人难以想象的困难。他坚强、乐观、执着，勇做生命的强者，令人震撼！

在众多抗击疫情“战士”中，让我魂牵梦萦的是医护人员和人民警察。人民是山，人民是天。救死扶伤是医护人员的天职，保护人民是人民警察的天职。在新冠病毒威胁人民健康和生命的危急关头，他们义无反顾地承担起了责任和义务，赴汤蹈火，无所畏惧。他们当中，有的十二个小时没喝一滴水，忙碌在重症病区，挑战着生理和心理的极限；有的因长时间戴口罩、穿防护服，脸部伤痕累累，手脚肿大；有的身患渐冻症，仍然在组织救治病人；有的因救治患者而感染了病毒；有的昼夜奋战，因公殉职。倒下的是生命，树起的是丰碑。生命的意义是什么？有人说，生命的意义在于过程，即一个人在生命消耗的过程中所发的光和热有多少。有人说，要看对人类是否有贡献。有人说，生命是赞歌，是洗礼，是凤凰涅槃。“把有限的生命投入到无限的为人民服务中去”，雷锋同志以短暂的生命书写了壮美的史诗般的长卷。生命的长短在于年龄和寿命，更在于绽放的“光和热”。我们要活得有价值，有意义。同样，那些默默无闻、忠诚履职的“抗疫战士”，用行动让生命的高度升华。

“生命诚可贵，爱情价更高。若为自由故，两者皆可抛。”匈牙利诗人裴多菲的这首《自由与爱情》激励了多少热血儿女！看不见的是狡猾的病毒，看得见的是抗击疫情的感人场面。看不见的是往日的喧嚣热闹，看得见的是市民众志成城。还有许多“看不见”和“看得见”，以及许多“听不到”和“听得到”。有了媒体的助力、信息的传播，可以让“看不见”“听不见”成为“看得到”“听得到”。无论是“看不见”还是“看得见”，无论是“听不到”还是“听得到”，我们终将迎来抗击疫情的胜利，神州大地处处都有生命的高度！

蜡 梅

王 辉

我对蜡梅的认识，竟然源于一首诗：“墙角数枝梅，凌寒独自开。遥知不是雪，为有暗香来。”这是小学课本里的诗，是北宋诗人王安石写的《梅花》。多年以后，我依然记得这首诗，随便那么一想，就能随口背诵出来。

虽然知道这是王安石的《梅花》，虽然也能背诵《梅花》这首诗，但是当我与她邂逅时，我却没有给她哪怕是很短暂的陪伴。她于我，或者说我于她，已经可以说是陷入了一种“叶公好龙”似的爱恋了。

终于有一天，吃过午饭，在冬日的阳光下，我信步走在派出所内的花圃间，踩到了一些枯枝落叶。尽管冬阳毫不吝惜地照在我身上，但我还是因禁不住寒风的侵袭而拢了拢衣服。此时，我不由得抬头一望，居然见到办公区的屋角处，黄灿灿的一棵树立在那里。我快步而行，心怦怦乱跳，竟就此靠近了她。我知道，这就是蜡梅了。

我相信，此时的蜡梅应该有着与人一样的情感。在我们的心中，涌动着压抑不住的喜悦，表达着彼此之间“惺惺相惜”的理解。

看，蜡梅那“疏影横斜”般细细的枝干，犹如剑刃，或峭立，或斜刺，或冲天而上。每一个枝条，每一个杈口处，都点缀着许多饱胀的黄色小点。已经绽放的一朵朵黄色的蜡梅花，宛如冬日里的小精灵，被迅疾的冬风一吹，不是畏缩地躲开去，而是更为洒脱地迎风舞动。

自古以来，有许多诗人和哲人为蜡梅倾注了全部的热情，只因蜡梅身上凝聚着力量，有着美好的象征意义。

蜡梅，是天生的思想者。陆游有诗说："已是黄昏独自愁，更著风和雨。无意苦争春，一任群芳妒。零落成泥碾作尘，只有香如故。"思想者从来都是寂寞的。你看那蜡梅，当她低头进入思想的状态时，蜜蜂已失，蝶影无踪，就连与她同根生的绿叶也没能陪伴在她左右。她独自唱起"傲"的旋律，让灿烂的笑容绽放在严酷的季节里，把美丽的青春奉献给了"萧条"的风景。

蜡梅，是勇敢的先行者。虽然是冰火两重天，但是她甘为"花"先，一枝独秀，表现出了无畏的胆识和勇气。

我站在那儿，凝望着一树的蜡梅花，不由得想：以她干瘦削俏的枝条，何以结出密密匝匝的花朵？以她弱小平淡的花朵，何以散发出悠悠的清香？

"俏也不争春，只把春来报"，这是伟人赞美梅花的一句词。可以想象，伟人写这句词时，是怎样地热爱与豪迈，有着怎样的一种浪漫的、奉献的情怀！

蜡梅的花语之一是：慈爱之心，高尚的心灵。之二是：忠实、独立、坚毅、忠贞、刚强、坚贞、高洁。之三是：高风亮节、傲气凌人、浩然正气、独立创新。

凝望蜡梅，我在想，在这防控疫情的特殊时期，在疫情防控的第一线默默奉献的民警、辅警们，不就是那一株株蜡梅嘛！

照亮城市的那道光

崔恩栋

光，带着一切来到温暖的地方。光，让黑暗中的痛苦和迷茫消散。

春节期间，当疫情来袭，他们跟父母、爱人、孩子说了“再见”后，默默地穿上警服，逆行而上。

在充满危险的一线战场，稍有松懈，病毒就会乘虚而入。此刻，“为生命阻击、为人民冲锋”就是最神圣的使命。

请战书一封接着一封，宣誓声一浪高过一浪。“跟我上”“我要上”“我先上”……生死时刻，激起凌云壮志。危难之时，更显万丈豪情。党旗红、警服蓝，在港城大地处处闪耀着爱与忠诚。

二百多个日日夜夜，公安民警和辅警队员慷慨逆行。“父子兵”“夫妻档”“兄弟组”“姐妹花”……与时间赛跑，与病毒竞速。一夜之间，百余条警戒线紧急拉起，三十七个高速查验点同时启动。在机场、车站、路口、小区、卡点，无论是白天还是黑夜，风雨无阻……最危险的地方，总会有藏蓝色的身影。

有的民警冒着被病毒感染的风险，主动请缨，奔赴湖北武汉。有的民警主动推迟婚期，许下了“待战疫胜利，我再娶你”的爱的承诺。有的民警以所为家，襁褓里的孩子几乎忘记了父亲的模样……

玉汝于成，多难兴邦。他们内心炽热的星火，就像黎明的那道光。连云港公安民警用血肉之躯筑成了最坚固的钢铁长城，守护着百姓的平安。

“百姓群主”童德，手机里存着居民们的手机号码和微信。他急群众之所急，微信头像就是大家最信任的“名片”。“马路天使”汪源带领女子中队坚守在市区最繁忙的路口，成了港城最亮丽的风景线。“奔跑哥”侍东亮，六年之内“奔跑”护学近一千五百公里……

夜晚，闪烁的警灯与万家灯火相映生辉。明察秋毫、惩恶扬善、胸怀正义，铐住罪恶的黑手。这是刑警铁肩担义，照亮黑暗的那道光！负重前行、忠于职守，这是巡警夜以继日地奔忙，照亮千家万户的那道光！道路上，警察是送你安全回家的那道光。社区里，警察是为民解忧送暖的那道光。高墙内，警察是指引在押人员走出心理阴霾的那道光……

你之所以能看到光明，是因为有人将黑暗挡在了你看不到的地方。警察，就是日夜守护着你的那道最亮的光！

眼底的星辰

夏玮怡

来时冬尚在，去日春未尽。

在国内疫情防控取得成效、涉外防疫压力与日俱增的大背景下，“外防输入，内防反弹”成了重中之重。我被紧急抽调至江苏省涉外防疫驻沪工作组，主要负责针对上海浦东国际机场至昆山中转站的入境赴苏人员的疫情防控工作。作为刚参加工作八个月的新警和此次驻沪工作组年龄最小的战士，我深感责任与荣耀并存。1997年出生的我，用年轻的身躯担负起时代的重任，逆风飞翔，披荆斩棘。

严密的防护装备让我难以喘息，急促的呼吸声、心脏的跳动声在相对密闭的空间里被无限放大。防护面罩上布满了雾气，遮挡住了视线。层层的防护装备使我的面部留下了一道又一道印痕。密闭的橡胶手套，刚戴上几分钟就把手闷出了汗。穿上防护服，执行一次任务要五六个小时。一天要出两三次任务，对体力和毅力都是极大的考验。

我第一次套上防护装备，踏进机场，心几乎提到了嗓子眼儿。要说不害怕、不紧张，那是不可能的。但是，我深知，这是职责所在、使命所系。战友们都身着防护服，全副武装，难以辨认。只能记牢防护服上用马克笔写上的单位及姓名，用眼神致意，以语言沟通，在心中击掌，传递一盏信念的灯火。告诉返乡的旅客，鼓励身边的战友，一切都在变好……

像往常一样，我们熬了一个通宵。凌晨5点，我和组员们乘车返回驻地。车内是渐渐熟睡的身影，窗外是黎明前静谧的浦东街头。在这样的环境下，人是极易满腔热血和勇气十足的，哪怕每天只能断断续续地睡上三四个小时……哪怕为了工作方便，不敢多喝一滴水。当我听到归家旅客们的一声声“谢谢”，看到身边的战友义无反顾地日夜坚守时，我相信，你我各尽所能，必将无所不能。

披藏蓝，穿白褂，不破楼兰终不还。白色防护服下，是藏蓝色的警服。不论是按常规着装的“藏蓝勇士”，还是临时换装的“白色战士”，都有一颗忠诚热忱的心。他们不图名、不为利，秉承“天下兴亡，匹夫有责”的信念，日夜守护、风雨兼程……

“只有经历过战火的洗礼，才能成长为一名真正的战士。”临别前，南京公安系统的战友这样对我说。

如今，我们脱下了防护服，终于看清了朝夕相处的战友们的面容。“你好，我是盐城公安……夏玮怡！”“你好，你好！在机场，我们几乎天天共事。原来，你这么年轻呀！”口罩遮挡住了灿烂的笑容，却挡不住眼底的星辰。

“不计回报，不胜不退。”我珍视且感激这次历练。我要感谢所有在后方坐镇指挥、调度保障的领导和同事们，感谢所有星夜坚守、顽强奋战在防疫一线的战友们。我也会感谢那个无悔逆行、初心如磐的自己！

风起于凛冬，终将止于暖春。出征时不忘初心，归来日不辱使命。

春光旖旎，风和日丽。我们抬头所望，必定皆是希望。

砥砺前行

余婵媛

华灯初上，我静静地坐在窗前翻看这些英雄的故事。每一次阅读，都让我心潮澎湃、泪眼婆娑。在这场没有硝烟的战争中，他们义无反顾地选择了坚守和冲锋。他们是我们中间的凡人，也是英勇的逆行者。

我在想，是什么给了他们坚持下去的力量？是矢志不渝的忠诚，是战疫必胜的信念，是守护人民的担当，是冲锋在前的无畏！

矢志不渝心向党

忠诚是共产党人的品格和本色，人民警察队伍是忠诚的铁军。忠诚不在于空喊的口号，而在于具体的行动。高沟派出所教导员王永兵用生命诠释了与党同心的忠诚。他虽然身患重病，但是当妻子劝他在家休息时，他却说："我是党员，又是所领导，关键时刻不能当逃兵！"他不顾妻子的劝阻，回到了岗位上。村里发现了疑似病例，需要派人去查看时，他主动请缨："我是党员，又是所里民警们的老大哥，我上！"对党的绝对忠诚化作了无限的力量，让这位老党员不畏艰险，直至生命的最后一刻。

在我身边，忠诚的党员干部有很多。赵建东，交警大队大队长，疫情期间 G25 高速公路出入口临时党支部负责人。危急关头，他挺身而出，冲到了最前线。丁祥泰，有着三十六年党龄的老党员，在退休的年龄站好最后一班岗。无我的公心和为民的真心凝聚成了一颗颗赤诚的党心！经历了一次次生与死、血与火的考验，他们依然斗志昂扬，无比豪迈地行进在追梦的路上。

战疫必胜念如磐

信念，是一面旗帜，引领和激励我们奋勇向前。2 月 1 日，我的朋友圈被一条短视频刷屏。画面的主角是淮安区建淮派出所所长蒋大为，坚守在高风险地区，多日没有回家。在视频里，他与女儿的几句对话感人至深。孩子的一句“加油”，催人泪下。

《疫情不退，老爸不回》是清江派出所副所长周加军的女儿为多日未见的父亲写的一首诗。

“等打赢这场仗，我再休息。”同事们劝说身患重病却依然在岗的王永兵回去休息时，他这样说道。

疫情期间，家不在洪泽的同事们一连数日没有回家。家中有牵挂他们的父亲、母亲、丈夫、妻子、儿子、女儿，肩上更有千钧的责任。心有所念，方能远行。他们没有畏惧和退缩，只有对春暖花开的期待。无数医护人员、警务人员，心怀同样的信念，充满了浩然正气。这是战胜一切困难的力量！

守护人民勇担当

建淮派出所所长蒋大为和战友们坚守了六十六个日夜，让全市首例新冠肺炎确诊病例所在的鹅钱村没有再出现新冠肺炎患者。守护人民不是空洞的概念，而是实际的行动。疫情来临时，不论是在高速公路的路口查控外来车辆和人员的交通民警、前往群众家中核查信息的社区民警，还是甄别筛查海量数据的情报民警、传递正能量的宣传民警，都以守护人民群众的生命和健康为己任。正是他们的守护，让洪泽没有出现一个新冠肺炎病例。战时，他们号令当先，勇往直前。救援现场，他们挺身而出，不惧艰险。平日，他们服务群众，无微不至。执勤的路上，他们风雨无阻。办案的途中，他们日夜兼程。

冲锋在前敢为先

交警支队的辅警李荣卫，连续执勤三十九天，牺牲在岗位上。开发区分局的女子特战队队员们，是一群如花似玉的女子，也是一群不让须眉的巾帼英雄。张志云，洪泽分局治安大队大队长。疫情期间，他妥善安顿了从湖北回来之后蜗居在车内五天的一对夫妇，又为从湖北黄冈来就医的重症患者联系了医院。每一次与外来人员近距离接触，都有很大的风险。有人问他会不会担心，他说：“我是党员，也是警察。在危险面前，我不能退缩，必须挡在前面！”他们这些普通人，忘我地冲锋在疫情防控的第一线。他们朴素的家国情怀，化作了坚不可摧的磅礴力量。

“在茫茫的人海里，我是哪一个？在奔腾的浪花里，我是哪一朵？在征服宇宙的大军里，那默默奉献的就是我……不需要你认识我，不渴望你知道我，我把青春融进祖国的江河！”这是我最喜欢的一首歌。在战疫的日日夜夜，无数“人民的守护者”，忘其家，舍其亲，将忠诚、信念、担当、无畏写进了历史的篇章。

温情无岸

徐旷东

早上的会议结束了，所长小心翼翼地从包里拿出一袋医用外科口罩，分发给了我们。他对我们说："最近，所里的口罩不够用，这是我从家里带来的口罩。工作时，你们一定要戴好口罩！最近，你们每天都要排查，比较辛苦。你们要保障人民群众的健康和安全，也要注意自己的身体。在这样的危急时刻，我们绝不能先倒下。只有身体健康，才能更好地服务人民！"我紧紧地攥着所长发的口罩，少了几分不安，多了十分的干劲儿！

上午的工作是在卡口排查外来车辆和人员。我们拦下一辆又一辆车，详细地登记人员的信息，配合医护人员为车上的人员测量了体温。连续工作了一上午，腿疼得不行，嗓子直冒烟。快到中午的时候，有一辆外地牌照的车经过卡口。车主戴着墨镜和口罩，看不出年龄。按照正常的流程，我们登记了他的信息，并且为他测量了体温。可是，放行后，他又把车倒了回来。我们都很惊讶，不知他要干什么。车主下了车，对我们说："你们太辛苦了！这是我的一点儿心意，感谢你们的付出！"他急忙打开后备厢，拎出一个小纸箱，放到了执勤点的桌子上。我还没来得及上前询问，他就驾车离开了。我们打开小纸箱，发现里面是四盒口罩！“刚才也没问他叫什么名字……真是个好心人！这是群众对我们工作的认可呀！”同事一边清点小纸箱中的口罩，一边激动地说道。我看着这些口罩，心里暖暖的。

快到中午的时候，师兄来到了卡口。他对我说：“你站了一上午，该回所里吃顿午饭了。休息一下再来吧！”此时，我的确感到有些不适。我回到所里，打算休整一下。到了食堂，我才知道师兄还没吃午饭就去换我了。我吃完饭，便赶回了卡口，让师兄回去吃饭。师兄见我这么快就跑回来了，生气地说：“谁让你回来的？不是让你休息一下再来嘛！你赶紧回去休息一下再来！”

“可是，你还没吃饭呢！你吃完饭再来换我吧！”

“我让食堂的阿姨给我留了！我现在不饿，待会儿回去再吃。你快回去休息一下吧！”

我没有再推辞，只想着早去早回。我回头看了看师兄忙碌的背影，疲乏的感觉消散了大半。

执勤结束时，已经是晚上10点多了。我和同事们早已体力透支，感觉饥渴难耐。我们正准备买点儿泡面和面包吃，食堂的阿姨打来了电话：“你们回来了没有？站了一天，辛苦了！这么晚了，肯定饿了吧！我给你们下点儿面条当消夜！”“阿姨，您还没回家吗？”我惊讶地问道。按理说，食堂的阿姨应该晚上7点钟下班。“最近，我不回去了。这段时间，你们太辛苦了。我想住在所里，给你们加餐！”阿姨笑着回答说。回到所里，看着桌上热气腾腾的面条，我感动不已。

吃完面条，我听同事说，所长刚从社区回来。我来到所长办公室，准备叫他来食堂吃碗面条。到了门口，我看见所长坐在办公桌旁，正在和两岁的女儿视频聊天。虽然公务繁忙，但是见到了自己的女儿，所长愉悦的心情溢于言表。“爸爸，我想你了。你什么时候才能回家呀?”稚嫩的声音传到办公室外的走廊里，带着一些小埋怨，也透着一些小期待。所长笑着回答道：“再等等！爸爸是警察，要保护你和妈妈，还有其他人。爸爸知道，你最乖了。在家要听妈妈的话……”我不忍心打断这对父女难得的对话，默默地站在门口。不知不觉中，我也笑了起来。

诗歌篇

还您一个幸福的拥抱

许丽晴

无锡女警张玮兰，一家仨警察。她原准备春节假期和新婚丈夫一起出国度蜜月，却遭遇了突然降临的新冠疫情。夫妻俩果断放弃了计划，投入了疫情防控工作。刚刚在辖区内的第五人民医院结束了巡访检查工作，她顺路回家看望了孤身一人在家的母亲。因怕身上沾有病菌，她只能坐在门口的鞋柜上，吃下妈妈递出家门的一碗面……

这个喜庆祥和的春节
骤然被新型冠状病毒骚扰
甜蜜的假期竟成奢望
妈妈做的美味年夜饭被取消
无数民警不惧严寒，直奔前哨
疫情就是命令
汉江见证全民抗疫围剿
用我们炽热的胸怀
警民并肩携手通力协调

考量寒风下的忠诚、信念和情操
奔赴一线，军令如山倒
警魂，在生死状上闪耀
查控病毒，布下天罗地网
警察、社区干部和白衣天使联手
架起绿色生命的通道
阵地前看不见战火硝烟
夜巡值守，追杀病毒
每个人都在全力和时间赛跑
二十四小时警徽不间断闪亮
坚固防线，由风雨中的铁血忠诚铸造
不忘初心，就得拧紧发条
人们向内，我们向外
逆风而上，我们永远在路上
阔别家人
在手机里与孩子亲吻
在睡梦中接受亲人的拥抱
妈妈的这碗面
是思念中家的味道
更是隔不断的亲情依靠
妈妈呀妈妈
待到春暖花开凯旋时
我再还您一个大大的拥抱！

连夜驰援的春风（外一首）

胡剑明

花，开在这个冬季
云端却挤满揪心的词语
花的问候没有了诗意
只有逆流而上的天使
铺陈关爱，向汉江奔去

梅花、菊花、兰花
都开在这个冬季
花瓣上滴落的雪珠
是泪，是汗，是你我在家
守望中牵挂的絮语

同胞情系，与城池无关
生死相助的勇敢
是梅的坚强、菊的经霜
如果你吟诵这个冬季的诗篇
一字一句都是兰之芬芳

所有枝头已绽出新芽
春天积攒起力量
静候生命美意的相约
那连夜驰援的春风
正迎来众生安好的阳光

不隔春风

我和你，和他，从不认识
医生、护士，或是警笛
戴上口罩似乎更显坚定的身躯

可是，我们又相识相助
疫情不隔春风，不隔花期
不变质的爱才是天使的大义

在地铁、公交车、飞机上
即使是亲友或是邻居
我们不再握手拥抱，只是作揖

天南海北，千里万里
戴着口罩，隔不断人们的善意
疫情，反而让心里生出更多亲密

见面或是不见
默契相知，就凭目光对视
充满真情的黑眼睛就是爱的暗记

隔离，不用担心忘记
我们守望相助，生死相依
春风化雨，始终没有距离

穿上警服，他们是同一个人（外一首）

瞿海燕

这个春天，当忧愁遍布大街小巷
当病毒恶魔般地四处为非作歹
当逆行而上的医护人员纷纷驰援武汉
人民警察，也如闪电般出击
在广袤的“责任田”里，把一片片蔚蓝
拼装成春天原本的模样

或许，平时你知道他是张所长
或许，平时你喊他“王警官”
如今，他们戴着同样的口罩，穿着同样的警服
你早已分不清谁是张所长，谁是王警官
只知道他们有一个共同的名字：人民警察

是的，你只需知道，此时亲人般的明眸
正在社区横扫一条条可疑的线索
你只需知道，此时的金色盾牌
正在卡点与一个季节的暗疾进行顽强搏击

那同样的姿势
正守护着千家万户的健康平安
那同样的形象
正成为人们的“主心骨”和“定心丸”

疫情在前，警察不退！
如同一次次出击前悲壮的呐喊
他们把职业的坚毅和冷峻举得最高
他们把身体的疲惫用警服裹得最紧
他们把心中的波澜调到最小
前行的步伐，汇聚成一种信仰
“流淌”的身影，比任何时候都更像旗帜在飘扬

他们穿着同样的警服
你无须知道他们的名字、他们的警号
他们是一群人，是一个整体
大灾大难面前
他们都是值得你信赖的中国警察
中国警察，永远是冲在危难前线的第一名！

一张合影

子夜的灯光，冷冷地映照着你们的相逢
风中的丝丝暗流，迎面吹送
多么沉重的一张合影！

我看到了你们身后那些由无助和希望拼装起来的背景
我看不清你们的脸庞
但我知道你们的胸前都写着：责任、奉献
我不知道
你们的父母、孩子
是否还在黑暗里放飞着风筝一样的你们
但我知道
他们早已为你们送上了这个新春最动情的祝福
这是个病毒肆虐的季节
这是个需要把无边的苦难统统运走的时刻
墙上嘀嗒的时针，是你们出征的双腿
你们像一团火，来到这空旷的站台上
与不可预知的危险相遇
你们比任何时候都清楚
这里的每一阵风，都与千家万户的呼吸相关
这里的每一辆车，都与千家万户的健康相连
两个并不伟岸的身躯靠近，再靠近
一个左冲右突，生怕有任何的疏忽
一个医者仁心，为大地包扎着伤口
夜色依旧苍茫，前路依旧很长
寒风撞击意志，生死肩头相依
你们就这样行走在这使命的阡陌
目光坚毅，义无反顾
千步万步中，你们把一张沉重的合影
合成了一张放大版的平安符
合成了一个铁壁，一座铜墙！

兄弟，一路走好（外一首）

苗 蕾

2020 年 2 月 27 日晚上，江苏省宿迁市交警支队三大队一中队辅警黄玉怀与夜班的同事交接完工作后，拖着疲惫的身躯回到了家中。21 时，他突然昏迷，被紧急送往医院抢救。在医院，他被诊断为“脑干出血”，出血量达十毫升。经过五天五夜的全力抢救，黄玉怀还是没能醒来。3 月 2 日，他离开了深爱的家人、挚爱的工作，将人生永远定格在了这个春天。他走时，年仅四十六岁……

兄弟，请你原谅
原谅我无法用文字来赞美你
对于陨落的生命而言
所有的赞歌都轻薄如羽
失去了温度和意义

昨天还经过你值勤的岗点
你始终给我们的
是一个忙碌的背影

二十五天连续工作，四十六岁黄金年华
在这个春天，你以一名警察的执着
将生命永远定格

这个春天，是所有中华儿女的泪点
这场没有硝烟的恶战
一群白衣天使做了冲锋陷阵的主力
而我们无数的兄弟姐妹
要在他们和百姓之间铸一道坚固的城防

你常说，辅警也是警
该扛的责任一点儿不能少
战疫刚刚开始，你就递交了“请战书”
你说：我情况熟，我不去咋行！

可是，你这一去啊
就把我们所有人都丢在了身后
丢在了妻儿的彻痛之上
丢在了父母的白发之间
你的脚步若能慢些多好
就不会让我们万般遗憾

你护学的那个路口，开学后
孩子们再也见不到亲爱的“黄爷爷”了
刚上初中的女儿，放了学

再也不能去你值勤的岗亭等候爸爸

让我们带你回家吧，兄弟
你需要好好睡一觉，需要认真吃顿饭
需要好好听一听妻子的唠叨
她还有许多许多叮咛没来得及讲

兄弟，你安心地睡吧
还没站的那班岗，我们会顶上
这一次，你一定要听话，好好地歇一歇
我们真的太想太想远远地看到你
看到你精神抖擞地站在你值勤的岗亭

如果可以，我不想让你成为英雄

孩子，如果可以，我不想让你成为英雄
无论是以前缉拿穷凶极恶的罪犯
还是当前人人谈之色变的疫情
我和你妈都老了
最大的幸福就是
你带着孩子常回来看看
可我知道，你是一名人民警察
你不仅是我一个人的孩子
当人民需要，你就属于人民

你说自从穿上那身警蓝
胸腔就要装得下百姓的冷暖
头顶着庄严的警徽
就要有勇气把使命擎于生命之上
严守一道卡，就可能挡住疫情的洪水
去吧，我的孩子，我们不能因为小家
让你愧对天下的黎民百姓

亲爱的，如果可以，我不想把你当成英雄
家里的水管裂了，我湿了好几身衣服才修好
屋顶的灯泡坏了，我摞三个凳子才能够得着
摔倒的那一刻，我用所有骂人的话骂了你一遍
孩子病了，哭闹着要找你……这些真都不是事儿
可是，每一次道别都可能是生死别离
你不在的夜晚，我没睡过一个安稳觉
当新闻里又播报了警察牺牲的噩耗
你知道吗，我内心的恐慌，不亚于当前的灾难

你匆匆挂断我问询的电话
耳畔久久回荡着你嘶哑的吼声：
疫情不退，我不能退，因为——
我是一名警察，更是一名共产党员
去吧，亲爱的，我也是老百姓
我也希望在危险时刻会有人挺身而出
请你原谅我，好吗？我不能

不能总自私地要求别人来当我的英雄

爸爸、妈妈，如果可以，我不想再让你们当英雄
以前，你们还会偶尔回来看我
这一次，你们只把我一个人孤零零地留在家中
没有时间照顾我，不能给我讲故事
不能陪我做游戏，更不能抱着我睡觉
我知道，你们去当英雄了，英雄要去救更多的人

视频里，你们夸我是乖宝宝
等你们打败了恶魔，就会带我去游乐场
好吧，就让你们继续当英雄
我也希望你们说过的话要算数
不许像上次一样撒谎，让我空守你们的许诺
爸爸、妈妈，你们放心和病魔怪兽战斗去吧
我也盼着早点儿能去学校在好朋友面前炫耀

兄弟，如果可以，我绝不会让你去当英雄
你的老爸还在医院等着做手术
如果没猜错，你的媳妇也快到了预产期
再看你那身板，好几处“零部件”都快罢工了
胡子都能扎小辫了，雨衣版的防护服挡不住汗味儿
真不知你那身棉衣多少天没脱下了
多想给你整顿好酒好菜，再让你美美地睡上一觉
就知道你会说：疫情不等人啊！

我们退一步，疫情就会进百步

其实，我们都知道，谁也当不了英雄
却必须接过他们手中的接力棒
何建华、李弦、程建阳、尹祖川、刘大庆……
这些刻上石碑的战友的名字
最大的不过五十出头，最小的只有二十几岁
我们不能让他们的牺牲失去意义
在这场没有硝烟的战争中
每一个公安人都该有争当英雄的勇气和决心

以战士的名义

王传顺

面对疫情蔓进石城
面对这场没有硝烟的战争
石城警察
是你们
以战士的名义
冲在抗疫的前沿，与病毒较量
是你们
把一叶叶迷航的孤舟推向健康的彼岸
是你们
在灾难面前传递能量和温暖
是你们
燃烧着自己，唤醒了他人的希望

你们日复一日地逆行与坚守
有的在社区里排查筛选
让迷惘忧郁的目光变得清澈明亮
你们是英雄

机场转移病员的担子
没有压垮你们
你们是英雄
全力保障将物资运往抗疫一线

素有雨花石风骨的警察战士
你们如蓝天、大海一般
放射出万丈光芒
是你们，让和煦的春风吹拂石城大地

最美的太阳

王 迪

不要惧怕到来的黑夜
看远方的星星一颗、两颗连成线
不要惧怕到来的冬天
看春天的阳光一点、两点洒向你我之间
不要惧怕到来的疫情
看人民警察一直坚守在抗疫一线

纵使黑夜让我摔倒
纵使冬天将我拥抱
纵使肺炎把我击倒
我总会看到
深夜的尽头
凛冽的寒风中
与新冠肺炎的斗争中
你就像太阳照亮了我

你让我

看清黑夜的道路
温暖寒冷的身体
鼓起斗争的勇气

这太阳
让我看清了你们的信心
让我看清了你们的苦心
摘下口罩，脱下手套
深陷的勒痕早已抹不掉
脱下防护服，摘下防护帽
熟悉的脸庞，再次向我微笑

坚守在风雨里
你不曾退缩
抗击在一线
你我共同渡过难关
带着眼泪的笑容
定会看到雨后的彩虹
感动世界的眼眸
定会见证善良的温柔

其实
最美的太阳
就像你一样
穿越华夏暂时的痛苦

汇聚人心散发的力量

最美的太阳
就像你一样
照耀九州共同的夙愿
携手抗击疫情的风险

最美的太阳
带我走出旷野的阴霾
最美的太阳
带我寻找黎明的光芒

脊　梁

房子元

公安队伍中
从来不缺埋头苦干的人
从来不缺拼命硬干的人
从来不缺为民请命的人
更不会缺舍生忘死的人
他们总会出现在人民需要之时
乡村和城市
白天和黑夜
哪里有需要
哪里就有他们的身影

瘟魔登场
一场没有硝烟的战争开始
来势汹汹
蔓延匆匆
人心惶惶
抗击疫情的号角吹响

集结八方公安儿郎
星夜兼程
逆行奔往防控战场
生命至上
请战！请战！请战！
一封封请战书饱含希望
责任需要担当
鲜红的手印庄重而高尚
书写着“若有战，召必回，战必胜”的慷慨激昂

防控一线
公安卫士用白色将蓝色包裹
像战疫的白衣天使一样
名字默默隐藏
哪怕感染致命
你归期不定
逆行冲锋的步伐
依旧坚定
坚守在疫情防控岗位
查车、控人、检验、处突
通宵达旦
听命，守一道门
为民，护一座城
用实实在在的先锋行动
践行

胸佩党徽，先行
头顶警徽，不退

天会亮
曙光就在前方
往前走的路
莫怕无可凭借
要相信
神州大地上总有那么一群人
在疫情面前
会挺身而出，一往无前
会义无反顾，负重向前
会责无旁贷，冲锋在前
会向最需要他们的地方
逆行进发！

你是谁的谁，谁是你的你

张玉峰

你是晨曦里的一束光
为睡眼蒙眬的人
指引方向！

你是暗夜里的一轮月
为漆黑的一座城
带来希望！

你是寒风中的一面旗
高高地迎风飘扬
无惧风霜！

你是棋盘上的一勇卒
战疫中逆流而上
血气方刚！

初心如磐，使命在肩

只为诠释当初的铮铮誓言
告别亲人，驻守一线
只为守护心中的半亩方田

守一道卡，护一城人
就是最坚定的信念！
你的笑脸带来了春天
摘下口罩，曾是我泪目中的容颜
你是谁的谁
风风雨雨散落在风尘里
谁是你的你
有多少日子属于自己

疫情在前，警察在先
用忠诚和担当筑起坚不可摧的城墙
病毒无情，人间有爱
用无私奉献奏响可歌可泣的乐章
没有人知道你是谁
可都知道你为了谁
没有人知道你的名字
可所有人都知道你们共同的名字——人民警察！

他

赵 晨

他是我的战友、兄弟
章良志，我二十六岁的辅警兄弟
就在 2 月 1 日凌晨 1 时 30 分
在战疫开始之际
他的生命从此停滞
他，是警察队伍中的一名
普通如沙砾般的兄弟
却做出了警察职业生涯
令人泪目的生命壮举

他没有优越的家庭出身
他没有过人的绝技身手
他没有显赫的功绩荣誉
更没有明星一般的光环照耀
有的是，警察对国家与人民的赤胆忠诚
有的是，警察对党和民族的庄严承诺
他们有铁一般的意志

钢一般的风骨
他们有山一般的重任
铁一般的纪律

战疫的号角吹响
身着警察蓝的他们
置生死于度外
置感染于不顾
风餐露宿在国道的出口
值勤守卫在城市的街头
巡逻警惕在村边的屋角
守候待命在田野的尽头

因为，他们是警察，是辅警
因为，他们身穿深蓝色的警服
因为，他们头顶金色的警徽
因为，他们承担着保民平安的使命
因为，他们发出了不怕牺牲的誓言

章良志，我的战友、兄弟
他，从穿上警服到光荣牺牲
不到一年的时间
却以年轻的生命
许下了最感人的诺言

不论是春夜
还是酷夏
不论是寒冬
还是深秋

巡逻盘查，蹲点守候
发现线索，循线追踪
不惧危险，抓捕上前
梳网清格，轮班值守
上门走访，为民解忧

章良志从没有缺席
哪儿有民警，哪儿就有他
他总是和民警一样
把危险扛在肩头
把困难托在双手
不退缩，不担忧
不怕险，不畏难
主动请缨，百战在先
一名辅警在民警的带领和影响下
成了一名没有警衔的民警
成了矢志不渝、敢于牺牲的英雄

在这支特殊的队伍中
正是有了信念与忠诚

才涌现出了
舍小家，顾大家
识大体，顾大局
立足岗位、无私奉献
我的战友、兄弟

我是警察

杨守才　张昱铃

风雨中，又见熟悉的身影
手拿大喇叭，一遍遍高喊
我是警察
我是公安
疫情严重，这里危险
赶快回家，不要出门
在路口
在广场
在社区
在有人滞留的地方
一遍一遍地高喊
在外国人居住的小区
他操着乡音和英语、韩语、日语
高喊“这里危险”
一遍遍劝说人们离去
自己却一直站在那里
不畏风险

他是谁的儿子
他又是谁的父亲
他是谁的丈夫
她又是谁的妻子
父母在家里提心吊胆
儿子在家里呼喊爸爸
妻子在家里等待丈夫
丈夫在家里等待妻子
她等他回家
他盼她回家
他心里也怕
也想回家
但他还是不能回家

站在瑟瑟的寒风中
雨水打湿了衣衫
一遍一遍地高喊
赶快回家
这里危险
喊哑了嗓子
冻僵了手指

我不想说，他是一棵青松
因为他是一个有血有肉的人
但是，此情此景

我们不禁会想起青松
想起一片一片的松林
哪一次灾难来临
他不是集结队伍，横刀阻拦？
哪一个危险时刻
他不是挺身而出，挡在百姓前边？
平平常常的日子里
有的民警长期扎根基层
数十年如一日，守候在百姓身边
守候着日出日落，守护着一方平安
有的民警奋战在打击犯罪的第一线
长途跋涉，夜以继日
将犯罪分子抓捕归案
有的民警连续作战，浴火抢险
伤痕累累，无悔无怨
怎能忘记东台那位二十九岁的民警
在抓捕嫌疑人的路上血染蓝天
怎能忘记被刺中心脏的消防队长
倒在血泊中，最后的双眼
怎能忘记突遭割喉还勇猛夺刀
制伏恶魔的鼓楼民警
怎能忘记因疲劳过度而倒在岗位上的
一个个生命
怎能忘记那年“非典”蔓延
他们日夜在卡点值班

冒着生命危险
一个个安检
二十几个小时
三十几个小时不下火线
人哪，都是血肉之躯
常常要当作钢铁使唤
他们一直在为我们奉献
得到的却不都是鲜花和点赞
也有误解
也有指责、抱怨
常常要吞下委屈，不作争辩
悄悄咽下一滴泪
照常为指责他们的人站岗值班

想起他们那些过往的故事
似乎都很平凡
可是，仔细想一想
年年岁岁，他们是怎么做到……
时时刻刻守在我们身边
只要听到那一声喊——
我是警察！
惶恐的心立刻得到平复
他是百姓的挡箭牌
他是人民的安全线
和平时期流血最多的人

用热血和生命践行
对党忠诚　服务人民
执法公正　纪律严明

风雨中，又见他的金色盾牌
又听见——
我是警察！
我是公安！
心疼地看着他的背影
我手中没有玫瑰，没有紫罗兰
就让我采一朵雪花吧
它悄悄无声，圣洁高雅
让我把它献给你——
人民警察
危难时刻，我总会想到
那一声高喊——
我是警察！

托起生命的春天

周孝春

就要遇上春天
轻拂黄鹤楼的烟波江风
庚子年的门槛
冠状毒魔
野兽般掳走明媚的阳光
侵吞着城市的热闹
冲淡着节日的气氛
武汉在母亲的怀中哭泣
长江愤怒了
黄河咆哮了……

生命重于泰山
疫情就是命令
防控就是责任
集结号响彻大江南北!
请战书上
一朵朵红梅争相怒放

白衣铠甲
在救赎的通道策马逆行
擎起使命的旗帜
用生命拯救着生命

她们的装扮最圣洁：
隔离服、口罩
护目镜、纸尿裤……
真挚的爱
沿针管流向一个个患病的同胞
专注的眼神
满含春水
实在累了
就挨挤在冰冷的地板上
宛若朵朵白莲

她们的声音最铿锵——
我是一个合格的白衣天使
但不是一个合格的母亲……
我没有孩子，不是独生女，我去！
我自愿报名，自己买票
不计报酬，不论生死！
我是抗击“非典”的护士，我受过严格的训练……
漫山遍野的鲜花，将是我的嫁衣！
如果我回不来

我愿捐献我的遗体……

致敬，崇高伟大的远征人！
致敬，饱经风霜的白衣花蕾！
我们的岁月静好
是因为你们在负重前行
你们用生命立下契约
你们用红心去按印
武汉不哭
有伟大的母亲做后盾
春天，会如期来临
为你们加油、祈祷！

与黑暗对峙

杨小溪

一场没有硝烟的战争
一场关于星月的驰援
从此岸到彼岸
一双双援助之手
只为每一次生命的律动

不计报酬，无论生死
在战疫中毅然选择逆行的人们
亮出除魔的刀柄
只为早日寻到疫情的七寸
扼住之时，还世间朗月晴明

他们义无反顾，他们日夜兼程
守护白衣天使们在隔离室盘旋
只为那一句“舍我其谁”
只为那一句“不忘初心”
只为那一句“我在您安”的承诺

只为那一句“我是党员，我是人民警察”

战疫之军，捍卫江山
与黑暗对峙
以生命之火去毁灭病毒
总有一天会斩开迷雾
变夜为昼
春光会透过孩子的眼眸
将那扇禁忌之门彻底关闭

人民必胜，正义必胜！
天地之间，大爱无疆！

蜡梅颂

刘春华

不退缩
是因为你回应着春天的召唤
逆向而行
是因为你有着迎风斗雪的坚贞

你的傲洁玉骨
条条如钢的枝丫
挺向蓝天
你擎起金色的梦想
只为了与这个季节的毒魔
顽强地搏击
点点的黄红白紫
渲染冬的绚丽

你“迎霜斗雪方精神”的形象
早已深入人心
“不要人夸好颜色，只留清气满乾坤”

是你铮铮铁骨的绝艳
清幽雅致，许人们以高洁模样
“已是悬崖百丈冰，犹有花枝俏”
是伟人对你最好的定义

疫魔面前，你吐露芬芳
花蕾迎接了萧瑟
你把坚毅和冷峻举得最高
挺立的身影
更像一面张扬的旗帜
坚定不移的步伐
凝固永恒的信仰
书写为民的初心

信念与使命
铭刻铁的纪律
誓言无声荡涤尘埃风霜
临危领命
彰显英雄气概
风雨兼程
指引胜利方向
花蕊裂开
迎来春的微笑

娄城，有一群人在坚守

吴 婷

春雨，绵绵不断地坠落
透着几分无情、几分凉意

奔跑，风雨中的速度
为了一场没有硝烟的战争
手势、脚步
一个动作，反复地执行
安全，是这群人的坚守

春风，徐徐而来的呼啸
似一首悲情的歌，似一首凄凉的诗

夜幕，风雨中的灯光
时有时无，散发着弱弱的“朦胧”
时间、数字
一系列完美的操作
严谨，是这群人的责任

娄城，有这群人的守护
疫情，有这群人的坚守
警徽，有这群人的捍卫

或初出茅庐的新手
或久经考验的战士
或两鬓斑白的老者
为人父母，为人子女，为夫为妻
身穿制服，包裹着同样的血肉之躯
有笑，有泪，用热情诠释无悔的誓言
坚毅、冷峻，高举旗帜，书写为民的初心

他们是警察，是辅警
是守护娄城的卫士
无论是风雨
还是晴空

一场没有硝烟的战争

赵凌芸

当时间
坠入新年的开篇
荆棘拔地而起

倏忽之间
一场没有硝烟的战争
悄然打响

一声号令
疫情当前，警察不退

是谁
在人群中孤绝逆行
义无反顾地抵达一线

是谁
用血肉之躯铸起

阻击疫情的铜墙铁壁

是谁
用生命守护生命
挽狂澜于既倒

是谁
用伤口铸就荣光
用鲜血捧起黎明

是谁
是抗击疫情的尖兵
是白衣天使的后盾
是寒风凛冽时站岗的蓝衣卫士
是驱邪挡魔的第一道关隘

警徽闪烁下
逆行的战士
我看不清你们的脸庞
却能看清你们眼底的坚毅

驱散疫毒
归还中华大地阳光和自由

责任和义务

催促你们前仆后继，冲锋陷阵
以守护者的身姿
站成孤绝的背影

坚守岗位的战士啊！
愿你们能穿越荆棘
凯旋而归

愿你们
给所有人锻造出一个——
新的春天！

放飞希望

柳永建

在这个揪心的季节里
没有硝烟
却有阴霾
人生中不全是鲜花
和斑斓的色彩
疫情在前，民警向前
逆行的背影
彰显英雄气概

临危受命
有谁曾退缩和怨艾
十二分的坚强
十二分的忍耐
把岁月里的单调和苍白挤干
把生命里的痛苦与恐慌掩埋
众志成城
构筑起民族的豪迈

心灵的呐喊
汇聚成爱心的大海
警徽闪亮在战疫一线
誓言无声，荡涤尘埃
阅尽风霜的正月
阅尽人间勇士的风采

我们以爱的名义
体味祖国母亲的关怀
我们和太阳一起放歌
为我们的民警喝彩
折一千只纸鹤吧
放飞希望
祝福未来

只求你安康

张士达

长安村，那是我工作的地方
我以桃红柳绿的姿势
去把一身警服染亮
让村庄的天空蓝得纯净
然而
一河之隔，出现了确诊病例
火烧眉毛，我们严阵以待
在没有硝烟的战场，谁也不甘落后
日夜奔波，历尽辛劳，只是过眼云烟
围绕疫情，及时调整主攻方向
防控一体，多管齐下，决不退让
因为，你的安康就是我们的愿望
村干部、警务人员、村医、党员先锋队……
那是百姓头顶的巨伞
给他们遮风挡雨
那是百姓身旁的炭火
给他们送去温暖

那是百姓心中的希望
给他们增添力量
我坚信，一定能看到“新冠”的灭亡
生活的道路上铺满了鲜花，洒满了阳光

只要呼吸还在

孙永和

只要呼吸还在
病毒、危险
犹未见
正常执勤、出警
始终坚守在抗疫最前沿
苦累不言，险恶不惧
垂范率先带头
宗旨牢记在心

只要呼吸还在
每当疫情高峰
一波连接一波之时
不退后
岗位一线显身手
党员突击队的公安民警
义不容辞
义无反顾

向前，向前！
靠近，再靠近！
不畏惧，不后退
越危险，越坚守
面对生与死的考验
唯有
一个坚定的信念
快速、及时
确保社会稳定和人民的生命安全
将危险和损失
降到最低、最小
只为不辱使命做“守护神”

只要呼吸还在
每时每刻，将重托和信任牢记在心
每时每刻，体内的热血在燃烧沸腾
每时每刻，枕戈待旦
做好准备
只要祖国和百姓群众需要
我们心甘情愿将生命奉献
只要党和人民的一声召唤
我们闻警出动
必将
来之能战
战则必胜

你的背影

庞保国

2020年2月15日晚，大雪如期而至，仿佛一瞬间白了洪泽的大街小巷。雪花压在树梢，冰花映在窗上。有这样一群人，肩负着使命和职责，仍需坚守。他们听着风、迎着雪，检测车辆、核查人员，标准一丝不降。淮安市公安局洪泽分局副局长庞保国看到微信工作群中民警顶风冒雪地工作的图片，感慨万千。他即兴赋诗一首，饱含着对战疫一线民警的深切关怀。

望着你的背影，我不知道你是谁
漫天飞舞的雪花，映衬着你头顶的警徽
你胸中有烈火，能把这冰雪融化
你怀揣着初心，才把人民装得下

望着你的背影，我不知道你想不想家
你是谁的子女，又是谁的爸妈
雪花染白了头发，雨滴来不及擦
春节不回，元宵节不归，只为把安全送万家

也许你不伟岸，不高大
也许你会在寒风中战栗……
你用坚挺的脊梁、铮铮的铁骨
践行忠诚和使命，护佑万家平安

待天明
春风拂面笑开颜！

平凡的人，我敬你

李 沐

地上一个人，天上星一颗
荧荧闪烁的人多了
暗淡的人间就有了璀璨银河

平凡的人，我问你
你是点燃自己的哪一颗？
你是强撑不倒的哪一个？
你眼角的热泪为谁流？
你滚烫的心血为谁洒？

平凡的人，你是谁？
你是赵钱孙李中，最不起眼的那一个
你是青春岁月里，最不服输的那一个
你是夜深人静后，泪水最多的那一个
你是狂风骤雨下，坚持最久的那一个

白衣胜雪，曾有人误解你是柔弱

戎装藏青，曾有人不懂你的执着
走家串户，曾有人厌烦你的打扰
无声坚守，曾有人只知你的沉默
直到如今，我才明白
原来你心中，有这样热烈的一团火
阳光下收敛，黑暗中喷薄！

平凡的人，我敬你
敬你请缨逆行，勇赴汉鄂
敬你紧护病患，近身肉搏
平凡的人，我敬你
敬你为民亮剑，鏖战疫魔
敬你热血不凉，甲胄不脱
平凡的人，我敬你
敬你工地挥汗，开辟雷火
敬你生产线上，分秒争夺
平凡的人，我敬你
敬你容颜憔悴，昼夜不歇
敬你苦口婆心，万家劝说

平凡的人，我敬你们
在电厂、水厂、网络点
在超市、药店、快递站
在每个坚守不出的窗前
在每个配合检疫的路口

在许许多多看得见或看不见的地方
是你们，维护着社会治安
是你们，把握着安全命脉
是你们，为生命涂了颜色
是你们，不辜负时代之托

你们终将在历史中留诗
一字一句，几多顿挫
都将是这一代人最珍重的笔墨
愿我们早降疫魔，英雄凯旋！
愿那时意气如故，山河未磨！

必 胜

萧 剑

当乌云笼罩着晴空
当风雨肆虐着大地
我们依然固执地坚守
用顽强的信念
画出希望的彩虹

当疫情在地图上蔓延
当城市被按下暂停键
我们依然抱着必胜的信心
义无反顾
开辟生命的道路

看！充满荆棘的路上
那一个个白色的身影
他们奔走
他们忙碌
他们疲惫

他们疼痛
用柔弱的肩膀
抵挡死神的镰刀
一分一秒
一寸一尺
从黑色的旋涡里
抢夺时间
抢夺生命！

看！空旷的大地上
那一台台轰鸣的机器
他们卷土扬沙
他们训练有素
他们无缝对接
他们日夜兼程
让医院
让信念
让希望
拔地而起！

看！封控的关头
那一抹抹藏蓝
他们，在隔离点伫立
任黑夜降临
他们，在警情里奔跑

把感染的病人背在身后
他们在大街小巷排查
给病毒画地为牢
他们让红色忠诚
在一线飘扬
把人民的生命
奉为至上！

看！这些逆行者的背后
一双双陌生而坚毅的手
正输送一股股暖流
八十四岁的老党员
交上一份特殊的党费
倔强的环卫大爷
放下积蓄，转身就走
企业、团体……
捐款、捐物，捐力量
一盏盏明灯在全世界点亮
一束束光芒刺破黑暗的苍穹

我们在战斗
我们在支援
我们信心满怀
我们共克时艰
这是人民的呼喊

这是人民的力量
一声声怒吼
掀起了天边的海浪
一双双大手
正托起火红的太阳
战疫，必胜！
战疫，必胜！

请战书

朱思丞

记不清这是第几份请战书了
只记得上一份好像是在大庆安保时
你用赤诚和坚韧写下一名警察的承诺
并按下鲜红的手印，交给组织
在岗位上为祖国母亲庆生，这是警察的荣耀
其实，只要在岗位上，你就兴奋
胸膛里的豪情就像高山上的呐喊
就像一个老艄公听到了海浪的声音

这次，守岁的年夜饭还未吃完
接到防控的任务
你就像触了电一样，情不自禁地离开了家
要逐一排查登记，要认真检查过往的车辆
还要做好宣传工作，让群众加强自我防范意识……
你把可能出现的情况都理了一遍
你还把可能出现的困难在心里标了出来
习惯了，每次执行重要任务之前，你都会这样想一遍

不打无准备之仗，是你一贯的作风

电视里喜庆的歌舞似乎与你绝缘了
不能让病毒感染更多的群众
你来到窗前，望着满天繁星
多年来，你一直在问自己
为什么选择当警察？
劳苦奔波，与家人总是聚少离多
但你还是爱这身警服，无怨无悔地爱着
打击犯罪，维护治安，护一方平安
你总是把自己心中的那份温暖
不断拉长、放大
环绕在群众身边
你感到幸福，或是神圣
这可能就是当警察的意义吧
总是坚守在群众最需要的地方
总是出现在群众最需要的时刻

春天的到来

鞠 君

冷已到极点
涌动着石榴籽般紧抱的暖流
“危险之圆”的半径
因为你们
正在慢慢清零
坚守，践行共产党员的使命
无畏，诠释警察的担当
除了致敬
还有笃定
春天的到来

春天的静谧

刘凡荣

一、

这个春天的静谧是用来聆听的
聆听不到脚步声
那就聆听呼吸，聆听心跳

这座城市突然让所有人牵肠挂肚
一直用鲜艳的红色标注出来
每天，我们都关注着不断变化的数字
祈祷在内心深处升腾

嫩芽悄悄探出头来
惊讶地端详这个暂停的世界
只有熟悉的风从头顶吹过
吹来悲壮的味道

二、

这个春天的静谧是用来宅居的
从卧室到堂屋，从堂屋再到厨房
不轻易跨出那道大门
成为了一种责任

微信圈里那竖立在地板上的扫把
抑或抖音里透出的若干种无聊
都轻易被原谅
十四天，再加上十四天
不妨用对比体验幸运

原来，加长的假期
也能发酵出不安和焦躁

三、

这个春天的静谧是用来准备的
像所有的春天一样
孕育着万物复苏时的那一道光亮
撕破暗夜的那一道光亮

飘飞的眼泪如雨
钻进土地，成为滋养
擦去灵魂深处的点点尘垢
让种子破土而出
让幼苗循着光亮生长

当摘下口罩的时候
面对暂停后拉开的距离
我们总会用新的姿态与节奏
追回

请不要告诉我的妈妈

朱 郁

突然而至的疫情
就像不宣而战的战争
战疫的集结号已吹响
我和千万个孩子一样
离开了妈妈的身旁

请不要告诉我的妈妈
刚刚成为一名刑警
我就要冲向那最危险的地方
请战书上
我写下的豪言壮语一行又一行
稚气的脸庞尚未沾染岁月的风霜
昨天晚上妈妈却还在责怪我
不会整理自己的衣裳

请不要告诉我的妈妈
我没有犹豫

正奋战在抓捕现场
我刚刚成为一个父亲
妈妈一再叮嘱
有了孩子，我就已经长大
为了襁褓中的孩子
要保护自己，好好听话

请不要告诉我的妈妈
我已背上行囊
踏上追捕逃犯的征途
妈妈为了我
累垮了身体，累弯了脊梁
危难来临
我多想一直守在她的身旁
就像我小时候
她拼命守护着我那样

请不要告诉我的妈妈
举国战疫
仍有魑魅魍魉
趁火打劫，祸害人民
疫情中的罪恶
比病毒更加可怕
我是光荣的人民警察
要拼命和他们搏杀

请告诉我的妈妈
天之大
唯有她的爱完美无瑕
是她告诉我，要有责任和担当
天之涯
我心中最牵挂的人是她
让她不要担心，不要害怕
因为
我们终将迎来胜利的曙光

后记

2020年伊始，江苏公安机关深入贯彻落实习近平总书记关于做好疫情防控工作的重要指示精神，坚决按照党中央、国务院和公安部的决策部署，迅速启动战时工作机制，充分发挥职能作用，联合相关部门，坚决维护社会大局稳定。全省广大公安民警、辅警不怕牺牲、奋勇向前，始终战斗在守护安全和防控疫情的最前沿。

为了激励士气、鼓舞人心，以文化艺术的形式宣传警民携手的动人事迹，江苏公安文联认真贯彻落实江苏省公安厅党委的工作部署，积极响应全国公安文联的号召，迅速发动广大公安文艺骨干，以笔为剑、以文为援，以饱满的热情和精湛的技艺，创作了一大批具有一定思想性、艺术性的文艺作品，记录了公安民警不畏艰险、践行忠诚的动人瞬间，描绘了警民联手抗击疫情的真情时刻，用文艺的方式传递了真情。

他们先后组织创作纪实摄影作品一千多幅、书画作品四百一十多幅、文学作品二百多篇，推荐各类公安专题作品四十多期，由“学习强国”公众号、中国警察网、新浪网、《啄木鸟》杂志等媒体相继推荐发布。这些饱含深情的文字，以生动的笔触、不同的视角，再现了江苏公安民警作出的牺牲和奉献，展示了江苏公安机关忠诚履责、无私奉献的崇高品质和时代风采，必将对塑造公安形象、弘扬公平正义、维护社会和谐起到积极的推动作用。

江苏省公安文学艺术联合会

2022 年 8 月